国家出版基金项目
NATIONAL PUBLICATION FOUNDATION

从十八大到二十大
新时代中国社会保障

胡晓义　郑伟　贾若　等 ◎著

中国财经出版传媒集团

经济科学出版社
Economic Science Press

·北京·

我们将此书献给为中国社会保障这一伟大事业不懈奋斗的每一位工作者，以此书致敬中国特色社会主义新时代。

《从十八大到二十大——新时代中国社会保障》

撰　写　组

胡晓义　中国社会保险学会会长，曾任劳动和社会保障部、人力资源和社会保障部副部长，中国人民政治协商会议第十二届全国委员会委员，国际社会保障协会（ISSA）执委会委员

郑　伟　北京大学经济学院风险管理与保险学系主任、教授，北京大学中国保险与社会保障研究中心（CCISSR）主任

贾　若　北京大学经济学院风险管理与保险学系长聘副教授，北京大学中国保险与社会保障研究中心（CCISSR）副秘书长

张浩田　北京大学经济学院风险管理与保险学系博士研究生

贺灿春　北京大学经济学院风险管理与保险学系博士研究生

前　言

一、关于本书

本书主要讲述从党的十八大（2012 年 11 月）至党的二十大（2022 年 10 月）期间，即中国特色社会主义新时代（以下简称"新时代"）十年间我国社会保障的改革发展历程。在时间维度上，为便于年度对比，书中引用数据一般以 2012 年全年或年底为基期，以 2022 年全年或年底为期末；2017 年——党的十九大召开之年既作为与 2012 年相对的期末，也作为与 2022 年相对的基期；在必要处，资料引用和分析也延伸至党的十八大前和党的二十大后，以全面展示我国社会保障体系完整的历史演进、改革历程和发展趋势。

在空间维度上，本书所指社会保障是广义概念，即习近平总书记 2021 年 2 月 26 日在十九届中央政治局第二十八次集体学习时的讲话中所言，"以社会保险为主体，包括社会救助、社会福利、社会优抚等制度在内，功能完备的社会保障体系"，包括人力资源和社会保障部管理的各项社会保险（2019 年后主要为养老、失业、工伤保险）及其经办管理和基金监督；国家医疗保障局 2019 年后管理的医疗保障、生育保险和长期护理保险等制度及其经办管理和基金监督；民政部管理的社会救助、社会福利，包括最低生活保障、特困人员供养等；退役军人事务部负责的涉及退役军人的优抚安置、军地保障政策衔接等；还包括财政、税务、审计、金融监管等其他部门负责的社会保障相关工作。

在具体内容上，本书汇集了新时代十年我国社保体系建设中深化改革的重大决策与实施，包括健全制度、变革体制、完善机制、应急施策、长期规划、法治进程等；归纳了新时代十年我国社会保障事业发展取得的巨大成就，包括覆盖可及性、规则公平性、基金可持续性、管理规范性、服务便捷性等的显著提升。以上这些都不限于基本制度，还涵盖了多层次的补充性制度；也不限于静态现象的陈列，而力求通过背景研究和对比分析去探索深层动因和内在规律。

在篇章结构上，全书分为四篇。第一篇回顾新中国成立至新时代开启前我国社会保障制度的创建与发展，简述党的十八大召开前后的经济社会环境，研判当时我国社保体系建设的成绩与不足，为记述新时代社会保障的发展进程确定"原点"坐标，为认识新时代社会保障体系建设的历史价值奠定分析基础。第二篇记述党的十八大至党的十九大的五年间，党中央以"全面建成小康社会和全面深化改革"为中心目标，对我国社会保障体系建设的重大决策部署和改革发展的重点进程。第三篇记述党的十九大至党的二十大的五年间，党中央以"决胜全面建成小康社会，开启全面建设社会主义现代化国家新征程"为中心目标，对我国社会保障体系建设的重大决策部署和改革发展的重点进程。第四篇总结新时代十年社会保障体系建设的主要成就，提炼基本经验，按照党的二十大"全面建成社会主义现代化强国、实现第二个百年奋斗目标，以中国式现代化全面推进中华民族伟大复兴"精神，分析研判中国式现代化对社保体系提出的新要求，阐述完善我国社会保障体系的主要任务，并提出若干建议。以上谋篇布局，对专业人士而言，可能不如按照业务归类（如养老保险、医疗保障、社会救助）纵贯十年记述来得连续性强，但有利于还原历史演进本身的节奏，便于思考不同时段社保事业与经济社会发展的关联以及进行时段间的对比分析，是作者反复斟酌确定的视角。

二、关于新时代十年的中国社会保障

本书属于社会保障专业领域的历史研究类书籍。作者选择这样的研究对象，是因为新时代十年的中国社会保障改革发展历程实在生动精彩，成果灿烂辉煌，值得大书特书。

（一）承前启后，历史价值珍贵厚重

中国的社会保障事业已经走过70多年。从新中国成立到改革开放前，建立了劳动保险、国家救济、单位福利、农村合作医疗和五保供养等制度，奠定了我国社会保障体系的早期基础；改革开放后，按照社会主义市场经济体制的要求，改革和创建了多项社会保障制度，体系框架初步形成；党的十八大以来，加强顶层设计、突破难点、制度定型、系统集成、机制创新，基本建成了综合各项制度、覆盖全民、城乡统筹、功能完备、多层次的社会保障体系。

新时代十年的中国社会保障，既是对过去制度的延续和发展，更是通过全面深化改革进行的系统性重构，解决了许多长期想解决而没有解决的难题，办成了许多想办而没有办成的大事，取得了举世瞩目的伟大成就，为人民创造美好生活奠定了坚实基础，为打赢脱贫攻坚战提供了坚强支撑，为如期全面建成小康社会、实现第一个百年奋斗目标提供了有利条件。新时代十年的社会保障在我国社会保障史上具有重要的地位。

（二）环境复杂，机遇与挑战并存

社会保障发展高度依赖其所处的经济社会环境，其本身也是经济社会发展的有机组成部分。

新时代十年，我国经济总量稳居世界第二，同时发展进入新常态，主动进行了供给侧结构性改革；十年间经历了国际金融危机的余波、中美贸易摩擦、新冠疫情等严重冲击，但仍保持了国内生产总值和财政收入持续增长，国家对社会保障的投入力度加大，为社会保障体系的改革发展提供了坚实基础。城乡居民收入稳步提高，而社会保障待遇水平的提高幅度略高于人均国内生产总值和人均可支配收入的增幅，并且缩小了高收入与低收入群体间的差距，发挥了再分配调节功能。面对各种经济波动，甚至危机，在社会保障领域采取综合性政策，扶危济困、援企稳岗，化解风险，发挥了安全网、减震器的作用。这些都表明，新时代十年我国社会保障的发展与经济发展呈现良性互动状态。

新时代十年，我国人口结构发生巨大变化：总人口首次出现绝对减少的拐点，人口老龄化加剧，从轻度老龄化迈进中度老龄化的门槛；城镇化进程加快，常住人口城镇化率十年间提高近 13 个百分点，城镇就业人数首次超过农村就业人数，进而占比提高到 60% 以上；人口在城乡间、地域间的流动性进一步增强。在此背景下，社会保障体系面临并不断解决一系列新难题——以开源、节流、严管来应对养老、医疗保险等基金支付压力增大的挑战，以整合归并、提高统筹层次、优化转续政策来回应流动群体的保障需求等。我国人口的年龄、城乡结构变化还将持续多年，新时代十年的社会保障实践为面向2035年和21世纪中叶的社会保障制度高质量发展提供了宝贵经验。

新时代十年，新技术飞速发展：互联网、移动通信、人工智能等信息技术的广泛应用，一方面大大推动了社会保障管理和服务模式的创新与优化，为精准管理和个性化服务提供了新的手段和工具，实现了许多过去难以企及的目标，提高了社保制度运行的效率和质量；另一方面也催生多种新业态，使就业形态发生了深刻变化，传统的社保管理模式难以完全适配。十年间，我国社会保障不断探索制度、政策、管理创新，将更多的灵活就业人员纳入社会保障体系，保障他们的合法权益。这样的探索还在继续。

（三）成就斐然，步入良性发展轨道

新时代十年，我国社会保障体系建设的巨大成就突出反映在几个方面。

社会保障摆在了经济社会发展全局更重要的地位。以习近平同志为核心的党中央高度重视社会保障工作，中央政治局会议、中央政治局常务委员会会议、中央全面深化改革委员会会议等会议多次研究审议改革和完善基本养老保险制度总体方案、深化医疗保障制度改革意见等，对我国社会保障体系建设作出顶层设计，改革的系统性、整体性、协同性进一步增强。① 亿万人民群众对美好生活的向往也包含更加期待社会保障制度的完善，社会共识增强，有关社会保障的政策、资金、管理、监督、科研等多方资源聚集，初步形成合力，共同推动我国社会保障体系建设进入快车道。

社会保障制度体系总体完备。基本养老保险、基本医疗保险、失业保险、工伤保险和生育保险五大社会保险制度基本定型，完成城乡居民基本养老保险、城乡居民基本医疗保险制度的整合，基本实现了养老保

---

① 习近平. 促进我国社会保障事业高质量发展、可持续发展［J］. 求是，2022（8）.

险和医疗保险的全民覆盖和制度衔接。社会救助走向城乡统筹的综合体系，社会福利加快发展，优抚安置发展成为涵盖军人及军属、退役军人的完整保障体系。各项社保制度之间的衔接转续政策逐步健全，构成有机的整体。在纵向架构上，各项社会保险的基金统筹层次显著提高，多层次、多支柱体系建设迈出坚实步伐。

社会保障覆盖面持续扩大、水平稳步提升。建成并稳定运行基本养老保险、基本医疗保障两个参保人数超过 10 亿量级的超大型计划，其他社保项目的覆盖人数规模也是全球首屈一指，每年享受各项社会保障待遇的群体达几百万、几千万，甚至数以亿计。随着经济发展，保障水平持续稳步提高，不断增强人民群众的获得感和幸福感。

社会保障公共管理服务体系基本建成。建立了全国统一的社会保险管理服务体系，完善从中央直到城乡基层的社会保障信息管理系统，规范管理，优化服务，施行了便民利民的系列举措；加强了社保基金的监管和投资运营，确保基金安全和制度可持续运行。

社会保障体系建设步入法治化轨道。在中央全面依法治国方略指引下，我国社会保障领域更加注重法治建设，颁布（修订）实施了一系列法律、行政法规、部门规章、地方政府规章、司法解释，以及多项国家、行业标准，严格执法、宣传普法，总体提升了社会保障的法治化、规范化程度，保障了人民群众的合法权益。

新时代十年的社会保障在我国社会保障发展史上是光彩夺目的一页，同时，也是我们踏上新征程、实现第二个百年奋斗目标的新起点。

三、关于写作初衷

本书以史料为主，史论为辅，力图实现以下目标。

（一）记述历史轨迹，保存时代真实

全面收集、系统整理新时代十年中国社会保障发展的历史资料，包括试验探索、决策部署、推进步骤和效果数据，记录发展轨迹，保存时代的真实样貌，为当前和今后的中国社会保障研究提供比较完整的素材资料。在此基础上，尝试对重大改革的政策内涵和历史价值作出阐释，进行纵向、横向对比分析，以期更全面地厘清中国社会保障体系的来龙去脉，更深刻地阐释中国特色社会主义制度的优越性，增强道路自信、理论自信、制度自信、文化自信。

（二）总结中国经验，探寻发展规律

新时代十年的社会保障在改革中发展，在磨难中进取，在奋斗中创新，获得了丰硕成果，积累了丰富经验。系统总结这些宝贵经验，探寻社会保障发展的内在规律，有助于深化对社会保障基本价值、内在逻辑、发展路径的认识，为进一步完善和发展我国社会保障体系提供理论支持和实践指导。通过分析中国社会保障的样本，也可以为全球社会保障事业发展贡献中国智慧和中国方案。

（三）为中共党史研究增添专业领域内容

我们党历来高度重视民生改善和社会保障。早在 1922 年，《中国共产党第二次全国代表大会宣言》中就提出了设立工厂保险、保护失业工人等改良工人待遇的主张。瑞金时期颁布的《中华苏维埃共和国劳动法》设专章规定了社会保险问题。新中国成立伊始，政务院根据《中国人民政治协商会议共同纲领》中"逐步实行劳动保险制度"的要求，于 1951 年颁布《中华人民共和国劳动保险条例》。改革开放后，我们把社会保障作为改善人民生活的基础民生工程，稳步推进社会保障体系建设，取得了重大进展。党的十八大以来，党中央把社会保障体系建设摆上更加突出的位置。[①] 百年党史，社会保障的主张自建党之初就鲜明提出，在不同时期形成针对性的纲领、理论和实践行动，现在已经成为中国共产党治国理政、领导推进社会主义现代化建设的重要领域和重大成果。本书记录和阐述新时代十年的中国社会保障发展，始终与党的路线、方针紧密相连，遵循以习近平同志为核心的党中央决策部署，力求从专业角度、以实证方式更深入地理解党的执政理念、执政方式和执政能力建设，同时也希望为中共党史研究增添专业领域的内容，丰富党史研究内涵。

（四）为未来社会保障改革发展尽绵薄之力

本书在回顾、总结新时代十年中国社会保障的基础上，对未来的改

---

① 习近平. 促进我国社会保障事业高质量发展、可持续发展［J］. 求是，2022（8）.

革发展提出政策建议，建议包括但不限于：在治理维度，提升法治化、数字化水平；在横向维度，高质量扩大覆盖面；在纵向维度，完善高层级统筹制度和体制；在时间维度，持续推进中长期改革发展；在空间维度，完成社保体系全方位多层次构建；在运行维度，健全机制设计。这些建议旨在进一步完善中国的社会保障体系，提高其公平性、可持续性和适应性，为实现全体人民共同富裕和社会和谐稳定贡献力量。

新时代的十年，按照党中央"五位一体"总体布局和协调推进"四个全面"战略布局，我国社会保障体系领域深化改革，加快发展，为维护社会稳定、促进公平正义、增进民生福祉、助力经济发展发挥了不可替代的重要作用，成效卓著，功在千秋。我们将此书献给为中国社会保障这一伟大事业不懈奋斗的每一位工作者，以此书致敬中国特色社会主义新时代。

作　者

2024 年 7 月

目 录 Contents

第二篇

2012～2017年：党的十八大之后五年的社会保障改革发展

第三篇

2017～2022 年：党的十九大之后五年的社会保障改革发展

第四篇
党的二十大：社会保障改革发展的新任务

第一篇

新时代中国社会保障的
背景和基础

新中国社会保障的探索
和实践历程

　　关于中国社会保障体系的构成，学术界很早就形成了共识，即以社会保险、社会福利、社会救助、社会优抚（优抚安置）为四个主要组成部分，其中社会保险是当代中国社会保障体系的主体。这一共识，经习近平总书记 2021 年 2 月 26 日关于社会保障建设的重要讲话，上升为国家意志，进而成为中国特色社会保障体系基本建成并走向定型的重要标志——"目前，我国以社会保险为主体，包括社会救助、社会福利、社会优抚等制度在内，功能完备的社会保障体系基本建成"。全面建成多层次社会保障体系，就是要在保障项目上，坚持以社会保险为主体，以社会救助为保底层，积极完善社会福利、慈善事业、优抚安置等制度；在组织方式上，坚持以政府为主体，积极发挥市场作用，促进社会保险与补充保险、商业保险相衔接。

　　70 多年来，我国社会保障发展经历了波澜壮阔的历程。从新中国成立之初的创业奠基，到改革开放后的上下求索，再到世纪之交的体系重构，我国社会保障不断改革发展，建树卓著。改革开放以来，我国建立并不断完善社会主义市场经济体制，综合国力和政府治理能力极大增强，人民生活水平显著提高，社会保障需求愈益旺盛、意识逐步增强，为加快社会保障事业发展提供了良好的经济基础和社会环境。进入 21 世纪，覆盖城乡的社会保障体系建设取得重大进展，新建立了新型农村合作医疗、城镇居民基本医疗保险、新型农村社会养老保险、城镇居民社会养老保险、农村最低生活保障、城市和农村医疗救助等制度，改革了农村五保供养制度，这些制度与较早改革重构的城镇职工各项社会保险制度共同初步构建起比较完整的社会保障体系，也是全世界覆盖人口规模最大的社会保障体系，并在改革发展实践中积累了丰富的经验，从而为实现人人享有基本社会保障的目标奠定了坚实基础。本章通过梳理新中国成立之初至党的十八大之前我国社会保障发展的历程，概述新时代社会保障的发展基础。

第一节　筚路蓝缕：新中国成立初期三十年

新中国成立之初，民生凋敝、百业待兴，国家在恢复经济、稳定社会的同时，着力解决失业问题、施行劳动保险制度、建立公职人员保障制度，同时实行了一系列社会福利政策，搭建起我国社会保障体系的最初架构。这些制度对保障职工和广大群众基本生活、凝聚人心、激发社会进步动力起到了巨大的作用。

一、失业救济

1949 年，全国大中城市失业人员有 470 余万人，失业率高达 23%，[①]许多失业人员生活困窘。1949～1952 年经济恢复时期，党和政府制定多个重要文件，多措并举控制和减少失业。首先，筹集救济失业工人基金，由单位和职工缴费、中央和地方人民政府预算拨款、社会各界力量捐赠三个来源构成。其次，以工代赈，动员失业工人参加市政建设工程等获取劳动报酬来代替国家赈济。此外，国家还通过组织失业人员生产自救、转业训练、还乡生产、发放救济金等方式进行救济。到 1952 年末，全国职工人数增长 1 倍，失业率降低超过 10 个百分点。随着就业局势根本性

---

① 胡晓义．新中国社会保障发展史［M］．北京：中国人事出版社、中国劳动社会保障出版社，2019：6.

好转，1956 年停止征收失业救济基金，失业人员的相关工作移交民政部门管理，并未就此建立失业保险制度。

二、劳动保险制度

1951 年 2 月 26 日，中央人民政府政务院颁布《中华人民共和国劳动保险条例》，规定了工伤、疾病和非因工伤残、死亡、养老、生育五类劳动保险待遇，其中一部分待遇由各企业缴费形成的劳动保险基金支付，即社会统筹，另一部分由企业负担。这是新中国第一部社会保障法规，体现了保障劳动群众基本权利、增进社会福利的宗旨，也标志着我国与计划经济体制相适应、以城镇职工为主要保障群体的社会保障制度开始建立。劳动保险制度由各级工会组织负责实施，各级政府劳动行政部门负责监督，最初只在部分行业的大型企业施行，1953 年全国共覆盖 4400 多家企业，享受待遇人数 420 万人。[①]

1954 年 9 月 20 日，《中华人民共和国宪法》颁布，社会保障被写入国家最高位阶法律——第九十三条规定："中华人民共和国劳动者在年老、疾病或者丧失劳动能力的时候，有获得物质帮助的权利。国家举办社会保险、社会救济和群众卫生事业，并且逐步扩大这些设施，以保证劳动者享受这种权利。"

此后，经过多次扩大行业、企业和职工施行范围，细化工龄计算，完善政策标准，优化管理服务，劳动保险制度覆盖了全部国营企业和大部分集体企业，成为保障企业职工基本权益的稳定制度。"文化大革命"中，劳动保险基金被迫停止征收，社会统筹的机制消解，但劳动保险的基本政策标准仍长期沿用。2024 年 3 月 10 日，《中华人民共和国国务院令（第 777 号）》发布，决定自 2024 年 5 月 1 日起废止《中华人民共和国劳动保险条例》。

---

① 胡晓义. 新中国社会保障发展史［M］. 北京：中国人事出版社、中国劳动社会保障出版社，2019：24.

三、公职人员保障制度

20 世纪 50 年代，与企业实行劳动保险制度相对应，对国家机关和事业单位公职人员逐步建立了退休养老、公费医疗等保障制度。退休养老方面，在新中国成立初期的临时性政策基础上，1955 年底国务院颁布《国家机关工作人员退休处理暂行办法》和《国家机关工作人员退职处理暂行办法》；1958 年又经全国人民代表大会常务委员会（以下简称"全国人大常委会"）批准，国务院颁布关于工人、职员退休处理和退职处理两个暂行规定，统一明确了机关和企事业单位工人、职员退休条件和退休费标准。医疗保障方面，1952 年卫生部颁布《国家工作人员公费医疗预防实施办法》，具体规定了国家工作人员公费医疗享受范围、管理体制、医疗服务体系、资金收支、区域关系等各项政策；1955 年，国务院及有关部门对国家机关工作人员病假待遇及其子女医疗问题作出规定，形成了公费医疗制度的基本框架。这一时期，还规定了国家机关工作人员因公伤亡保障和生育保障等。机关事业单位公职人员福利保障制度逐步细化和完善，成为我国社会保障体系的重要组成部分，相关政策一直沿用到社保制度改革，如 1998 年建立职工基本医疗保险（见本章第二节），2015 年开始改革机关事业单位养老保险制度（见第五章第一节）。

四、农村五保供养制度和农村合作医疗

农村五保供养是新中国成立后在农村首次建立的社会保障制度。"五保"即保吃、保穿、保烧（燃料）、保教（儿童和少年）、保葬，1956 年后开始施行，明确了五保供养对象的范围，1962 年又进一步明确了五保供养的责任主体。

农村合作医疗最初在山西、河南等地部分乡村自发举办，名称各异，基本模式是由农民自愿低标准缴费，农村集体提取部分公益金，加上医疗业务收入，共同解决农村缺医少药的问题。这一模式经中央肯定并统

一名称后，从 20 世纪 60 年代起在全国农村迅速推开，与公费医疗、劳保医疗共同构成了我国三大医疗保障制度。

第二节　激流勇进：改革开放之后至党的十八大召开之前

改革开放是决定当代中国命运的关键抉择。在这个伟大进程中，我国从计划经济体制转向社会主义市场经济体制，社会保障在党和国家事业发展全局中的地位不断强化，创建或陆续改革了各项社会保障制度，初步构建起中国社会保障的体系框架。

一、重建与探索

从 20 世纪 70 年代末至 1993 年党的十四届三中全会前后，经过拨乱反正，我国着手重建、探索社会保障制度。

养老保险方面，主要是对企业职工养老保险制度进行重建并探索改革。1978 年国务院发布《关于工人退休、退职的暂行办法》，恢复了在"文化大革命"中中断的正常退休制度，规范了相关待遇标准；同时，确定了在多个行业的集体所有制企业实行劳动保险制度的筹资政策和待遇标准；一些地区在此基础上开始尝试集体企业职工退休费用社会统筹。1986 年国务院发布《国营企业实行劳动合同制暂行规定》，规定对劳动合同制工人退休养老实行社会保险制度，即由企业和合同制工人缴费及国家补助共同筹资，建立退休养老基金，实行统筹互济，既解决退休人员在企业破产后失去依托的问题，又分散企业退休养老的财务压力和风险。1991 年国务院发布《关于企业职工养老保险制度改革的决定》，在总结各地实践经验的基础上，作出了全国性的制度安排，其核心是重建基金社会统筹机制，实行多方筹资，构建政府主导的管理系统。此后，覆盖各类企业的养老保险制度改革形成热潮，到 1993 年底，全国实行新制度的企业职工近亿人。在这一阶段，还开始试验农村社会养老保险（即"老农保"），基本模式是农民个人缴费与集体补助相结合，建立个人账户，集中管理基金保值增值，参保者年老后享受相应待遇。

医疗保险方面，20 世纪 70 年代末至 80 年代初，主要是规范公费医疗、劳保医疗的医药费用管理，抑制不合理支出。80 年代中后期，各地开始探索医疗费用社会统筹机制，以适应经济体制转轨和国营企业改革目标。总结各地经验，1992 年劳动部发布《劳动部关于试行职工大病医疗费用社会统筹的意见的通知》，在全国国营企业范围试行职工大病医疗费用社会统筹，主要模式也是企业和职工双方缴费，建立基金，实行社会统筹，分散风险。在农村，合作医疗在这一阶段经历了大起大落——1979 年农村合作医疗曾覆盖到 90% 以上的农村，尔后随着农村经济体制变化和人口流动而迅速衰落，到 1989 年仅剩 5% 的覆盖率；1991 年《中共中央关于进一步加强农业和农村工作的决定》重提发展和完善合作医疗制度。

失业保险方面，国务院 1986 年和 1993 年先后发布《国营企业职工待业保险暂行规定》和《国有企业职工待业保险规定》，是重大制度创新，既借鉴了 20 世纪 50 年代初施行失业工人救济的经验，又实现了超越——从阶段性政策升华为适应社会主义市场经济体制的稳定制度。

这一阶段，对企业职工的工伤保险和生育保险也分别进行了基金社会统筹的探索。

二、重构与发展

1993 年至 2002 年是社会保障突飞猛进的十年，重大举措频密，力度加大。

1993 年 10 月，党的十四届三中全会作出关于建立社会主义市场经济体制的重大决定，其中首次全面阐述了我国社会保障体系建设的方针、原则、体制架构、制度模式和重要机制，成为此后多年推进社保领域改革发展的重要遵循。

在这十年间，以城市为中心、以国有企业为重点，完成了我国社会保险体系的重构与创新。1994 年《中华人民共和国劳动法》颁布，其中"第九章 社会保险和福利"连同其他相关条款对我国社会保险制度的概念、责任、适用范围、基本原则、筹资模式、待遇、管理体制等作出规定，对社会保险制度建设起到了重要指导和推动作用。此后，《企业职工生育保险试行办法》（1994 年）、《关于建立企业补充养老保险制度的意见》（1995 年）、《企业职工工伤保险试行办法》（1996 年）等多项配套规章出台。经过社会统筹与个人账户相结合（以下简称"统账结合"）的试点，1997 年，国务院印发《国务院关于建立统一的企业职工基本养老保险制度的决定》，统一了个人账户规模与结构、基本养老金待遇结构与标准。在总结江苏省镇江市和江西省九江市以及后来更多城市试点经验的基础上，1998 年国务院印发《国务院关于建立城镇职工基本医疗保险制度的决定》，对覆盖范围、筹资渠道、支付结构、管理规则等作出全面细致的规定，自此，实行多年的公费医疗、劳保医疗制度合二为一。同样采取统账结合模式，用人单位和职工双方缴费，分别建立基本医保统筹基金和医保个人账户，并统一医保管理规则。1999 年国务院颁布《失业保险条例》，将待业保险改为失业保险制度，并将适用范围扩大到城镇各类企事业单位及其职工。

1998 年，国务院机构改革，组建劳动和社会保障部，将原来分散在多个部门的社会保险管理职责统一归并。世纪之交，配合国有企业改革，全面实行"两个确保"：一是确保国有企业下岗职工基本生活，主要举措是建立企业再就业服务中心、实行失业保险、建立城市居民最低生活保障制度这三条保障线，同时积极推动转岗培训、自谋职业；二是确保企业离退休人员基本养老金按时足额发放，主要举措是改企业发放为社会化发放，补发历史拖欠养老金，中央财政开始向企业职工基本养老保险基金提供补助，同时颁布《社会保险费征缴暂行条例》（1999 年）严格社保费征收，还将行业统筹移交地方管理。基于对人口老龄化的预见，建立了战略储备性质的全国社会保障基金，作为老龄化高峰期的养老保险等社会保障支出的补充和调剂，持续进行积累。

这一阶段，在农村社会保障方面，适应生产管理体制变化，制定

《农村五保供养工作条例》，调整了保障内容和资金渠道。为应对亚洲金融危机和整顿国内金融秩序，大部分地区的农村社会养老保险工作陷于停顿。

三、扩展与优化

21世纪之初至党的十八大召开前（2002～2012年），我国社会保障体系建设的突出主题是城乡统筹，覆盖范围逐步从城镇职工扩大至农民和城镇非从业居民。

在养老保险领域，企业职工基本养老保险制度在总结东北三省等地试点经验的基础上得到完善并基本定型，初步实现跨地区转移接续养老保险关系，企业补充养老保险转型为社会化的企业年金制度，并得到规范发展。2009年和2011年分别开始试点建立了新型农村社会养老保险（以下简称"新农保"）制度、城镇居民社会养老保险（以下简称"城居保"）制度，并于2012年在全国全面推开，完成了我国基本养老保险制度的最后拼图。

在医疗保障领域，职工医保制度持续扩大覆盖面，优化管理，还重点解决历史遗留问题。在农村，2004年开始试点建立农民个人缴费与政府补助相结合的新型农村合作医疗（以下简称"新农合"）制度，并于2007年在全国全面普及，同年，按照大体相同的政策开始试点城镇居民基本医疗保险制度，并于2009年全面推开。与此同时，2003年和2005年分别建立和实行农村和城镇的医疗救助制度，2009年进一步完善，2012年还开展了特大疾病医疗救助试点。自此，我国全民医保体系基本建成。

这一阶段，我国社会保障法治建设取得重大进展。2010年颁布的《中华人民共和国社会保险法》，明确了社会主义市场经济体制下各项社会保险关系的调整规范，在我国社会保障发展史上具有里程碑的意义。颁布和修订《工伤保险条例》（2003年、2010年）；修订《农村五保供养工作条例》（2006年），将资金来源统一为政府预算；制定实施《中华人民共和国军人保险法》（2012 年）。

这一阶段，建立了农村最低生活保障制度（2007 年）；为应对国际金融危机，在社会保险领域实行"五缓四减三补贴"的阶段性政策；全面实行各项社会保险基金预算管理，依法监管市场化、多元化投资运营的社保基金；社会保险经办管理服务平台向城乡基层延伸，推进规范化、标准化、信息化建设。

改革开放 30 多年，社会保障领域的改革、创新、发展，为进入新时代，实现人人享有基本社会保障的目标积累了丰富经验，奠定了坚实基础。

第二章

新时代起点的中国经济社会环境

任何社会保障制度都植根于其所在的经济社会环境，受到经济社会环境因素的影响。2012 年 11 月，中国共产党第十八次全国代表大会召开，中国特色社会主义进入新时代。本章集中描述新时代起点时我国的经济基础和社会环境，包括全面建成小康社会目标确立、社会主义市场经济体制日益完善、城镇化水平和质量提升、人口老龄化速度加快、灵活就业群体快速增长等，展示这些与社会保障运行和改革发展密切相关的时代特征，为后续章节深入阐释新时代我国社会保障改革发展的成就和经验提供历史参照。

第一节　经济基础

一、全面建成小康社会目标确立

经济发展水平是影响社会保障制度最重要的因素。党的十八大作出了全面建成小康社会的战略部署，为新时代我国社会保障改革发展开辟了大有可为的空间，创造了基础条件。

2012 年[①]，我国国内生产总值 538580 亿元，是世界第二大经济体；人均国内生产总值 39771 元，城镇和农村居民人均可支配收入分别为

---

① 新时代精确起点为 2012 年 11 月，为采集和对比数据方便，此处用 2012 年底或全年数据，本篇下同。

24127 元和 8389 元；全年公共财政收入 117254 亿元，一般预算支出 125953 亿元；① 开放型经济达到新水平，进出口总额跃居世界第二位。这些主要经济指标都比世纪之初的 2002 年大幅提高，有些增长数倍。党的十八大强调保持经济持续健康发展，把到 2020 年实现国内生产总值和城乡居民人均收入比 2010 年翻一番，作为全面建成小康社会的基准指标。

减少和消除贫困是全球发展中国家面临的共同挑战。新中国成立以来，在扶贫工作领域历经了小规模救济式扶贫、体制改革推动扶贫、大规模开发式扶贫、整村推进式扶贫四个阶段，扶贫政策和标准根据经济社会发展不断调整变化。② 2010 年，我国确定扶贫的重点是"两不愁三保障"，即实现扶贫对象不愁吃、不愁穿，保障其义务教育、基本医疗和住房，标准为农民人均纯收入 2300 元（2010 年不变价）。③ 在新时代起点的 2012 年底，按此标准，全国农村有 9899 万贫困人口，贫困发生率 10.2%。④ 国际经验表明，在这一水平上，减贫工作进入"最艰难阶段"。这是新时代我国社会保障发展不可忽视的经济背景之一。

二、市场经济体制日益完善

市场经济既提高了资源配置效率，又凸显了维护社会公平的新需求，是现代社会保障制度最初产生的基本经济体制背景。改革开放以来，我国逐步从计划经济体制转型为社会主义市场经济体制并不断完善。

进入 21 世纪后，国有企业改革继续深化，多种所有制经济共同发展。国有企业通过减员增效、转换经营机制、实行股份制改造，普遍建

---

① 国家统计局．年度数据 [DB/OL]．https://data. stats. gov. cn/easyquery. htm?cn = C01.

② 求是网．我国扶贫工作的历程、经验与持续推进的着力点 [EB/OL]．（2019 – 10 – 16）．http://www. qstheory. cn/llwx/2019 – 10/16/c_1125111200. htm.

③ 经济网．中国扶贫：人类史上空前壮举 [EB/OL]．（2020 – 11 – 30）．https://www. ceweekly. cn/cewsel/2020/1130/322473. html.

④ 人民网．中国全面消除绝对贫困——人类反贫困史上的伟大实践（辉煌历程）[EB/OL]．（2021 – 04 – 30）．http://politics. people. com. cn/n1/2021/0430/c1001 – 32092434. html.

立起现代企业制度，成为自主经营、自负盈亏、自担风险的生产者和经营者，总体效益持续提高。2012 年，全国国有及国有控股企业（不含金融类企业）实现营业收入 42.38 万亿元，实现利润总额 2.2 万亿元，应交税费 3.35 万亿元。① 与此同时，个体、私营、外资等非公有制企业快速发展，成为促进增长、扩大就业、繁荣市场的重要力量。2012 年底，全国共有私营企业 1086 万户，个体工商户 4059 万户，外商投资企业 44 万户；② 非公有制企业数量占企业总数的比重达到 82.67%。③ 在社会主义市场经济体制下，多元化市场主体迸发出极大活力，社会生产要素潜力得以充分释放，一批具有国际竞争力的企业成长壮大，69 家中国（大陆）企业入选 2012 年《财富》世界 500 强。

进入 21 世纪后，大型金融机构股份制改革、股权分置改革取得突破性进展，利率市场化、汇率形成机制改革不断深化，多层次资本市场加快发展，现代金融体系逐步健全；以税费改革、集体林权制度改革为重点的农村综合改革加快推进。④

这些改革完善了社会主义市场经济体制，极大解放和发展了生产力，推动我国经济社会持续平稳发展，夯实了社会保障体系建设的物质基础，在抵御各种风险挑战中显示出强大的韧性。

三、城镇化水平和质量提升

2012 年，我国常住人口城镇化率达到 52.57%，与世界平均水平大体相当。城镇数量和规模不断扩大，城市群形态更加明显，京津冀、长江三角洲、珠江三角洲三大城市群以 2.8% 的国土面积集聚了 18% 的人口，创造了 36%

---

① 经济参考网.2012 年 1 - 12 月全国国有及国有控股企业经济运行情况 ［EB/OL］.（2013 - 01 - 18）. http://jjckb. xinhuanet. com/2013 - 01/18/content_433261. htm.

② 国家统计局. 年度数据 ［DB/OL］. https://data. stats. gov. cn.

③ 中央政府门户网站. 工商总局：我国非公有制市场主体发展势头强劲 ［EB/OL］.（2013 - 10 - 18）. https://www. gov. cn/gzdt/2013 - 10/18/content_2509965. htm.

④ 中国经济网. 坚持和完善社会主义市场经济体制 ［EB/OL］.（2012 - 06 - 15）. http:// views. ce. cn/view/ent/201206/15/t20120615_23409750. shtml.

的国内生产总值。^① 同年，全国城镇就业人口 37287 万人，占城乡就业总量的 48.9%；^② 农民工总数 26261 万人，其中外出人员^③ 16336 万人，^④成为城镇就业的重要组成部分。户籍制度改革稳步推进，18 个省（区、市）出台了具体实施意见，14 个省（区、市）探索建立了城乡统一的户口登记制度，初步为农业人口落户城镇开辟了通道，2010～2012 年，全国农业人口落户城镇 2505 万人，平均每年达 835 万人。与此同时，公共服务水平提高、土地利用管控和综合整治、城市市政设施建设、城镇化领域国际合作等工作也得到了切实加强，以推进城镇化发展和提高城镇化质量。^⑤

城镇化率的快速提高，对我国包括社会保障在内的城乡二元治理结构提出了许多改革、优化的新任务。这也是党的二十大要求"城镇化质量明显提高"的题中应有之义。

第二节　社会环境

一、人口老龄化速度加快

我国是世界上老年人口规模最大和人口老龄化速度最快的国家。2012 年底，全国 60 岁及以上人口 1.94 亿人，占总人口的 14.3%，其中 65 岁及以上人口 1.27 亿人，占总人口的 9.4%。^⑥ 这两个占比,比 2000 年

---

① 中国人大网. 国务院关于城镇化建设工作情况的报告［EB/OL］.（2013－06－27）. http://www. npc. gov. cn/zgrdw/npc/zxbg/czhjsgzqk/2013－06/27/content_1798667. htm.

② 国家统计局. 年度数据［DB/OL］. https://data. stats. gov. cn/easyquery. htm?cn = C01&zb = A0403&sj = 2023.

③ 外出人员指在户籍所在乡镇地域外从业 6 个月及以上的农村劳动力.

④ 中央政府门户网站. 国家统计局发布 2012 年全国农民工监测调查报告［EB/OL］.（2013－05－27）. https://www. gov. cn/gzdt/2013－05/27/content_2411923. htm.

⑤ 中国人大网. 国务院关于城镇化建设工作情况的报告——2013 年 6 月 26 日在第十二届全国人民代表大会常务委员会第三次会议上［EB/OL］.（2013－06－27）. http://www. npc. gov. cn/zgrdw/npc/zxbg/czhjsgzqk/2013－06/27/content_1798667. htm.

⑥ 2012 年社会服务发展统计公报［EB/OL］.（2013－06－19）. http://www. mca. gov. cn/n189/c93366/content. htm.

我国刚刚步入老龄化时分别提高了 3.84 个和 2.43 个百分点,出现了新中国成立后第一个老年人口增长高峰。[1] 同年,全国劳动年龄人口（15～59岁）93727 万人,占总人口比重为 69.2%,首次比上年减少,出现了我国劳动年龄人口负增长的历史拐点。这一年,全国人口总抚养比为 34.9%,其中老年抚养比为 12.7%,比上年提高 0.4 个百分点;少儿抚养比为 22.2%,比上年提高 0.1 个百分点。[2] 这预示着我国老龄化程度将继续加深,速度将进一步加快。

人口老龄化快速加深对我国社会保障体系构成长期性严峻挑战,尤其集中在三个方面。一是养老保险,随着老年人口比例攀升和消费水平提高,既要使老年群体公平分享经济社会发展成果,又要保持和增强制度的可持续性,二者平衡的问题愈发凸显,进而衍生出完善体制机制、丰富保障层次等改革议题。二是医疗保障,老年人口对生活费的需求显著依赖于对医疗服务的需求,老年群体的平均医药费支出成倍于青壮年和少年儿童,这对医疗服务资源优化配置、医疗保障资金总量增长及结构调整都提出了新要求。三是老年照护服务。数据显示,2012 年,全国有失能老年人 3600 万人,慢性病老年人 9700 万人,空巢老年人 9900 万人。[3] 然而,家庭规模相对缩小使得家庭照护功能有所弱化,亟须建立对失能老年人的社会支持系统。

二、灵活就业群体规模大

2012 年,全国就业人员 76254 万人,其中,第一产业 25535 万人,占 33.5%;第二产业 23226 万人,占 30.5%;第三产业 27493 万人,占

---

① 中央政府门户网站.2000 年第五次全国人口普查主要数据公报［EB/OL］.（2001 - 03 - 28）. https://www. gov. cn/gongbao/content/2001/content_60740. htm;国家统计局. 中国 2000 年人口普查资料［DB/OL］. https://www. stats. gov. cn/sj/pcsj/rkpc/5 rp/index1. htm.

② 央视网.2012 年统计公报发布 中国人口红利消失拐点已现 ［EB/OL］.（2013 - 02 - 23）. https://news. cntv. cn/2013/02/23/ARTI1361590353438362. shtml.

③ 人民网."未富先老"日益凸显 老龄化带来新挑战 ［EB/OL］.（2013 - 02 - 28）. http:// finance. people. com. cn/n/2013/0228/c1004 - 20626099. html.

36.1%。第三产业是就业人数最多的领域，占比比 2002 年提高了 7.5 个百分点。[①] 第三产业也是灵活就业最为集中的产业领域。2012 年，城镇就业人员 37287 人，其中个体就业人员达到 5643 万人，比 2002 年增加 3374 万人，占比达 15.1%。[②]

灵活就业群体数量扩大是多种所有制格局和劳动力市场弹性增强的必然结果，对提高人力资源配置效率具有积极意义；同时相比传统的单位就业，灵活就业人员的劳动关系、就业岗位、工作时间、工资收入的不稳定、不确定性更强，因而对社会保障持续推进全民覆盖的广度和深度提出了更高要求。

①② 国家统计局.年度数据 ［DB/OL］. https://data. stats. gov. cn.

第三章

新时代起点的中国社会保障

我国的社会保障事业经过新中国成立后 60 多年的发展，特别是改革开放 30 多年的制度重构和改革创新，到党的十八大召开之际，已经取得一系列重大成就，初步构建起体系框架。本章第一节重点描述新时代起点这一时点上，我国社会保障在制度建设、覆盖规模、保障水平、物质基础、多层次架构五个方面的发展样貌。同时，我国社会保障也存在着与当时所处发展阶段相关的若干不足，需要在新时代通过深化改革加以弥补。

第一节　有利的发展基础

一、制度建设走向城乡统筹

进入 21 世纪，我国社会保障事业发展的轨迹，一方面，继续深化改革和完善以职工五项社会保险为重点的城镇社保制度，谋求基本定型。如总结东北试点经验，完善职工基本养老保险制度，实行跨地区转续养老保险关系政策，优化职工医保医药管理，制定实施《工伤保险条例》，等等。另一方面，着力补齐农村社会保障制度建设的短板。通过试点，先后普及了新型农村合作医疗（新农合）、城镇居民基本医疗保险（以下简称"城居医保"）、新型农村社会养老保险（新农保）、城镇居民社会养老保险（城居保）。2010 年颁布的《中华人民共和国社会保险法》，把农村和城镇居民的各项新制度与城镇职工五项制度并列为社会保险制度。这一期间，还建立了农村居民最低生活保障制度、城镇和农村医疗救助制度，修订了农村五保供养条例等，从制度建设方面看，呈现出统筹城乡的鲜明特点。到党的十八大召开之际，我国覆盖城乡各类群体的社会保障体系框架基本形成。

二、覆盖人群规模巨大

扩大覆盖面是我国发展社会保障事业的长期重点任务。为持续扩大法定强制性五项社会保险——城镇职工基本养老保险、城镇职工基本医疗保险、失业保险、工伤保险、生育保险的覆盖面，在向各类非公有制单位职工、个体灵活就业人员、进城务工人员拓展的同时，集中解决了关闭破产国有企业未参保退休人员参加职工医保、集体企业职工等参加养老保险、"老工伤"人员纳入工伤保险统一管理等历史遗留问题。到2012年底，城镇职工养老、医疗、失业、工伤、生育五项社会保险的全国参保人数分别为 3.04 亿人、2.65 亿人、1.52 亿人、1.90 亿人、1.54 亿人，[①] 比 2002 年分别增长 106.8% 、181.5% 、49% 、331.8% 、340% 。

对自愿性参加的新农合和城居医保、新农保和城居保，通过政府财政补助的方式，引导群众积极参保。到 2012 年底，全国新农合参合 8.05 亿人，城居医保参保 2.72 亿人，加上职工医保 2.65 亿人，总计覆盖人数超过 13 亿人；当年从三项基本医保制度中受益的人次分别达到 17.45 亿、2.32 亿、12.3 亿，[②] 全民医保基本实现。养老保险方面，参加新农保、城居保的城乡居民共 4.84 亿人，[③] 加上职工基本养老保险，总计约 7.9

---

① 胡晓义. 新中国社会保障发展史［M］. 北京：中国人事出版社、中国劳动社会保障出版社，2019：409 –410.

② 胡晓义. 新中国社会保障发展史［M］. 北京：中国人事出版社、中国劳动社会保障出版社，2019：284，290.

③ 胡晓义. 新中国社会保障发展史［M］. 北京：中国人事出版社、中国劳动社会保障出版社，2019：409.

亿人，是全世界规模最大的基本养老保险计划。

在社会救助方面，最低生活保障制度覆盖城乡，2012 年底全国城市低保受保 2144 万人，比 2002 年略有增加；农村低保制度从 2007 年开始全面推行，2012 年受保 5345 万人，比 2007 年增长 1893 万人。① 农村五保供养制度顺利转型，2012 年底，全国有供养对象 545.6 万人。医疗救助功能彰显，通过资助参加新农合、城居医保或直接救助的方式，2012 年共计救助农村居民 5974.2 万人次，城市居民 2077 万人次。②

三、保障水平持续提高

2012 年，参加企业职工基本养老保险的退休人员基本养老金全国人均为每月 1686 元，比 2003 年的 621 元增长 1.7 倍；全国统一规定的新农保、城居保基础养老金最低标准为每人每月 55 元，地方政府可在此基础上适当提高。2012 年，各级财政对新农合、城居医保的补助标准为每人每年不低于 240 元，比新农合试点之初的 20 元提高了数倍；参合、参保人员患病就医可从医保基金支付的最高限额分别达到农民年人均纯收入、城镇居民年人均可支配收入的 6 倍以上，职工基本医保基金的最高支付限额也由职工年平均工资的 4 倍提高到 6 倍。③ 2012 年，失业人员从失业保险基金领取的失业保险金全国人均为每月 707 元；工伤保险待遇中的一次性工亡补助金标准全国统一且大幅提高，2010 年新《工伤保险条例》规定，"一次性工亡补助金的标准为上一年度全国城镇居民人均可支配收入的 20 倍"，调整之后该项补助金在 2011 年达到 38.22 万元。④ 伤残补

---

① 2012 年社会服务发展统计公报［EB/OL］.（2013 – 06 – 19）. https://www.mca.gov.cn/n156/n189/c93366/content.html.

② 中央政府门户网站. 到 2007 年年底我国农村低保保障人数达到 3452 万人［EB/OL］.（2008 – 01 – 29）. https://www.gov.cn/zxft/ft93/content_872359.htm.

③ 中华人民共和国人力资源和社会保障部. 十六大以来我国社会保障工作取得突破性进展［EB/OL］.（2012 – 10 – 23）. https://www.mohrss.gov.cn/SYrlzyhshbzb/zcfg/SYzhengcejiedu/201303/t20130309_87383.html.

④ 中华人民共和国人力资源和社会保障部. 中国的社会保障［M］. 北京：中国劳动社会保障出版社，2019：380.

助金、供养亲属抚恤金等也相应提高。

2012 年，全国城市居民低保平均标准为每人每月 330 元，实际补差 239 元，分别比 2002 年增长 113% 和 343%；农村居民低保平均标准为每人每月 172 元，实际补差 114 元，与 2007 年农村低保制度普遍建立时的水平相比，分别增长 146% 和 208%。农村五保供养条件不断改善，供养水平不断提高，2012 年集中供养年平均标准为每人 4060.9 元，分散供养为每人 3008 元。

与此同时，社会保障经办机构的网点不断向街道、乡镇、基层社区延展，管理服务规范化、信息化、专业化水平显著提高，全国统一的信息交换、核查、比对平台初步搭建，从公共服务的角度也显示了保障水平的提高。

四、社保基金逐步累积

2012 年全国五项社会保险基金（不含新农合、新农保、城居保）收入合计 28909 亿元，支出合计 22182 亿元，[①] 均比 2002 年增长 5 倍以上，整体收大于支的趋势稳定。年末，该五项基金加上新农保、城居保基金，资产总额达 39835 亿元。[②]

2012 年末，全国社会保障基金总额为 11060.37 亿元，自 2000 年设立以来累计投资收益额 3492.45 亿元，年均投资收益率 8.29%。[③]

逐步增厚的社保基金"家底"，为社保制度长期稳定发挥兜底线、护民生的作用提供了牢固基础。

---

① 中央政府门户网站.2012 年我国五项社保基金收入合计达 28909 亿元［EB/OL］.（2013 – 05 – 27）.https://www.gov.cn/jrzg/2013 – 05/27/content_2412482.htm.

② 中央政府门户网站.人力资源社会保障部公布 2012 年全国社会保险情况［EB/OL］.（2013 – 06 – 18）.https://www.gov.cn/gzdt/2013 – 06/18/content_2428717.htm.

③ 2012 年全国社会保障基金理事会基金年度报告［EB/OL］.（2013 – 06 – 27）.http：//www.ssf.gov.cn/portal/jjcw/sbjjndbg/webinfo/2013/06/1632636003327797.htm.

五、多层次框架开始搭建

早在1991年改革企业职工养老保险制度时，国务院就提出"多层次"概念，包括基本养老保险、企业补充养老保险和职工个人储蓄型养老保险。1994年党的十四届三中全会首次提出"建立多层次的社会保障体系"。到2012年，我国城镇企业职工基本养老保险全面普及并推进省级统筹，退休人员普遍实行社会化管理；企业补充养老保险定型为市场化、多元化投资的企业年金制度，到2012年末，全国已有5.47万户企业建立计划，参加职工人数1847万人。[①] 与此同时，在职工基本医疗保险基础上，也建立了公务员医疗补助、企业补充医疗保险、职工互助医疗保险、商业健康保险等补充性医疗保障制度。以养老、医疗为重点的多层次社会保障体系的构建，为满足人民群众多元化的保障需求提供了制度支持。

与此同时，我国社会福利体系逐步向适度普惠方向转型，保障范围不断扩大、服务内容不断丰富、供给方式不断革新。2012年，中国福利彩票销售额1510.3亿元，筹集福彩公益金449.4亿元，民政系统共支出彩票公益金159.0亿元。当年底，全国共有孤儿57.0万人，其中，集中供养9.5万人，社会散居47.5万人；各类社会福利机构收养儿童10.4万人。全国共有福利企业20232个，吸纳残疾职工59.7万人。在社会优抚方面，至2012年底，国家抚恤、补助各类重点优抚对象944.4万人，抚恤事业费达到517亿元，抚恤事业费年增长率达到20.7%。[②]

第二节　存在的主要不足

在即将进入中国特色社会主义新时代之际，我国社会保障体系建设

---

① 2012年度人力资源和社会保障事业发展统计公报［EB/OL］.（2014-04-21）. http：// www.gov.cn/guoqing/2014-04/21/content_2663699.htm.

② 2012年社会服务发展统计公报［EB/OL］.（2014-05-20）. http：//www.npc.gov.cn/ zgrdw/npc/ztxw/tctjcxsbtxjs/2014-05/20/content_1863756.htm.

取得的巨大成就有目共睹，但还存在许多不足，与不断发展变化的经济社会环境和人民群众日益增长的需求不相适应。

一、完整性——体系建设还有缺失

我国社会保障体系总体框架已经形成，但还有局部缺失。

一是某些制度尚未改革或重建，仍维持原有状态。如城镇企业职工和其他城镇人员普遍实行了改革后的基本养老保险制度，而机关事业单位工作人员仍实行单位退休制度。这虽然也是一种福利保障方式，但不属于社会化模式。又如国际上通行的"老年—残疾—遗属"一体制度中的职工死亡遗属待遇，在我国也没有统一的政策规范，由各地各企业分散施行。

二是多层次的社会保障体系尚未形成。企业年金发展相对滞缓，覆盖职工人数仅占城镇职工基本养老保险参保总数的6.1%。[1]设想中的第三层次——个人储蓄型养老保险更是缺乏实践和政策设计。尽管基本医疗保险制度普及，在城镇职工范围内也建立了多种单位补充性保障制度，但仍有一部分参保人员或其家人因罹患大病的巨额花费形成"家庭灾难性支出"，甚至出现社会极端现象；医疗保障水平较低的农村地区和农民家庭情况更甚，客观现实呼唤更丰富多元的医疗保障举措。

三是随着社会发展变化产生的新需求有待满足。最突出的是随着人口老龄化加剧，老年人、特别是数千万失能失智老人的照顾护理需求激增。一些城市对此开展了社会化筹资、援助、服务的探索，但尚未形成全国性制度安排。同时，退役军人与地方社保相互衔接的保障，特别是残疾退役军人的医疗保障需求也要有适当政策举措加以满足。

二、可及性——覆盖面尚有空白

可及性是评价任何社会保障制度的首要指标。发达国家的社保制度

---

[1] 全国企业年金基金业务数据摘要（2012年度）[EB/OL].（2013-04-24）. https://www.mohrss.gov.cn/shbxjjjds/SHBXJDSgongzuodongtai/201304/P020130424345876978735.pdf.

覆盖率通常很高，发展中国家则普遍较低。我国 2012 年时的各项社会保障制度覆盖率在发展中国家处于前列，但在实施方面仍有一些空白点。

全民医保基本实现，是我国覆盖人群规模最大的社保制度。但由于当时管理体制城乡分割，难免存在一些重复统计造成的漏洞①；也有一些群众参合、参保时断时续不稳定的情况。

基本养老保险在制度安排上覆盖了全部城镇职工和城乡劳动年龄以上的群体。2012 年底全国城镇职工基本养老保险、新农保、城居保的参保人数约 7.9 亿人，按当时符合条件的人口计算，还有 3 亿多人游离在制度覆盖之外。

失业、工伤、生育三项社会保险适用于城镇职工群体，2012 年参保人数分别为 1.52 亿人、1.90 亿人、1.54 亿人，② 比世纪初有显著增长，但与当年 3.73 亿人的城镇就业人员总数相比，覆盖率分别为 40.8%、50.9% 和 41.3%，扣除城镇就业人口中的个体就业者，覆盖率为 48.1%、60.1% 和 48.7%，③ 还有较大比例的城镇就业人员没有参保。

多项社会保险计划的覆盖面尚有空白，基本原因是我国社会保障体系建设起步较晚，先期改革、创建的城镇职工社保制度全面施行和定型也不过十几年，农村和城镇居民的医疗、养老保险制度更是刚刚普及，同任何新生事物一样，需要有一个从无到有、从小到大的逐步发展过程。此外，还有三个与当时我国所处发展阶段相关的因素。一是农村和城镇居民的医疗、养老保险制度实行自愿参保，这是汲取历史教训、避免强迫命令而确定的原则，符合实际，但客观上也存在群众对社保制度的认知度不高，尤其是年轻人缺乏参加养老保险的紧迫感的情形，需要政府

---

① 2012 年全国人口 13.54 亿人，按当时人力资源和社会保障部、卫生部分别统计加总，基本医保参保达 13.41 亿人。而 2018 年全国人口 13.95 亿人，国家医疗保障局统计公报显示参保总数 13.45 亿人，6 年人数几乎未增加，人口覆盖率还有下降，就是城乡医保制度归并后挤出重复统计水分的结果。

② 中央政府门户网站. 人力资源社会保障部公布 2012 年全国社会保险情况［EB/OL］.（2013 – 06 – 18）. https://www. gov. cn/gzdt/2013 – 06/18/content_2428717. htm.

③ 国家统计局. 年度数据［DB/OL］. https://data. stats. gov. cn/easyquery. htm?cn = C01&zb = A0406&sj =2023.

在加强政策宣传的同时加大引导力度。二是我国人口和劳动力处于跨地区高流动时期，2012 年农民工总量多达 2.6 亿人，其中外出农民工 1.6 亿人。一些地区按是否本地户籍，一些用人单位按不同用工形式来区别组织参保，还有很多人灵活就业，就业地和收入都很不稳定，这些因素导致数量庞大的流动就业人口成为最容易漏保的群体。三是当时城镇职工社保制度改革集中于企业方向，机关事业单位工作人员及退休人员按规定参加基本医保，事业单位按规定参加失业、工伤保险，而基本养老保险没有纳入这个多达几千万人的群体。

三、公平性——城乡、地区、群体差别明显

社会保险属于一种社会制度安排，是公共产品、公共资源在公共领域中的分配，核心目标是创造并维护社会公平，通过资金筹集与保障待遇的给付缩小社会成员发展结果的不公平。①

在即将进入新时代之际，我国社会保障领域公平性不足的问题，首先表现在城乡分别设立制度而且管理体制分割。养老保险设立了职工、农民、城镇居民三种制度，基本医疗保险也是职工、农民、城镇居民的三种制度，并且由人社部门和卫生部门分别管理。这无疑导致制度之间的政策差异和标准错落（如 2012 年，全国新农合平均每人次受益 138 元，② 而同年城镇职工、城镇居民基本医保平均每人次受益分别为 396 元和 293 元③），增加了人员在城乡间流动的困难，也难以避免人员重复参保、财政重复补贴的问题。多头管理还造成规则不一、摩擦增大。消除

① 郑功成.社会保障学——理念、制度、实践与思辨 ［M］.北京：商务印书馆，2000：191－192.
② 人民网.卫计委：2012 新农合补偿支出受益 17.45 亿人次 ［EB/OL］.（2013－06－18）.http://politics.people.com.cn/n/2013/0618/c1001－21877388.html.其中平均每人次受益水平的计算方式为全国新农合基金支出除以补偿支出受益人次数。
③ 中央政府门户网站.人力资源社会保障部公布 2012 年全国社会保险情况 ［EB/OL］.（2013－06－18）.https://www.gov.cn/gzdt/2013－06/18/content_2428717.htm.其中，平均每人次受益水平的计算方式为基金支出除以享受医疗服务人次数。

城乡二元结构是经济社会发展的大课题，需要长期过程，社会保障作为再分配的重要手段，应当在这一过程中发挥更重要的作用。

社会保障领域公平性不足的问题，还表现在地区差别方面。由于经济社会发展差异和人口—劳动力流动因素，东部沿海地区劳动力流入多、常住人口年龄结构轻，参保缴费人员多、领取待遇人员相对少，因而社保筹资比例较低，基金结存多、负担轻；而东北、中部和西部地区则相反。这种落差在改革初期甚为巨大，经过不断规范政策标准、提高基金统筹层次，2012 年前后各省（区、市）内部的平衡性有所增强，但省际差别仍较大。如大多数地区企业基本养老保险单位缴费比例已统一为 20%，而广东、浙江等抚养比低的省份为 14% 或 12%，甚至更低；东部地区集中了全国一半的结余基金，广东最为充裕，而以中西部地区为主的 19 个省（区、市）则当期收不抵支，[①] 东北三省最为突出，2012 年辽宁和黑龙江的资金缺口均超过 200 亿元，吉林的缺口超过 100 亿元。[②] 基金集中统筹调剂使用是发挥社会保险制度保障功能的核心。为更好平衡地区间社保基金负担，进一步提高统筹层次是必由之路。其中，基本养老保险在完善省级统筹的基础上推进全国统筹的目标开始浮现。

社会保障领域公平性不足的问题，还表现在群体差别方面。前述养老保险制度改革有缺失，导致养老金"双轨制"——机关事业单位工作人员不参保缴费而待遇水平相对较高——成为当时社会的突出矛盾之一，舆论热议"待遇差"的实质是诟病规则不公平。对此，国家拟定了相关改革计划，并曾部署在部分地区试点，但由于牵涉单位分类、编制定员、资金渠道、工资制度等多项制度复合改革，试点只进行了论证而并未实际开展。消除双轨制这个"硬骨头"留待新时期去"啃"。

---

① 中华人民共和国人力资源和社会保障部. 中国人力资源和社会保障年鉴·2023：工作卷［M］. 北京：中国劳动出版社、中国人事出版社，2023：650.

② 报告称去年 19 省养老金收不抵支 个人账户缺口扩大［EB/OL］.（2013 - 12 - 18）. http://jjckb. xinhuanet. com/2013 - 12/18/content_482601. htm.

四、充足性——保障水平有序提高的机制尚未形成

全国企业参保退休人员基本养老金从 2004 年以来不间断的全国统一安排调整提高，2012 年达到人均每月 1686 元，比 2003 年增长 1.7 倍，与同期城镇居民人均可支配收入 1.9 倍的增幅大体相当，但与同期城镇单位就业人员年平均工资 2.35 倍的增幅有差距。当时连续多年调整养老金待遇，采取普遍调整与特殊调整相结合的方法，在提高总体水平的同时解决某些特殊群体（退休早、企业高工等）明显偏低的问题，但没有形成与经济社会发展指标（国际上普遍以物价和工资指数为主要指标）相关联的机制。新农保和城居保刚刚全面普及，基础养老金全国统一最低标准维持在人均每月 55 元的低水平，还没有作出待遇调整的安排，保障基本生活的功能有限。

《"十二五"期间深化医药卫生体制改革规划暨实施方案》提出，到 2015 年各项基本医保"政策范围内住院费用支付比例均达到 75% 左右，明显缩小与实际住院费用支付比例之间的差距"。2012 年，职工医保该比例普遍达到 75%，城镇居民医保二级及以下医疗机构政策范围内住院费用支付比例仅达到 70% 左右，[①] 新农合则更低。农村其他社会保障水平也较低，救灾扶贫和农村低保还缺乏稳定连贯的制度保障；社会福利更是完全处于空白状态。[②]

五、可持续性——长期支付压力增大

随着我国人口老龄化加剧，各类社会保险（障）基金，特别是基本养老、基本医疗保险基金的收支平衡压力持续增大。企业职工基本养老

① 中华人民共和国人力资源和社会保障部. 中国人力资源和社会保障年鉴 [M]. 北京：中国劳动出版社，2013：650.

② 龙少波，张军. 农业生产率进步缓慢、社会保障不足与农村消费率下降——基于引进式技术进步的视角 [J]. 中国流通经济，2013, 27（12）：65－69.

保险基金出现当期收不抵支情况的地方增加、数额增大，中央财政补助资金连年增长。提高社保基金的长期支付能力，基本路径是节支和增收。我国法定退休年龄偏低且几十年未作调整，使抚养比迅速恶化，养老、医疗保险基金支出急剧增加；结存的基本养老保险基金缺乏投资运营机制，除少量购买国债之外，绝大部分只能存入银行，利息较低，难以保值增值，实际上处于"缩水"状态。

全民医保是人民群众有高度获得感的社保制度，但一些医疗机构以各种手段过度医疗，有的统筹地区的医疗费用 3～5 年就翻一番，加重了医保基金的支出负担。医保基金支付方式以按诊疗项目付费为主，难以抑制医疗费用的过快增长。

社会上一些人和组织采取虚报冒领、欺诈贪占等非法手段攫取社保基金，甚至有监守自盗和内外勾结犯罪的现象。社保基金安全形势严峻，同时也削弱了制度的可持续性，亟待进一步健全和加强监管制度措施。

六、稳定性——法治建设缺项较多

到 2012 年，我国社会保障领域立法的实际情形是，法律层面最直接有效的是 2011 年 7 月开始施行的《中华人民共和国社会保险法》和 2012 年制定的《中华人民共和国军人保险法》；其他法律如《中华人民共和国老年人权益保障法》《中华人民共和国妇女权益保障法》《中华人民共和国残疾人保障法》《中华人民共和国未成年人保护法》《中华人民共和国职业病防治法》等都包含一定社会保障内容，但缺乏刚性规范，实质效力有限。行政法规层面有《失业保险条例》（1999 年）、《社会保险费征缴暂行条例》（1999 年）、《城市居民最低生活保障条例》（1999 年）、《农村五保供养工作条例》（2006 年修订）、《工伤保险条例》（2010 年修订），此外《中华人民共和国劳动保险条例》（1953 年修订）的部分条款（主要是相关待遇条件和标准）仍在 2012 年有效。其他社会保障项目、计划，如三项养老保险、三项医疗保险及医疗救助、生育保险、社保基金投资运营及监管等都是以国务院或部门文件的形式颁布施行，尚未提升到法规层面。总体看，我国社会保障领域立法较少，层级较低，效力较弱，同时还存在执法不严、司法无据的情形。

法律是确认、保护和发展特定社会关系和社会秩序的行为规范，具有稳定性特征。我国社会保障改革、创新早期，各类关系和程序尚不清晰确定，需要以层级较低、弹性较大的行政文件（决定、指导意见等）来指引；而当社保制度和政策逐步定型后，就应当以高层级法律法规来规范，给社会和公众长远的稳定预期。在进入新时代之际，我国社会保障法治建设还处于起步阶段，科学立法、严格执法、公正司法、全民守法的任务还很繁重。

七、效率性——运行机制有待健全

我国在短期内相继建立城乡多种社会保障制度，覆盖人数迅速增长，加上人员跨地区流动规模进一步扩大，使得社会保障经办管理服务的工作量激增，而原有的组织架构、经办流程、管理工具等不相适应、运行效率不高的矛盾凸显。

异地业务方面。新农保、城居保普及后，在城镇化进程加快的背景下，两项制度参保人员养老保险关系互转以及与职工养老保险转移接续的问题突出，涉及三项制度各自的双向衔接，复杂性程度较高，一些参保人员因此中断社保关系，损失权益。全民医保基本实现后，参保人员在本地就医享有医保基金直接结算的便利，而跨统筹地区就医，由于各地政策标准不一、信息网络不联而无法即时结算，只能先自付医药费，再拿单据回统筹地区报销，费时费力，对长期异地居住的参保人员尤为不便。

信息化方面。2012年6月，"金保工程"（即劳动保障信息化建设）一期竣工验收，标志着我国社会保险信息化建设迈上了一个新台阶。但这个项目毕竟是10年前构想和规划的，完成之日就有一些落后于快速发展的社会保障政策和管理的实际需要，特别是与国家新提出的"互联网＋"公共服务和社会服务的要求差距较大，当时还没有全国集中的数据库，大范围核查社保数据、办理跨地区业务都受到一定阻碍。"中华人民共和国社会保障卡"名为全国统一，实际发行量 3.4 亿张（2010 年仅 1 亿余张），只覆盖当年全国人口的 1/4，应用项目范围也比较狭窄。

经办方面。有些地区社会保险经办机构设置不够科学，按险种、按城乡、按人群分别设立，如企业养老保险、新农保、医保，甚至单设工伤保险经办机构，相互重叠，参保单位和个人办事要跑多个机构。在一个经办机构内部，也存在业务划分过细的现象，如参保登记、缴费证明、审核领取条件、制发卡证等各有专门窗口，资源整合的综合程度不高，重复排队给办事群众带来不便。许多社保经办机构还处于大厅办理方式和手工操作流程为主的水平，信息化、规范化、标准化程度不高，影响了办事效率。

站在中国特色社会主义新时代的起点，我国社会保障体系在完整性、可及性、公平性、充足性、可持续性、稳定性、效率性方面存在的不足，将是新时代社会保障领域深化改革、加快发展的着力点。

第二篇

2012～2017 年：
党的十八大之后五年的
社会保障改革发展*

---

* 本部分除特别说明外，资料均来源于胡晓义著《新中国社会保障发展史》，中国劳动社会保障出版社、中国人事出版社 2019 年版。

第四章

党的十八大之后五年的
社会保障概览

第一节　社会保障全面深化改革的主要任务和方向

一、党的十八大关于社会保障的论述

2012年11月，党的十八大召开。党的十八大报告在总结过去五年和十年工作时，对社会保障的改革发展给予充分肯定：五年里，城乡最低生活保障标准和农村扶贫标准大幅提升，企业退休人员基本养老金持续提高；社会保障体系建设成效显著，城乡基本养老保险制度全面建立，新型社会救助体系基本形成；全民医保基本实现。过去十年来，社会保障水平迈上一个大台阶，人们公认，这是我国着力保障和改善民生、人民得到更多实惠的时期。

党的十八大报告在阐述全面建成小康社会目标时，把"社会保障全民覆盖"作为重要指标之一。相比党的十七大报告"社会保障全面覆盖"的提法，一字之改，表明我国社会保障体系建设将从制度全面普及推进到对全体人民普遍覆盖的新阶段。与此相关，社会保障体系建设的方针也由"广覆盖、保基本、多层次、可持续"调整为"全覆盖、保基本、多层次、可持续"。党的十八大报告首次提出"三性"，即"以增强公平性、适应流动性、保证可持续性为重点，全面建成覆盖城乡居民的社会保障体系"，从

中国国情和时代特征出发，为社会保障体系的长期发展指明了方向。党的十八大提出在新的历史条件下夺取中国特色社会主义新胜利必须牢牢把握的"八个必须坚持"——人民主体地位、解放和发展社会生产力、推进改革开放、维护社会公平正义、走共同富裕道路、促进社会和谐、和平发展和党的领导，也是社会保障体系建设必须遵循的指导方针。

党的十八大认为，社会保障是保障人民生活、调节社会分配的一项基本制度，在"统筹推进城乡社会保障体系建设"的总要求下提出的具体任务包括：改革和完善企业和机关事业单位社会保险制度，整合城乡居民基本养老保险和基本医保险制度，建立兼顾各类人员的社会保障待遇确定机制和正常调整机制；扩大社会保障基金筹资渠道，建立社会保险基金投资运营制度，确保基金安全和保值增值；完善社会救助体系，支持发展慈善事业；建立市场配置和政府保障相结合的住房制度，加强保障性住房建设和管理；坚持男女平等基本国策，保障妇女儿童合法权益；大力发展老龄服务事业和产业；健全残疾人社会保障和服务体系；健全社会保障经办管理体制，建立更加便民快捷的服务体系等。

二、党的十八届三中全会部署社会保障领域深化改革任务

2013 年 11 月，党的十八届三中全会作出《中共中央关于全面深化改革若干重大问题的决定》，要求"紧紧围绕更好保障和改善民生、促进社会公平正义深化社会体制改革，改革收入分配制度，促进共同富裕，推进社会领域制度创新，推进基本公共服务均等化，加快形成科学有效的社会治理体制，确保社会既充满活力又和谐有序"，其中，"建立更加公平可持续的社会保障制度"是重大改革命题。

专栏 4-1

党的十八届三中全会部署的社会保障领域
深化改革主要任务

坚持社会统筹和个人账户相结合的基本养老保险制度，完善个人账

户制度，健全多缴多得激励机制，确保参保人权益，实现基础养老金全国统筹，坚持精算平衡原则。推进机关事业单位养老保险制度改革。整合城乡居民基本养老保险制度、基本医疗保险制度。推进城乡最低生活保障制度统筹发展。建立健全合理兼顾各类人员的社会保障待遇确定和正常调整机制。完善社会保险关系转移接续政策，扩大参保缴费覆盖面，适时适当降低社会保险费率。研究制定渐进式延迟法定退休年龄政策。加快健全社会保障管理体制和经办服务体系。

健全社会保障财政投入制度，完善社会保障预算制度。加强社会保险基金投资管理和监督，推进基金市场化、多元化投资运营。制定实施免税、延期征税等优惠政策，加快发展企业年金、职业年金、商业保险，构建多层次社会保障体系。

积极应对人口老龄化，加快建立社会养老服务体系和发展老年服务产业。健全农村留守儿童、妇女、老年人关爱服务体系，健全残疾人权益保障、困境儿童分类保障制度。

统筹推进医疗保障、医疗服务、公共卫生、药品供应、监管体制综合改革……改革医保支付方式，健全全民医保体系。加快健全重特大疾病医疗保险和救助制度。

……允许医师多点执业，允许民办医疗机构纳入医保定点范围。

……划转部分国有资本充实社会保障基金。

资料来源：《中共中央关于全面深化改革若干重大问题的决定》。

这些改革任务是对党的十八大总体部署的具体化，每一项都要攻坚克难，其中突破性更强、引起社会高度关注的有五项：一是研究制定渐进式延迟法定退休年龄政策；二是划转部分国有资本充实社会保障基金；三是适时适当降低社会保险费率；四是加快健全重特大疾病医疗保险和救助制度；五是改革医保支付方式。党的十八大后成立了中央全面深化改革领导小组，部署有关部门逐项制定路线图和时间表，推进社会保障领域深化改革任务的落实。

三、党的十八届五中全会和国家"十三五"规划纲要确定改革完善社会保障制度的任务

2015 年 10 月，党的十八届五中全会召开。会议认为，即将开启的"十三五"时期是全面建成小康社会决胜阶段，在深入分析我国发展环境的基本特征基础上，审议通过了《中共中央关于制定国民经济和社会发展第十三个五年规划的建议》。2016 年 3 月，根据党中央的建议，全国人大通过《中华人民共和国国民经济和社会发展第十三个五年规划纲要》（以下简称《纲要》），其中明确了社会保障领域改革发展的原则、目标和一系列任务。

专栏 4-2

《纲要》确定社会保障领域改革发展的任务

第六十章　推进健康中国建设

第二节　健全全民医疗保障体系

健全医疗保险稳定可持续筹资和报销比例调整机制，完善医保缴费参保政策。全面实施城乡居民大病保险制度，健全重特大疾病救助和疾病应急救助制度。降低大病慢性病医疗费用。改革医保管理和支付方式，合理控制医疗费用，实现医保基金可持续平衡。改进个人账户，开展门诊费用统筹。城乡医保参保率稳定在 95% 以上。加快推进基本医保异地就医结算，实现跨省异地安置退休人员住院医疗费用直接结算。整合城乡居民医保政策和经办管理。鼓励商业保险机构参与医保经办。将生育保险和基本医疗保险合并实施。鼓励发展补充医疗保险和商业健康保险。探索建立长期护理保险制度，开展长期护理保险试点。完善医疗责任险制度。

第六十四章　改革完善社会保障制度

坚持全民覆盖、保障适度、权责清晰、运行高效，稳步提高社会保障统筹层次和水平，建立健全更加公平、更可持续的社会保障制度。

第一节　完善社会保险体系

实施全民参保计划，基本实现法定人员全覆盖。坚持精算平衡，完善筹资机制，分清政府、企业、个人等的责任。适当降低社会保险费率。完善统账结合的城镇职工基本养老保险制度，构建包括职业年金、企业年金和商业保险的多层次养老保险体系，持续扩大覆盖面。实现职工基础养老金全国统筹。完善职工养老保险个人账户制度，健全参保缴费激励约束机制，建立基本养老金合理调整机制。推出税收递延型养老保险。更好发挥失业、工伤保险作用，增强费率确定的灵活性，优化调整适用范围。建立更加便捷的社会保险转移接续机制。划转部分国有资本充实社保基金，拓宽社会保险基金投资渠道，加强风险管理，提高投资回报率。大幅提升灵活就业人员、农民工等群体参加社会保险比例。加强公共服务设施和信息化平台建设，实施社会保障卡工程，持卡人口覆盖率达到90%。

第二节　健全社会救助体系

统筹推进城乡社会救助体系建设，完善最低生活保障制度，强化政策衔接，推进制度整合，确保困难群众基本生活。加强社会救助制度与其他社会保障制度、专项救助与低保救助统筹衔接。构建综合救助工作格局，丰富救助服务内容，合理提高救助标准，实现社会救助"一门受理、协同办理"。建立健全社会救助家庭经济状况核对机制，努力做到应救尽救、应退尽退。开展"救急难"综合试点，加强基层流浪乞讨救助服务设施建设。

第三节　支持社会福利和慈善事业发展

健全以扶老、助残、爱幼、济困为重点的社会福利制度。建立家庭养老支持政策，提增家庭养老扶幼功能。做好困境儿童福利保障工作。完善儿童收养制度。加强优抚安置工作。发展公益性基本殡葬服务，支持公共殡仪馆、公益性骨灰安放（葬）设施和墓地建设。加快公办福利机构改革，加强福利设施建设，优化布局和资源共享。大力支持专业社会工作和慈善事业发展，健全经常性社会捐助机制。广泛动员社会力量开展社会救济和社会互助、志愿服务活动。

《纲要》还在"积极应对人口老龄化"一章中确定"健全养老服务体系",在"保障妇女未成年人和残疾人基本权益"一章中确定"提升残疾人服务保障水平",也是社会保障领域的重要任务。

《纲要》中以下几点特别值得关注。一是首次在国家最高层级文件中作出"实施全民参保计划"的部署,要求大幅提升灵活就业人员、农民工等群体参加社会保险比例,基本实现法定人员全覆盖,是对党的十八大"社会保障全民覆盖"方针目标的具体落实。二是提出"完善职工养老保险个人账户制度",而不再强调"逐步做实个人账户";对职工医疗保险也提出"改进个人账户,开展门诊费用统筹",反映了党中央在总结经验基础上对基本制度模式和整个体系架构的优化调整。三是在部署构建多层次养老保险体系中,首次提出"推出税收递延型养老保险",表明对第三层次已有比较明确的思路。四是安排"十三五"期间"实施社会保障卡工程",并设定"持卡人口覆盖率达到90%"的指标。五是部署"整合城乡居民医保政策和经办管理","将生育保险和基本医疗保险合并实施",以及"统筹推进城乡社会救助体系建设",表明了中央推动社会保障体系整体公平发展的意向。六是规定了"探索建立长期护理保险制度,开展长期护理保险试点"的任务,显示了老龄化加剧背景下扩展社会保障范围、健全保障功能的指向。

第二节 社会保障的重要政策和实践

党的十八大之后,党中央把社会保障体系建设摆上更加突出的位置,对我国社会保障体系建设作出顶层设计,推动我国社会保障体系建设进入快车道。我国社会保障领域贯彻落实"五位一体"总体布局和"四个全面"战略布局,深化改革和全面发展,呈现全新面貌,解决了许多长期想解决而没有解决的难题,办成了许多过去想办而没有办成的大事。

一、党的十八大之后五年社会保障领域的重要政策

如表4-1所示,党的十八大之后五年,我国社会保障领域出台了一

系列深化改革、促进发展的重要政策，以社会保险为主体，包括社会救助、社会福利、社会优抚等制度的社会保障体系基本建成，形成了世界上规模最大的社会保障体系，取得了令世人瞩目的成绩。

表4－1　　　党的十八大之后五年社会保障领域的重要政策

类别	发文时间	重要政策
社保综合	2014 年 5 月	《人力资源社会保障部关于实施"全民参保登记计划"的通知》
	2014 年 7 月	《人力资源社会保障部关于加快推进社会保障卡应用的意见》
	2016 年 4 月	《人力资源社会保障部　财政部关于阶段性降低社会保险费率的通知》
	2016 年 7 月	《人力资源和社会保障事业发展"十三五"规划纲要》
	2016 年 8 月	《人力资源社会保障部办公厅关于做好企业"五证合一"社会保险登记工作的通知》
	2017 年 8 月	《人力资源社会保障部　财政部　国务院扶贫办关于切实做好社会保险扶贫工作的意见》
养老保险	2013 ~ 2017 年[a]	中共中央《改革和完善基本养老保险制度总体方案》
	2014 年 2 月	人力资源社会保障部、财政部《城乡养老保险制度衔接暂行办法》
	2014 年 2 月	《国务院关于建立统一的城乡居民基本养老保险制度的意见》
	2015 年 1 月	《国务院关于机关事业单位工作人员养老保险制度改革的决定》
	2015 年 4 月	国务院办公厅《机关事业单位职业年金办法》
	2017 年 1 月	《人力资源社会保障部　财政部关于机关事业单位基本养老保险关系和职业年金转移接续有关问题的通知》
	2017 年 4 月	人力资源社会保障部、财政部《统一和规范职工养老保险个人账户记账利率办法》
医疗保障	2015 年 4 月	《民政部　财政部　人力资源社会保障部　卫生计生委　保监会关于进一步完善医疗救助制度全面开展重特大疾病医疗救助工作的意见》
	2015 年 8 月	《国务院办公厅关于全面实施城乡居民大病保险的意见》
	2016 年 1 月	《国务院关于整合城乡居民基本医疗保险制度的意见》
	2016 年 6 月	《人力资源社会保障部办公厅关于开展长期护理保险制度试点的指导意见》
	2016 年 12 月	《人力资源社会保障部　财政部关于做好基本医疗保险跨省异地就医住院医疗费用直接结算工作的通知》
	2017 年 2 月	国务院办公厅《生育保险和职工基本医疗保险合并实施试点方案》
	2017 年 6 月	《国务院办公厅关于进一步深化基本医疗保险支付方式改革的指导意见》

续表

类别	发文时间	重要政策
工伤保险	2013 年 4 月	《人力资源社会保障部关于执行〈工伤保险条例〉若干问题的意见》
	2014 年 2 月	人力资源社会保障部、卫生计生委《工伤职工劳动能力鉴定管理办法》
	2014 年 6 月	《最高人民法院关于审理工伤保险行政案件若干问题的规定》
	2014 年 12 月	《人力资源社会保障部 住房城乡建设部 安全监管总局 全国总工会关于进一步做好建筑业工伤保险工作的意见》
	2015 年 7 月	《人力资源社会保障部 财政部关于调整工伤保险费率政策的通知》
	2017 年 2 月	人力资源社会保障部、民政部、卫生计生委《工伤保险辅助器具配置管理办法》
	2017 年 3 月	《人力资源社会保障部办公厅关于进一步做好建筑业工伤保险工作的通知》
工伤保险	2017 年 3 月	《人力资源社会保障部关于执行〈工伤保险条例〉若干问题的意见（二）》
	2017 年 6 月	《人力资源社会保障部 财政部关于工伤保险基金省级统筹的指导意见》
	2017 年 7 月	《人力资源社会保障部关于工伤保险待遇调整和确定机制的指导意见》
	2017 年 8 月	人力资源社会保障部、财政部、卫生计生委、安全监管总局《工伤预防费使用管理暂行办法》
失业保险	2014 年 11 月	《人力资源社会保障部 财政部 国家发展和改革委员会 工业和信息化部关于失业保险支持企业稳定岗位有关问题的通知》
	2015 年 2 月	《人力资源社会保障部 财政部关于调整失业保险费率有关问题的通知》
	2017 年 2 月	《人力资源社会保障部 财政部关于阶段性降低失业保险费率有关问题的通知》
	2017 年 9 月	《人力资源社会保障部 财政部关于调整失业保险金标准的指导意见》
	2017 年 9 月	《人力资源社会保障部办公厅关于实施失业保险援企稳岗"护航行动"的通知》

续表

类别	发文时间	重要政策
基金监管	2012 年 12 月	《人力资源社会保障部关于开展社会保险基金社会监督试点的意见》
	2014 年 4 月	《全国人民代表大会常务委员会关于〈中华人民共和国刑法〉第二百六十六条的解释》
	2014 年 9 月	《人力资源社会保障部关于开展社会保险基金安全评估试点的通知》
	2015 年 8 月	国务院《基本养老保险基金投资管理办法》
	2016 年 3 月	国务院《全国社会保障基金条例》
	2016 年 4 月	人力资源社会保障部办公厅《社会保险欺诈案件管理办法》
基金监管	2016 年 9 月	《人力资源社会保障部 财政部关于做好基本养老保险基金委托投资工作有关问题的通知》
	2016 年 9 月	《人力资源社会保障部 财政部职业年金基金管理暂行办法》
	2017 年 7 月	《最高人民检察院关于贪污养老、医疗等社会保险基金能否适用〈最高人民法院最高人民检察院关于办理贪污贿赂刑事案件适用法律若干问题的解释〉第一条第二款第一项规定的批复》
社会救助	2014 年 2 月	国务院《社会救助暂行办法》
社会优抚	2013 年 7 月	《人力资源社会保障部 财政部 总参谋部 总政治部 总后勤部关于退役军人失业保险有关问题的通知》
	2015 年 9 月	《人力资源社会保障部 财政部 总参谋部 总政治部 总后勤部关于军人退役基本养老保险关系转移接续有关问题的通知》
	2015 年 9 月	《人力资源社会保障部 财政部 总参谋部 总政治部 总后勤部关于军人职业年金转移接续有关问题的通知》

注：a. 2013 年 5 月，按照党中央、国务院部署，由人力资源社会保障部牵头组成养老保险顶层设计部际研究小组开始研究拟定方案；经中央同意，各项改革措施按照"成熟一项推出一项"的方针陆续实施。

在养老保险领域，改革机关事业单位基本养老保险制度，打破了长期"双轨制"的格局；统一城乡居民基本养老保险制度，进而与职工养老保险构成两大平行的制度平台；完善制度间的转移衔接政策，持续彰显养老保障的公平性和统一性。

在医疗保障领域，整合城乡居民基本医疗保险制度，全面实施城乡居民大病保险，在为所有居民提供基本医疗保障的同时，对大病患者提供更加充分的保护；试点生育保险与职工医保合并实施；开展长期护理保险试点，探索为失能老人的基本生活照料和医疗护理提供保障。

在工伤保险领域，就落实《工伤保险条例》的有关规定推出专项措施，确保条例的有效执行；聚焦建筑业等高风险行业，强化工伤保险管理，提高工伤保险的覆盖面和运行效率，保护劳动者在工伤事故中的权益。

在失业保险领域，在为失业人员提供必要经济支持的同时，支持企业稳定岗位，并适时调整失业保险费率和金额标准，降低经济下行期间失业的社会影响。

在社会保险基金监管领域，开展社会监督和安全评估试点工作，提高基金运行的透明度和安全性；制定基本养老保险基金的投资管理办法和职业年金基金管理暂行办法，确保基金资产安全，努力实现长期稳定增值；加强对社会保险欺诈行为的监管和处罚，强化对贪污、欺诈等行为的法律制裁，确保基金安全和正当使用。

在社会救助领域，建立统一的社会救助制度，以确保社会弱势群体在面临突发或长期困境时能够获得基本生活保障；在社会优抚领域，完善特殊群体如退役军人的社会保障政策，确保他们在失业或退役后能够获得必要的经济和社会支持。

二、党的十八大之后五年社会保障领域的重要实践

党的十八大至党的十九大之间的五年，社会保障管理体制进行了两次完善。第一次完善是 2016 年，配合施行机关事业单位养老保险制度改革，在人力资源社会保障部的社会保险事业管理中心加挂"中央国家机关养老保险管理中心"的牌子，此后，该中心在继续综合管理全国社会保险基金和社会保险经办管理服务工作的基础上，增加了直接经办在京中央国家机关事业单位 50 多万名工作人员和退休人员基本养老保险及其职业年金的职能。第二次完善是 2017 年，配合实行异地就医的医保费用结算，并加强有关社会保障技术标准工作，在人力资源社会保障部的社会保

险事业管理中心又加挂了"医疗保险异地结算管理中心"和"社会保险技术标准评定中心"两块牌子,增加了"建立全国跨省异地就医管理、结算和费用审核协作机制,负责全国跨省异地就医资金的审核结算"及"组织社会保险相关医药服务管理技术标准体系建设和维护"的职能。此后,该中心建设了信息专网,承担全国跨省异地就医的医保费用结算工作。

与此同时,我国快速扩大社会保险覆盖面,健全覆盖全民、城乡统筹、权责清晰、保障适度、可持续的多层次社会保障体系,使改革发展成果更多更公平地惠及全体人民。

社保综合方面:制订实施全民参保计划,扩大各项社会保险覆盖面,使改革发展成果惠及全体人民;扩大国际社会保障合作交流,为国际社会保障事业提供中国智慧;构建社会保险标准体系,以标准化手段提升社会保险经办管理服务能力;普及应用社会保障卡,拓宽社会保障卡的使用范围。

养老保险方面:制订施行养老保险制度改革总体方案,为应对老龄化高峰期的严峻挑战作出更充分的制度、政策和资金准备;实现各项养老保险制度跨地区转续衔接,更好地保障全体劳动者和城乡居民的养老保障权益;统一城乡居民基本养老保险制度,提升城乡之间社会保障制度的公平性;改革机关事业单位养老保险制度,转变了企业与机关事业单位退休养老制度分立的格局,建立起在制度结构、筹资标准、待遇确定办法和调整机制上完全统一的制度;加快推进第二支柱养老保险,完善多层次养老保险体系。

医疗保障方面:全面实施城乡居民大病保险,有效减轻大病患者看病就医负担;整合城镇居民医保和新农合制度,建立统一的城乡居民医保制度;积极应对人口老龄化,开展长期护理保险试点;全面实现基本医疗保险异地就医医保费用直接结算,提升跨地区就医医保结算的便利性。

工伤保险方面:组织建筑业企业按项目参加工伤保险,解决建筑业农民工参保率低、工伤维权能力弱、工伤待遇落实难等问题;提高基金统筹层次,实行工伤保险基金省级统筹。

失业保险方面：援企稳岗，发挥失业保险防失业的主动功能，维护就业局势和社会稳定；支持技能培训，发挥失业保险促就业的积极功能，激励职工提升自身技能、增强就业稳定性。

社会保障基金监管方面：多措并举，构建社会保障基金监管立体架构；实施基本养老保险基金市场化投资运营，在确保基金安全前提下开辟更多的保值增值渠道；建立完善企业年金、职业年金基金投资监督体系。

社会救助和优抚方面：建立统一的社会救助制度，推动城乡低保、特困人员救助供养制度等长足发展；加强退役军人社会保险权益保障，维护军人切身利益。

第五章

2012~2017 年养老保险的改革发展

党的十八大后，推进养老保险改革发展的第一件事，就是党中央、国务院组织有关部门制定完善养老保险制度的总体方案，当时被称为"顶层设计"。

2013 年 5 月，人力资源社会保障部、国家发展改革委、财政部、社保基金会和全国总工会等部门、单位联合组成专项工作组，着手拟定完善养老保险制度的总体方案；同时充分利用"外脑"，动员国务院发展研究中心社会发展研究部、中国社会科学院社会保障实验室、中国人民大学中国社会保障研究中心、浙江大学人口与发展研究所、国际劳工组织、世界银行和国际社会保障协会七个国内专业研究单位和国际组织开展平行研究。七个研究同步推进，相互参照，作了大量的调查研究、对比优化和数据测算；还有一些高校科研单位主动参与，积极提出各自的见解。设计过程中，各参与单位讨论最多，也是社会各界的关注重点集中在七个问题上：一是关于养老保险体系的总体架构，即在横向上如何协调处理职工保险与新农保、城居保的关系，在纵向上如何巩固基本保险、同时加快发展补充保险；二是关于完善职工基本养老保险个人账户，如何从现实与长远的结合上统筹考虑；三是关于机关事业单位养老保险制度改革，社会呼声高涨，改革已成必然之势，但需要精心设计制度模式、基本政策、过渡措施等；四是关于全国统筹，方向已定，关键在于推进的方式和步骤；五是关于渐进式延迟法定退休年龄，社会意见分歧，尤须慎重稳妥；六是关于适当降低单位费率，保持企业活力，推进经济社会协调发展；七是关于基金投资运营，充分利用资本市场，开拓筹资更多渠道等。在充分吸收各方面智慧的基础上，"顶层设计"方案于2014年初完成初稿，之后又反复分析论证、调整修改，经中央政治局会议、中央政治局常委会会议、中央全面深化改革委员会会议等会议多次研究审议，① 通过实施。这一总体方案按照党的十八大精神，以保障和改善民生为基本出发点，坚持问题导向，基于国情，借鉴国际，立足当前，展望长远，明确了促进社会进步、实现可持续发展、统一规范、循序渐进的四项基本原则，提出了到2020年实现人人享有基本保障、保障项目基本完备、待遇水平稳步提高、制度衔接顺畅有序、管理服务精细便捷的近期目标和到2050年的长远目标，确定了多项重大目标任务。

从实践层面看，从党的十八大到党的十九大，养老保障领域最显著的改革举措，一是整合城乡养老保险制度，二是实施机关事业单位养老保险制度改革，三是随经济发展稳步提高待遇水平，四是创新和规范基金投资运营，五是发展多层次体系迈出新步伐。

第一节　整合城乡养老保险制度

党的十八大之后五年，统筹城乡经济社会发展的方针更加明确，在社会保障领域，将新型农村社会养老保险、城镇居民社会养老保险合并为城乡居民基本养老保险制度统一实施，与职工养老保险共同构成我国基本养老保险两大制度平台，是这一阶段社会保障体系改革系统集成、协同高效的一项重大举措。

一、合并实施新农保和城居保

2012年，新农保和城居保两项覆盖城乡居民的基本养老保险制度已

---

① 习近平. 促进我国社会保障事业高质量发展、可持续发展［J］. 求是，2022（8）.

经在全国全面推行。在 2011 年组织城居保试点时，就已经考虑到要与新农保的基本制度和主要政策大体一致，为将来依照《中华人民共和国社会保险法》推进两项制度的统一奠定基础。在《国务院关于开展城镇居民社会养老保险试点的指导意见》中提出：有条件的地方，城居保应与新农保合并实施；其他地方应积极创造条件将两项制度合并实施。在试点过程中，各地积极探索、勇于创新，到 2012 年底就有 10 个省份统一实施了城乡居民养老保险制度。

党的十八大明确提出"统筹推进城乡社会保障体系建设""全面建成覆盖城乡居民的社会保障体系"，要求"整合城乡居民基本养老保险制度"。2013 年 1 月，国务院城乡居保试点工作领导小组召开第三次会议，部署当年新农保和城居保工作任务，要求把重点放在合并实施两项制度、解决城乡衔接问题方面，并设立专门工作小组，着手研究两项制度合并的政策。同年 11 月，党的十八届三中全会把"整合城乡居民基本养老保险制度"列为全面深化改革的重要任务之一。

2014 年 2 月 21 日，《国务院关于建立统一的城乡居民基本养老保险制度的意见》印发，决定在实现新农保和城居保制度全覆盖基础上，依照《中华人民共和国社会保险法》的规定，将两项制度合并实施，在全国范围内建立统一的城乡居民基本养老保险制度。这个文件的基本政策框架延续了新农保、城居保的规定，同时在七个方面作出了显著的改进和完善。

（1）制度名称。统一为城乡居民基本养老保险制度（城乡居保）。新农保全名是"新型农村社会养老保险"，突出了政府的"社会"政策属性，以区别于商业养老保险；城居保试点和推开时，为寻求两项制度的一致性，也沿用了"社会"养老保险的称谓。在统一两项制度时，考虑到经过几年试点，社会保险的概念已经得到认同，为与职工基本养老保险制度相衔接，改称为"基本"养老保险，这也为将来构建多层次保障体系留出了空间。

（2）缴费标准。在坚持分档自选原则基础上，全国统一为 12 个档次，即在城居保 100～1000 元 10 档标准（新农保年度缴费标准，全国统一规定为 100～500 元 5 档，允许各地增设更高档次标准）之上增设 1500 元、

2000 元 2 个档次。这一安排，既保留了 100 元、200 元等低档，以适应低收入群体的缴费能力；又兼顾了有相对较高收入群体多缴费的诉求，也体现了随经济发展鼓励个人多为个人养老保障投入的政策导向。同时，授权省级政府根据本地实际增设缴费档次，但限定最高缴费档次标准原则上不超过当地灵活就业人员参加职工基本养老保险的年缴费额，以与职工养老保险的供款标准取得平衡。

（3）政府补贴。延续政府对两项制度的补贴政策——中央和地方政府对符合领取条件的参保人全额支付基础养老金（当时规定的全国统一最低标准是 60 岁以上老人每人每月 55 元，允许地方政府在此基础上增加补贴），地方政府对参保人缴费给予不低于每人每年 30 元的补贴，并可对选择较高档次标准缴费的给予适当鼓励，同时为农村重度残疾人等缴费困难群体代缴部分或全部最低标准的养老保险费。优化的政策是明确地方政府对选择 500 元及以上档次标准缴费的，补贴标准不低于每人每年 60 元，增强多缴多得的激励性。

（4）待遇政策。延续两项制度原有规定——基本养老金待遇分为政府支付的基础养老金和按个人账户（由个人缴费和集体补助、政府补贴共同构成）累计储存额计发的个人账户养老金，在此基础上作了两处调整、补充：一是鉴于职工养老保险、新农保、城居保制度已普遍覆盖，不再将"待遇领取人员的子女按规定参保缴费"作为领取待遇的必备条件；二是待遇领取人员死亡的，有条件的地方政府可以结合本地实际探索建立丧葬补助金制度，增加了丧葬待遇的选项。

（5）转移接续。两项制度试点时，只规定新农保、城居保与其他养老保险制度的衔接办法，由有关部门制定。在统一两项制度的《国务院关于建立统一的城乡居民基本养老保险制度的意见》中，细化为：参保人员在缴费期间户籍迁移、需要跨地区转移城乡居保关系的，可在迁入地申请转移养老保险关系，一次性转移个人账户全部储存额，并按迁入地规定继续参保缴费，缴费年限累计计算；已经按规定领取城乡居保待遇的，无论户籍是否迁移，其养老保险关系不转移。

（6）基金管理和运营。试点时，新农保、城居保分别建立基金，《国务院关于建立统一的城乡居民基本养老保险制度的意见》规定合并为城乡居保基金，统一纳入社会保障基金财政专户，实行收支两条线管理，并要求各地逐步推进基金省级管理。同时，针对 2013 年底全国两项制度基金累计结存已达 2302 亿元，其中，个人账户结存 2055 亿元的情况，提出：城乡居保基金按照国家统一规定投资运营，实现保值增值。开辟这一有效保值渠道，有利于增强群众对制度的信心，提高参保积极性。

（7）信息系统建设。要求各地整合新农保、城居保业务管理系统，形成省级集中的信息管理系统，纳入"金保工程"建设，并与其他公民信息管理系统实现信息资源共享；将信息网络向基层延伸，实现省、市、县、乡镇（街道）、社区实时联网，有条件的地区可延伸到行政村；大力推行全国统一的社会保障卡，方便参保人持卡缴费、领取待遇和查询本人参保信息。即合二为一、集中到省、下延到村、便利到人。这些规定既是对基层经验的总结，又为统一城乡居保制度并提升管理服务能力提出了新任务。

《国务院关于建立统一的城乡居民基本养老保险制度的意见》确定的时间节奏是："十二五"末，在全国基本实现新农保和城居保制度合并实施，并与职工基本养老保险制度相衔接；2020 年前，全面建成公平、统一、规范的城乡居保制度，与社会救助、社会福利等其他社会保障政策相配套，充分发挥家庭养老等传统保障方式的积极作用，更好保障参保城乡居民的老年基本生活。

《国务院关于建立统一的城乡居民基本养老保险制度的意见》发布后，人力资源社会保障部、财政部联合召开全国视频会议进行部署，印发专项工作宣传提纲，举办业务培训班，国务院新闻办组织了专题新闻发布会，中国政府网也安排了政策解读；有关部门制定了统一的经办规程、信息系统建设意见，启动城乡居保业务信息系统、待遇核查比对系统、跨省转移系统升级调整工作，并派出调研组到各地调研指导地方工作，各地区也加紧推进。到 2015 年，全国所有省级地区都制定了新的城乡居保实施意见，基本实现了制度名称、政策标准、经办服务、信息系统"四统一"，实现了《国务院关于建立统一的城乡居民基本养老保险制度的意见》确定的第一步目标。到 2017 年底，全国参保人数为 51255 万人，其中，实际领取待遇 15598 万人；当年基金收入 3304 亿元，比上年增长 12.6%，其中，个人缴费 810 亿元；基金支出 2372 亿元，比上年增长 10.3%；基金累计结存 6318 亿元。[①]

整合城乡居民基本养老保险制度，不是把新农保、城居保两项制度简单地叠加、"拼盘"，而是在政策、标准、经办服务、信息系统四个统一基础上的有机融合，使城乡之间社保制度的公平性进一步彰显，参保人员在城乡间、地区间流动更加顺畅。

二、解决参保人员"跨制度"转续衔接问题

《国务院关于建立统一的城乡居民基本养老保险制度的意见》规定了城乡居保制度内部的转续政策，但未涉及相关参保人在城乡居保与职工基本养老保险之间的衔接政策。2014 年 2 月 24 日，即《国务院关于建立统一的城乡居民基本养老保险制度的意见》发布 3 天后，人力资源社会保障部、财政部印发《城乡养老保险制度衔接暂行办法》（以下简称《衔接办法》），重点解决这方面问题，分三种情形作出规定：一是参保人从城乡居保转入职工养老保险的，其已有个人账户全部储存额并入职工养老保险个人账户，其城乡居保缴费年限不合并计算或折算为职工养老保险缴费年限；二是参保人从职工养老保险转入城乡居保的，其已有个人账户全部储存额并入城乡居保个人账户，其参加职工养老保险的缴费年限合并计算为城乡居保的缴费年限；三是参保人在同一年度内同时参加职工养老保险和城乡居保的，其重复缴费时段（按月计算）只计算职工养老保险缴费年限，并将城乡居保重复缴费时段相应个人缴费和集体补助退还本人。此外规定：参保人不得同时领取职工养老保险和城乡居保待遇，在两项制度中都具备领取待遇资格的，按职工养老保险计发基本

---

① 2017 年度人力资源和社会保障事业发展统计公报［EB/OL］.（2018 - 05 - 21）. https：//www. mohrss. gov. cn/SYrlzyhshbzb/zwgk/szrs/tjgb/201805/W020220325394406391270. pdf.

养老金，终止并解除城乡居保关系，除政府补贴外的个人账户余额退还本人，已领取的城乡居保基础养老金应予以退还。

这组政策力图在跨制度的养老保险关系衔接上体现四条基本原则：一是公平性原则，确保每个参保人，不论其户籍和身份，都有平等获得国家制度性安排的养老保障的权利；二是流动性原则，即参保人无论参保身份怎么变，也无论其跨地区流动还是跨制度转移，都要为其衔接养老保险关系；三是保障性原则，即在各种转移、接续、衔接政策实施和经办管理中，都要保障参保人员在各个阶段已有的养老保险权益得以延续累加，做到不断、不漏；四是唯一性原则，即每个参保人在同一时期内，基本养老保险关系应该是唯一的，最终领取的基本养老金应当只有一种。基于这些原则，《衔接办法》对五个方面作了明确：一是不同制度之间衔接方式、资金转移、经办规程等；二是衔接时点，即在参保人达到法定退休年龄时办理衔接手续，而此前的参保缴费期不需要进行衔接；三是衔接条件，即参保人达到法定退休年龄后，以是否在职工养老保险缴费年限满 15 年（含延长缴费至 15 年）为界，实行双向衔接——满 15 年的可以从城乡居保转入职工养老保险并享受相应的待遇，不满 15 年的可以从职工养老保险转入城乡居保；四是权益累计办法，即参保人流动后，其个人账户随之转移并累加计算基本养老保险待遇；五是重复参保的处理办法，即对重复缴费予以清退，对重复领取待遇的，清理后只保留一种待遇。

《衔接办法》是一个具有里程碑意义的政策，至少可以反映在微观、中观和宏观三个层面。

从微观层面看，有利于保障参保人员（特别是农民工）权益。农民工就业的高度流动性，既可能表现在城市之间流动，也可能表现在城乡之间流动。2010 年 1 月 1 日施行的《城镇企业职工基本养老保险关系转移接续暂行办法》重点解决了城镇职工基本养老保险参保人员"跨地区"的转移接续问题，从 2014 年 7 月 1 日起施行的《衔接办法》则重点解决不同养老保险制度参保人员"跨制度"的衔接问题，可以更有效保障农民工群体的权益。

从中观层面看，有利于统筹城乡社保建设。统筹城乡养老保障体系建设，首先是统筹城镇居民与农村居民，这由《国务院关于建立统一的城乡居民基本养老保险制度的意见》作出了制度安排。其次是统筹城乡居民与城镇职工的关联政策，《衔接办法》规定了两大制度间的衔接转续办法，在弥合制度鸿沟方面迈出一大步。作为落实措施，各地及时健全县级以上社会保障经办机构联系方式信息库，全国统一向社会公布，把原来只办理职工养老保险跨地区转续手续扩展到为所有养老保险参保人办理跨地区和跨制度转移衔接手续，极大促进了全国统一的基本养老保险参保缴费信息查询服务系统的完善和全国通用社会保障卡的加快普及应用。这也为下一步包括机关事业单位工作人员在内的更大范围的统筹城乡基本养老保险铺平了道路。

从宏观层面看，有利于推动新型城镇化健康发展。传统城镇化以"物"为主体，新型城镇化以"人"为核心。2013年底，中央城镇化工作会议特别提出，要把推进农业转移人口市民化作为新型城镇化的首要任务。市民化最重要的表征之一就是要让农业转移人口享有与市民同等的"社会公平保障体系"。《衔接办法》对于推进农业转移人口市民化，进而推动新型城镇化健康发展具有积极意义。

《衔接办法》是在《城镇企业职工基本养老保险关系转移接续暂行办法》和《国务院关于建立统一的城乡居民基本养老保险制度的意见》分别规定职工养老保险和城乡居保各自内部跨地区转移接续政策基础上，首次对跨两种制度的衔接政策作出规定，是弥合制度鸿沟的一大进展。实施城乡养老保险转续衔接政策，践行了党的十八大提出的"适应流动性"要求，建造了一座连接城乡、区域和各类参保人的互通式"立交桥"，使我国养老保险体系真正形成了网状结构，更好地保障了全体劳动者和城乡居民的养老保障权益。

第二节　改革机关事业单位养老保险制度

党的十八大后，在养老保险领域推出的力度最大的改革举措是改革机关事业单位养老保险制度，这在养老保险"增强公平性"方面迈出重要一步，在我国养老保险改革史上具有里程碑意义。

一、改革的"前奏"

我国机关和事业单位自 20 世纪 50 年代以后一直实行单位负责的退休养老制度。改革开放之后，随着企业改革职工基本养老保险制度，机关事业单位同类制度改革的议题浮出水面。1992 年 1 月，人事部印发《关于机关、事业单位养老保险制度改革有关问题的通知》，是推动这一改革的最初举措。实践结果是，部分地区（如上海等）在机关、事业单位实行了与企业大体一致的基本养老保险制度——个人和单位共同缴费、社会统筹与个人账户相结合，但具体待遇标准有差别；而大部分地区没有实施这项改革，基本原因是，当时改革的重心是围绕作为市场经济主体的企业，机关、事业单位处于相对边缘位置，实行社会化养老保险制度的迫切性没有那么强。

进入 21 世纪，经过东北等地区完善社会保障体系试点和总结经验，企业基本养老保险制度大体定型；同时，社会上反映退休保障双轨制矛盾的呼声愈发强烈，改革机关、事业单位养老保险制度的必要性和可行性都更加充分。2008 年 3 月，国务院发布《事业单位工作人员养老保险制度改革试点方案》，并确定在山西、上海、浙江、广东、重庆 5 省（市）开展试点。改革的范围是事业单位分类改革后从事公益服务的事业单位及其工作人员，主要内容包括：实行社会统筹与个人账户相结合的基本养老保险制度，改革基本养老金计发办法，建立基本养老金正常调整机制，建立职业年金制度，逐步实行省级统筹等。按照这一方案，有关部门和试点省（市）进行了多次论证、反复测算、模拟运行，但最终均未正式实施。主要原因是，养老保险制度改革与多项改革共同构成复杂的系统工程，而且处于相对"下游"位置；前端的改革不到位——事业单位分类改革尚未完成，公益一类、二类与非公益转企业类的划分还不清晰；由此导致单位资金财务渠道（全部预算拨款、部分拨款、自收自支）没有厘清；编制定员清理整顿工作进展缓慢，大量编外人员难以确定养老保险制度归属；工资收入分配制度改革任务艰巨，"头重脚轻"（基本工资占比大大低于各类津补贴）的畸形结构和单位间的悬殊差距，使养老保险缴费和待遇标准无法公平确定等。这些因素严重制约了事业单位的养老保险制度改革。此外还有一个因素：此次养老保险制度改革试点范围确定为事业单位而不包括国家机关及其工作人员。这本来是一个改革策略的设计——国家机关的属性、编制定员、财务渠道、工资分配等都比较清晰规范，从以往经验看，在统一部署下，改革即可推行，试点的必要性不大；而事业单位类型复杂，需要配套改革的领域广泛，更需慎重严谨，所以要通过试点印证政策、发现问题。但这一设计没有得到充分理解，反而被部分群体误解为"只改革事业单位，不改革机关"，一些地方出现了集体上书、声言提前退休的情形。这也在一定程度上阻碍了试点地区下决心落实改革方案。

20世纪90年代部分地区的初步改革和2008年5省（市）事业单位改革试点，虽然都没有取得预期成果，但也从不同层面、在一定程度上为全面施行机关事业单位基本养老保险改革进行了探索，揭示了许多矛盾，发现了问题症结所在，尝试了解决办法，可以说也是一种经验的积累，是党的十八大后果断改革的"前奏曲"。

二、制度并轨

2013年11月，党的十八届三中全会决定中明确了社会保障领域深化改革的多项重要任务，其中之一是"推进机关事业单位养老保险制度改革"，加快发展职业年金。按照中央部署，有关部门总结历史经验，经过紧锣密鼓的工作，拟定了改革方案并报经中央批准。2014年12月23日，国务院有关负责同志代表国务院向全国人大常委会报告统筹推进城乡社会保障体系建设工作情况，明确宣示：将推进机关事业单位养老保险制度改革，建立与城镇职工统一的养老保险制度。2015年1月，国务院颁布《国务院关于机关事业单位工作人员养老保险制度改革的决定》，从2014年10月1日起实施。在经历20多年摸索、试验后，机关事业单位养老保险制度改革的大幕终于全面拉开。

这项改革的基本思路是"一个统一、五个同步"。"一个统一"，即机关事业单位与企业等城镇从业人员统一实行社会统筹和个人账户相结合的基本养老保险制度。"五个同步"：一是机关与事业单位同步改革，而不再采取2008年安排试点时让事业单位先行一步的方法，符合60年来机关和事业单位实行同一制度的实际和其工作人员的心理感受；二是职业年金与基本养老保险制度同步建立，落实党的十八届三中全会决定的部署，同时规划多层次养老保险，比20世纪90年代企业改革时先建基本制度、后建企业年金的节奏更为紧凑；三是养老保险制度改革与完善工资制度同步推进，在改善当时机关事业单位工作人员畸形工资结构的基础上，科学厘定缴费和待遇标准；四是待遇确定机制与调整机制同步完善，即改革基础养老金加个人账户养老金的待遇结构，并改变原来机关事业单位退休人员随在职工作人员工资调整而提高退休金的政策，调整基本养老金待遇（简称调待）工作与企业退休人员统筹安排；五是改革在全国范围内同步实施，而不再安排局部试点，这也是汲取2008年谋划改革的经验，避免地区之间产生改与不改、先改与后改的矛盾。

改革的主要内容是：机关事业单位实行社会统筹与个人账户相结合的基本养老保险制度，由单位和个人共同缴费；改革基本养老金计发办法，待遇水平与缴费相关联，建立多缴多得、长缴多得的激励机制；建立基本养老金正常调整机制，统筹考虑机关、企事业单位退休人员和城乡居民的基本养老金调整；加强养老保险基金管理和监督，机关事业单位基本养老保险基金单独建账，确保基金安全；做好养老保险关系转移接续工作，促进人员合理流动；同步建立职业年金制度，形成多层次的养老保险体系；建立健全养老保险筹资机制，确保待遇发放；逐步实行社会化管理服务，持续提高管理服务水平。

机关事业单位养老保险制度改革一举实现了两个根本转变。一是根本转变了60年来机关事业单位自我保障本单位退休人员的"雇主责任"模式，实行了社会化的养老保险制度。如果说，21世纪以来先后建立的新农合、城居医保、新农保、城居保等制度，陆续弥补了我国社会保险制度空白，那么，机关事业单位工作人员退休养老由"单位保障"改为社会保险则是落实社会保险法的规定，补齐了最后一块"非社会化"制度的短板，使我国基本社会保险制度覆盖全部法定人群成为现实。二是根本转变了几十年来企业与机关事业单位退休养老制度分立的格局，建立起在制度结构、筹资标准、待遇确定办法和调整机制上完全统一的制度，总体实现了"规则公平"，完成了两类群体基本养老保险制度"并轨"，啃下了社保制度改革的这块"硬骨头"，适应社会主义市场经济体系的要求，有利于促进人力资源合理流动和优化配置，是统筹推进社会保障体系建设的一个重大举措。

按照《国务院关于机关事业单位工作人员养老保险制度改革的决定》的要求，各地着手组织相关测算、制定具体实施办法，国务院办公厅、人力资源社会保障部及财政部印发一系列文件，逐一明确改革实践中遇到的人员范围、缴费基数、待遇计发等大量具体政策问题，并确定对在京中央机关和事业单位由人力资源社会保障部社保机构单独管理（后来专门成立了"中央国家机关养老保险管理中心"）。至2017年党的十九大召开前，各省级地方都以政府名义印发了这项改革的实施办法，大部分省份启动了参保缴费和发放待遇工作；到当年底，全国各级机关和各类事业单位工作人员及退休人员全面纳入了基本养老保险制度。

机关事业单位养老保险制度改革涉及面广、政策性强、敏感度高，作出改革决策不易，全面落实政策也需要妥善处理诸多现实和历史问题。改革进程中出现的较为集中的矛盾：一是少数地区由于原来测算不精确，确定相关系数、指数偏高，造成早退休与晚退休群体间的待遇水平差距过大；二是机关事业单位工作人员总量控制严格，客观上形成退休抚养比越来越高的趋势，虽然，全国总体上资金渠道有保障，但在少数财政困难地区也常捉襟见肘；三是跨地区、跨制度转移接续已有统一规定，但由于各地政策细节的差异和信息系统的不完备，在实际操作中转续仍不够顺畅；四是在原定的改革"十年过渡期"结束之后，少数人员可能面临待遇水平下降。这些具体问题都涉及当事人的实际利益，有些还带有一定普遍性，需要在深化改革过程中分别施策、逐一化解。

三、充实完善转移接续办法

《城镇企业职工基本养老保险关系转移接续暂行办法》重点解决了城镇职工基本养老保险参保人员"跨地区"的转移接续问题，2014 年，《国务院关于建立统一的城乡居民基本养老保险制度的意见》和《城乡养老保险制度衔接暂行办法》重点解决了城乡居保内部转续和与企业职保"跨制度"的衔接问题；而随着机关事业单位养老保险制度改革的实施，新的政策需求出现了——机关事业单位养老保险如何转移接续？这既涉及制度范围内的单位间、地区间转续，也涉及与企业职工养老保险的双向跨制度衔接；重点是基本养老保险关系和基金的转续，也包括职业年金关系和资金。

针对这一需求，2017 年 1 月，人力资源社会保障部、财政部联合发布《关于机关事业单位基本养老保险关系和职业年金转移接续有关问题的通知》及相关经办规程，具体规定了基本养老保险参保人在几种流动情形下的转续政策——在同一统筹范围内的机关事业单位之间流动的，在机关事业单位养老保险制度内跨统筹范围流动的，从机关事业单位流动到企业的，从企业流动到机关事业单位的，主要政策与《城镇企业职工基本养老保险关系转移接续暂行办法》和《国务院关于机关事业单位工作人员养老保险制度改革的决定》规定的转续政策是一致的，但在转移条件、多次转移、待遇计发参数确定等方面的规定更加细致。新增政策是参保人流动后有关职业年金的处理，分为三种情形，分别规定了职业年金转移接续办法：第一，在由相应的同级财政全额供款的单位之间流动；第二，从机关事业单位流动到企业、在非同级财政全额供款的单位之间流动，或者从财政全额供款单位流动到非财政全额供款单位；第三，从非财政全额供款单位流动到财政全额供款单位。为统一规范转移接续业务经办流程，确保转移接续衔接顺畅，人力资源社会保障部随后又印发了《机关事业单位基本养老保险关系和职业年金转移接续经办规程（暂行）》，就做好转移接续工作提出新要求。

明确机关事业单位基本养老保险关系和职业年金的转移接续政策，做好相关工作，既保障了参保人员流动时的养老保险权益，促进了机关事业单位养老保险制度改革顺利推进，又使全国养老保险制度和政策体系愈发紧密地连为一体。

第三节　稳步提高基本养老金待遇

党的十八大提出"建立兼顾各类人员的社会保障待遇确定机制和正常调整机制"。2013～2017年，国家根据经济发展和各方面承受能力，稳步提高各项养老保险待遇水平，这一时期统筹城乡和各类群体的综合平衡指向更加鲜明。

一、提高企业退休人员待遇

从2004年到2012年，随着企业职工基本养老保险制度改革的全面推进，连续9年全国统一安排对参保的企业退休人员调待，使人均每月累计增加了1113元。在此过程中，逐步形成了一些比较成熟的做法。一是调待的起始时点稳定在每年1月1日，使之成为一项常规性工作，有利于中央和各地区从总体上把握政策节奏和力度。二是调待对象锁定为上年底前按规定办理了退休手续的参保企业退休人员，使已退休和即将退休的参保群众有稳定预期。三是调待的参数，考虑上年度物价和工资增长因素及社会保障基金和财政的承受能力，按照企业退休人员平均基本养老金的一定比例确定增幅。四是调待方法采取普遍调整与特殊调整（重点倾斜）相结合的"结构式"——平均提高、与缴费年限及金额挂钩、向高龄人员等重点对象倾斜等各占一定比例，体现公平与效率相结合。重点倾斜对象根据不同阶段反映的突出问题来确定，并随着有些矛盾的缓解和转移而调整变化，同时也留给地方因地制宜解决本地突出矛盾的一定空间。其中，2005～2012年的调待，一直注意向具有高级职称的企业退休科技人员（后统称企业退休高工）适当倾斜。五是资金安排以各地企业职工基本养老保险基金为主要渠道，中央对中西部地区、老工业基地补助批准调整范围和标准水平的 40%，对新疆兵团全额补助，有条件的地方也要投入一定财政资金。

党的十八大以后，沿用已趋成熟的经验，继续调整提高企业退休人员基本养老金，并且连续 3 年都按照 10% 的较大增幅安排。

2013 年的企业调待惠及 6825 万企业退休人员，月人均增加 195 元；其中，享受倾斜政策的 99 万企业退休高工月人均增加 430 元，比全国"普调"180 元的水平高出 1.4 倍；1740 万 70 岁以上高龄退休人员也继续作为倾斜对象，月人均增加 237 元，比普调多 57 元。这一年调待工作的一个亮点是严肃了调待纪律，申明了处罚措施。人力资源社会保障部、财政部经国务院批准印发的《关于 2013 年调整企业退休人员基本养老金的通知》强调："各地区要从大局出发，充分认识调整企业退休人员基本养老金工作的重要性和严肃性，按照《国务院办公厅关于各地不得自行提高企业基本养老金待遇水平的通知》的要求，根据两部批准的调整水平认真组织实施，不得自行提高调整水平。对自行提高基本养老金调整水平的地区予以通报批评，并相应扣减中央财政补助资金。"2013 年第 4 季度，两部对各地调待情况进行了检查，发现有 12 个省份实际调整标准超过批准的调整标准 10 元以上。报经国务院同意，两部对这些地区予以通报批评，并约谈有关负责人；同时相应扣减了 7 个省份的中央财政补助资金近 5 亿元。这对维护国家政策的权威性和统一性起到了引导和约束作用，对规范调待工作秩序起到警示效应。

2014 年的企业调待惠及 7411 万企业退休人员，月人均增加 202 元。结构式调待的情况是："定额调整"月人均增加 102 元，"挂钩调整"月人均增加 87 元，"重点倾斜调整"按全部参加调待退休人员计算为月人均增加 13 元。这一年适当倾斜的主要对象是高龄退休人员，而不再统一把企业退休高工作为倾斜的专门对象，主要是鉴于经过多年持续倾斜，这一群体的待遇水平已有较大幅度提高，与机关事业单位同类人员"待遇差"的矛盾有所缓解；同时也为避免引起企业退休的中级职称人员和管理干部等群体的攀比；至于部分地区仍有少数退休早、养老金水平相对偏低的企业退休高工，授权各地根据实际情况，在适当照顾低收入群体的政策范围内确定小幅倾斜的措施。这一年，还对全国 30 万企业离休人员统一提高了离休金待遇标准。

2015 年的企业调待惠及 7974 万企业退休人员，月人均增加 220 元。其中，"定额调整"月人均增加 108 元，"挂钩调整"月人均增加 99 元，对 1988 万高龄退休人员人均倾斜 47 元。经过前两年纪律整肃，2015 年超标自行提高待遇的地区明显减少。2015 年，全国企业退休人员月人均基本养老金达到 2240 元，比 2012 年增加 554 元，3 年增长 32.9%。[①]

二、统一企业和机关事业单位养老金待遇调整机制

机关事业单位养老保险制度改革是与工资制度改革同步配套进行的。自 2014 年 10 月 1 日起，全国统一调整了机关事业单位工作人员基本工资标准，相应增加了机关事业单位离退休人员的离退休费，基本办法是按其在职时的职务级别分档增加。这也是机关事业单位养老保险制度改革前的最后一次调整待遇。

2016 年 4 月，经国务院批准，人力资源社会保障部、财政部印发《关于 2016 年调整退休人员基本养老金的通知》，确定从 2016 年 1 月 1 日起，为 2015 年底前已按规定办理退休手续并按月领取基本养老金的企业和机关事业单位退休人员提高基本养老金水平。这是机关事业单位养老保险制度改革以来第一次按照基本养老金调整办法调整待遇，也是企业和机关事业单位退休人员第一次同步同规则调整待遇，迈出了统筹各类退休人员待遇调整的第一步，是企业和机关事业单位养老保险制度并轨、增强公平性的直接体现。从此开始，调待工作进入了一个新阶段，呈现出不同以往的五个特点。

---

① 中华人民共和国人力资源和社会保障部. 中国人力资源和社会保障年鉴（工作卷）·2023［M］. 北京：中国劳动社会保障出版社，2023.

（1）统筹安排。机关事业单位养老保险制度改革，改变了过去其退休人员随在职人员调整工资而提高待遇的方法，与企业退休人员统筹安排，执行同样的调待范围、起始时间和调整规则。由于扩大了范围，2016年调待惠及退休人员首次超过亿人，其中，企业8460万人，机关事业单位1670万人；2017年达到1.07亿人，其中，企业8937万人，机关事业单位1775万人。

（2）增幅下调。根据中央作出的中国经济发展进入新常态的判断——从高速发展转为中高速发展、追求更高发展质量的阶段，鉴于经济下行压力加大的趋势，同时考虑到已连续多年按10%的高增幅安排企业调待，基金承受能力不可持续，因此，2016年的统一调待增幅定为6.5%左右，2017年为5.5%左右。2016年和2017年全国退休人员月人均实际增加基本养老金分别为177元和156元。

（3）差别操作。鉴于机关事业单位平均养老金水平高于企业退休人员，因而在统一增幅的前提下，对企业退休人员安排的增幅略高于机关事业单位同类人员，以进一步缓解"待遇差"矛盾。

（4）结构化调整。继续采取定额调整、挂钩调整与适当倾斜相结合的办法。其中，定额调整，各类退休人员执行统一标准；挂钩调整，明确对企业退休人员要占全部调待资金的50%以上，对机关事业单位退休人员则主要与其养老金水平挂钩，也考虑工作年限、职务职级等因素；适当倾斜政策，除了高龄且水平较低人员外，鉴于2015年已提高了机关事业单位在职工作人员艰苦边远地区津贴，2016年同步考虑提高同地区机关事业单位退休人员待遇，并对同地区企业退休人员给予倾斜。

（5）补助安排。中央财政继续按全国平均调整水平的40%对24省份给予补助；同时对24省份的机关事业单位调待按相同比例补助，对中央在京单位由中央财政全额补助。

此间，对机关和企事业单位的离休人员，继续随在职工作人员工资标准调整，于2016年提高了离休费水平。

2017年，全国参加职工基本养老保险的退休人员人均每月基本养老金水平达到2710元，其中，企业退休人员为2490元，比2012年的1686

元增长 47.7%。①

三、提高城乡居保基础养老金标准

2009 年新农保开始首批试点，2011 年城居保开展试点，2012 年实现了两项制度对全国所有地区的普遍覆盖。这几年是制度快速扩张时期，全国统一的基础养老金最低标准始终维持在每人每月 55 元，没有变动，以利于平衡先后试点地区的关系。到 2014 年，两项制度合并为城乡居保并覆盖了 5 亿多城乡居民，适当提高最低待遇标准的条件成熟，社会各界也纷纷呼吁，全国大多数地区，实际上已经根据本地情况和财政能力，或多或少地提高了基础养老金标准。

2015 年 1 月，人力资源社会保障部、财政部印发《人力资源社会保障部 财政部关于提高全国城乡居民基本养老保险基础养老金最低标准的通知》，从 2014 年 7 月 1 日起，将全国城乡居保的基础养老金最低标准从每人每月 55 元提高到 70 元，并明确：此次增加的基础养老金金额不得冲抵或替代各地自行提高的基础养老金，即"做加法"；所需资金，继续按原有政策，由中央财政对中西部地区给予全额补助，对东部地区给予 50% 补助。到 2015 年 7 月底，全国所有地区都将新增的基础养老金补发到位，1.45 亿城乡老年居民从中获益；同时有 27 个省份、2500 多个县级政府在此基础上还另增了基础养老金。到 2015 年底，全国 15311 万城乡居保待遇领取者平均月基本养老金 117 元，其中，基础养老金 101 元，比调待前实际增加 23 元。

此后两年，虽然没有全国统一安排提高城乡居保基础养老金最低标准，但因许多地区根据实际情况自主提高了财政补助标准，城乡居民基本养老保险个人账户养老金也有增加，推高了基本养老金实际水平。2017 年，全国 16374 万城乡居保待遇领取者平均月基本养老金 125 元，

---

① 中华人民共和国人力资源和社会保障部. 中国人力资源和社会保障年鉴·2023：工作卷[M]. 北京：中国劳动社会保障出版社、中国人事出版社，2023.

其中，基础养老金 111 元。[①]

第四节　改善养老保险基金的可持续性

党的十八大提出完善社会保障体系的重点是增强公平性、适应流动性、保证可持续性。此后五年内，为落实这"三性"要求，各有一系列政策措施出台，其中，"保证基金可持续性"的需求在养老保障领域最为突出，集中采取了两方面重大举措。

一、开辟养老保险基金保值增值新渠道

自 1991 年发布《国务院关于企业职工养老保险制度改革的决定》以来，有关养老保险基金的投资政策，始终强调"全部购买国家债券和存入专户，严格禁止投入其他金融和经营性事业"，即使后来批准部分地区开展做实个人账户试点，也要求做实的个人账户基金中中央财政补助部分委托全国社保基金会投资，地方管理的部分仍限于存银行、买国债等狭窄投资领域。实践中，养老保险结存基金往往只能获取微薄的银行利息，"缩水"现象严重，达不到保值增值的目的。到 2014 年底，全国职工基本养老保险基金结存总量已达 3.18 万亿元，加上后来普及的城乡居保结存基金，合计 3.56 万亿元，[②] 而多年平均收益率只有不到 2%。对养老保险基金能否长期持续发展，社会表现出担忧，人大代表、政协委员和理论学术界提出了多种建议，总的倾向是在确保基金安全前提下开辟更多保值增值渠道。

党的十八大提出"建立社会保险基金投资运营制度"，党的十八届三

① 中华人民共和国人力资源和社会保障部. 中国的社会保障 [M]. 北京: 中国劳动社会保障出版社, 2019.

② 2014 年度人力资源和社会保障事业发展统计公报 [EB/OL]. (2018 - 05 - 21). https://www.mohrss.gov.cn/SYrlzyhshbzb/zwgk/szrs/tjgb/201805/t20180521_294284.html.

中全会决定要求"加强社会保险基金投资管理和监督，推进基金市场化、多元化投资运营"。按照中央部署，各方面对这个事关全局和长远的重大问题进行了深入研究。2015年8月，国务院颁布《基本养老保险基金投资管理办法》，借鉴全国社会保障基金、企业年金基金投资运营和广东等地委托社保基金会投资基本养老保险基金的经验，按照市场化、多元化、专业化的原则开展基本养老保险基金投资，并详细规定了适用基金范围、法人治理结构、投资范围、基金估值和管理费用、监管措施和法律责任。这个文件的重大突破有四点。

（1）适用范围。超越原来规定的个人账户基金做实部分和企业年金基金，首次将企业职工、机关事业单位工作人员和城乡居民基本养老保险基金纳入可以投资的范围，要求各省级地区养老基金结余额预留一定支付费用后，确定具体投资额度，委托给国务院授权的机构进行投资运营。

（2）治理结构。改变原来由行政部门管理养老基金投资的体制，实行市场化方式，由省级政府作为投资委托人，分别与受托机构签订委托投资合同，再由受托机构选择基金托管机构、投资管理机构，签订托管合同和投资管理合同。市场机构按照合同履行各自职责和信息披露、报告义务，人人力资源社会保障部、财政部和国家金融监管部门按照各自职责进行监督。

（3）投资领域。超越存银行、买国债的局限，养老基金境内投资包括：银行存款，中央银行票据，同业存单；国债，政策性、开发性银行债券，信用等级在投资级以上的金融债、企业（公司）债、地方政府债券、可转换债（含分离交易可转换债）、短期融资券、中期票据、资产支持证券，债券回购；养老金产品，上市流通的证券投资基金，股票，股权，股指期货，国债期货。此外，还可以通过适当方式参与国家重大工程和重大项目建设投资，对国有重点企业改制、上市进行股权投资。

（4）资产配置。分别规定了各大类投资的占比，兼顾基金安全性和流动性。特别是规定"投资股票、股票基金、混合基金、股票型养老金产品的比例，合计不得高于养老基金资产净值的30%"，防范股市风险，也消除了社会上认为养老基金投资就是投资股市的误解。

国务院要求各地将投资运营的养老基金归集到省级社会保障基金财政专户，统一委托投资。2016 年 6 月，人力资源社会保障部、财政部按照国务院部署，授权全国社会保障基金理事会为基本养老保险基金投资受托机构；9 月，人力资源社会保障部、财政部印发《关于做好基本养老保险基金委托投资工作有关问题的通知》，全面部署委托投资工作，并制定了承诺保底收益和不承诺保底收益两个合同版本供各地选择。各省级地区从 2016 年起开始归集投资基金，但各地养老基金聚散程度不一，归集进度有快有慢，最早起步的有北京、上海、安徽、河南、湖北、广西、云南、陕西 8 个省级地区。至 2017 年底，全国已有 9 个省份签署了 4300 亿元的委托投资合同，2731.5 亿元资金已经到账并开始投资。① 2017 年，基本养老保险基金投资收益额 87.83 亿元，投资收益率 5.23%。实践证明，此举符合国情和现阶段发展特点，拓宽了基金保值增值的渠道，显著增加了结存基金收益。

二、规范全国社会保障基金管理

全国社会保障基金自 2000 年建立后，到 2015 年管理资产总额已达 1.9 万亿元，其中，基金权益资产 1.5 万亿元，但一直是按照有关政策文件运作，没有一个稳定的法规规范。在总结了近 16 年的运行经验后，国务院于 2016 年 3 月颁布《全国社会保障基金条例》，自当年 5 月 1 日起施行。《全国社会保障基金条例》共 5 章 30 条，主要作了五方面规范。

（1）基金构成。由中央财政预算拨款、国有资本划转、基金投资收益和以国务院批准的其他方式筹集的资金构成，明确了基金的主要来源。

（2）基金功能。其是国家社会保障储备基金，用于人口老龄化高峰时期的养老保险等社会保障支出的补充、调剂，由国务院确定基金使用方案。

（3）基金规模。由国家根据人口老龄化趋势和经济社会发展状况确定和调整。

---

① 中华人民共和国人力资源和社会保障部. 中国人力资源和社会保障年鉴（工作卷）·2018［M］. 北京：中国劳动社会保障出版社，2019.

（4）管理运营。由财政部、国务院社会保险行政部门负责拟订办法，报国务院批准后施行。社保基金会按照国务院批准的比例在境内外市场投资运营，可以委托投资或者以国务院批准的其他方式投资，其中，委托投资的应选择符合法定条件的专业投资管理机构、专业托管机构分别担任基金投资管理人、托管人。基金的资产配置计划、确定重大投资项目，应当进行风险评估，并集体讨论决定，明确了基金管理运营的基本规则。

（5）监督。财政部、国务院社会保险行政部门按照各自职责对全国社会保障基金的收支、管理和投资运营情况实施监督；国家金融、外汇管理部门按照各自职责对投资管理人投资、托管人实施监督；审计署每年至少进行一次审计，并向社会公布审计结果。

《全国社会保障基金条例》还规定了法律责任，以及经国务院批准社保基金会受托管理运营的各省社会保险基金的管理规定。《全国社会保障基金条例》的颁布实施，使全国社会保障基金的筹集、管理、投资、监管从此有了法治化的遵循。截至2017年底，全国社会保障基金规模已由2000年设立时的200亿元发展到22231.24亿元；财政性拨入全国社保基金资金和股份累计8577.80亿元；社保基金累计投资收益额为10073.99亿元，年均投资收益率为8.44%。[①] 随着全国社会保障基金规模的不断扩大，对我国人口老龄化高峰时期的养老保险等社会保障支出的补充、调剂作用将会不断增强，成为我国社会保障制度的一块"压舱石"。

第五节　发展企业年金和职业年金

党的十八大之后五年，为进一步推动养老保险体系建设，中央作出一系列部署：2013年国务院批准发布的《关于深化收入分配制度改革的若干意见》中，提出"完善基本养老保险制度。发展企业年金和职业年金，发

[①] 2017年全国社会保障基金理事会社保基金年度报告［EB/OL］.（2018－05－21）. https：//www.mohrss.gov.cn/SYrlzyhshbzb/zwgk/szrs/tjgb/201805/t20180521_294287.html.

挥商业保险补充性作用";党的十八届三中全会决定明确提出"加快发展企业年金、职业年金、商业保险,构建多层次社会保障体系";党的十八届五中全会建议"十三五"规划期内"构建包括职业年金、企业年金和商业保险的多层次养老保险体系"。按照中央部署,在基本养老保险制度不断完善的同时,作为"第二层次"的企业年金、职业年金也有了显著发展。

一、完善企业年金政策

1995 年,劳动部制定《关于建立企业补充养老保险制度的意见》,开始探索建立养老保险体系的第二层次;2000 年,在完善社会保障体系试点方案中,将企业补充养老保险更名为企业年金,并规定对试点地区建立企业年金给予工资 4% 的企业所得税减免优惠,后来推及全国;2004 年,劳动和社会保障部颁布《企业年金试行办法》《企业年金基金管理试行办法》等规章,将企业年金转为市场化投资运营。这些实践为构建我国多层次养老保险体系积累了初步经验。到 2012 年底,全国建立企业年金的企业有 5.47 万户,参加职工 1847 万人,基金规模达 4821 亿元。① 从党的十八大到党的十九大,在完善和推进企业年金方面又采取了多项积极举措。

(1)扩大企业年金制度的覆盖面。2013 年 7 月,人力资源社会保障部、民政部印发《关于鼓励社会团体、基金会和民办非企业单位建立企业年金有关问题的通知》,将企业年金制度的覆盖面扩大到参加了企业职工基本养老保险的各类社会组织,推动这些机构更好地保障其工作人员退休后的生活。同年 12 月,财政部、人力资源社会保障部、国家税务总局联合印发《关于企业年金 职业年金个人所得税有关问题的通知》,进一步明确了这两类年金在缴费、投资收益、领取三个环节的个人所得税处理问题,增强了政策吸引力。这一规则的要旨是,企业年金、职业年金在供款阶段的缴费和投资阶段的收益,计入个人账户的部分,全部或

---

① 2022 年度全国企业年金基金业务数据摘要 [EB/OL]. (2023 – 03 – 21). https://www.mohrss.gov.cn/shbxjjjds/SHBXJDSzhengcewenjian/202303/t20230321_497095.html.

限量免征个人所得税；在领取待遇阶段，按规定税率计税。实质是通过个人所得税的递延政策，鼓励用人单位按国家规定建立补充养老保险，完善"第二支柱"建设。2014年5月，人力资源社会保障部办公厅提出进一步做好企业年金方案备案工作的意见，推动用人单位依规建立企业年金。

（2）促进年金基金投资运营提质增效和服务便民高效。2015年底，经国务院批准，中国建设银行股份有限公司设立建信养老金管理有限责任公司，开启养老金专营业务公司试点。2016年1月，经企业年金基金管理机构资格认定专家评审委员会评审，人力资源社会保障部公布认定建信养老金管理有限责任公司获得企业年金基金受托、账管、投管资格，中国建设银行股份有限公司的企业年金基金受托和账管资格失效。

（3）推动企业年金基金投资运营安全规范和创新发展。2012年12月，人力资源社会保障部制定颁布《企业年金基金数据交换规范》国家标准，对企业年金基金运作中涉及的数据交换内容、接口格式、参数定义、相关术语等作出统一规定。2013年4月，人力资源社会保障部办公厅印发贯彻这一国家标准的通知，并附发了《〈企业年金基金数据交换规范〉实施指引》，要求各管理机构将单位内部原有业务流程、数据集、数据项转化为标准的业务流程、数据集和数据项，由此形成全国统一的数据交换规范，为企业年金有序运营、有效监管打下技术基础。2013年3月，人力资源社会保障部和银监会、证监会、保监会联合发布通知，扩大企业年金投资范围，增加商业银行理财产品、信托产品、基础设施债权投资计划、特定资产管理计划、股指期货等投资品种；同月，为提高企业年金基金投资运营效率，人力资源社会保障部会同银监会、证监会、保监会发布关于企业年金养老金产品的文件，详细规定了养老金产品定义和投资范围、产品类型和投资比例、产品发行和管理运行规则，以及信息披露和监管等事项。2014年，为实现企业年金基金资产长期稳定收益，人力资源社会保障部商银监会、证监会和保监会同意，批复同意开展企业年金基金股权和优先股投资试点。

党的十八大之后五年，企业年金领域通过稳定已有建制企业、积极探索以集合计划覆盖部分中小企业员工、将机关事业单位编制外人员纳入覆盖范围等途径，使建立计划的人数逐步增加，基金规模持续增长。在审慎监管下，企业年金市场化运行总体平稳，投资收益可观。到 2017 年底，全国建立企业年金的企业超过 8 万户，参加职工 2331 万人，基金规模达 12880 亿元（见图 5 - 1、图 5 - 2）。

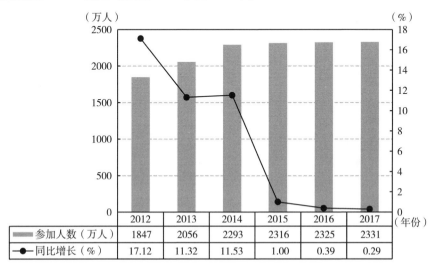

	2012	2013	2014	2015	2016	2017
参加人数（万人）	1847	2056	2293	2316	2325	2331
同比增长（%）	17.12	11.32	11.53	1.00	0.39	0.29

图 5 - 1　2012～2017 年全国企业年金参加人数

资料来源：历年全国企业年金基金业务数据摘要。

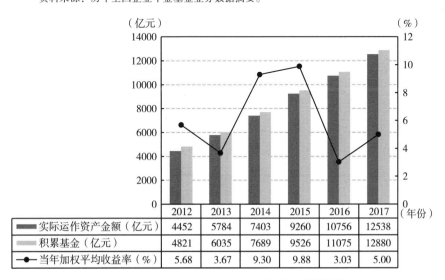

	2012	2013	2014	2015	2016	2017
实际运作资产金额（亿元）	4452	5784	7403	9260	10756	12538
积累基金（亿元）	4821	6035	7689	9526	11075	12880
当年加权平均收益率（%）	5.68	3.67	9.30	9.88	3.03	5.00

图 5 - 2　2012～2017 年全国企业年金基金累积及运作

资料来源：历年全国企业年金基金业务数据摘要。

二、推动职业年金起步

早在 2011 年，国务院办公厅就发布过《事业单位职业年金试行办法》。这是为事业单位分类改革和在 5 省（市）进行事业单位养老保险制度改革试点制定的配套措施，其政策框架与 2004 年的《企业年金试行办法》基本相同，但有四点区别：一是筹资比例明确为单位缴费不超过工资总额的 8%，个人缴费不超过本人缴费工资基数的 4%，大体明确了 2∶1 的配比关系；二是在职业年金基金投资管理方面，只是原则要求按照国家有关规定实行专业化管理，具体投资管理办法将另行制定；三是个人规定缴费最高额一般不得超过本单位工作人员平均分配额的 3 倍，比企业年金的 5 倍限额更为严格；四是这一办法适用于分类推进事业单位改革后从事公益服务的事业单位和其编制内工作人员，而排除了事业单位分类改革后承担行政职能或从事生产经营活动两类事业单位和其工作人员。《企业年金试行办法》的制定，为职业年金制度建设作了最初的铺垫，但由于 5 省（市）事业单位基本养老保险制度改革试点没有落地，这个办法也并未实际施行。

2015 年 1 月，国务院颁布《关于机关事业单位工作人员养老保险制度改革的决定》，启动实施全国机关事业单位工作人员养老保险制度改革。同年 3 月，国务院办公厅印发《机关事业单位职业年金办法》，也是自 2014 年 10 月起施行，落实了"同步建立职业年金制度"的设计。《机关事业单位职业年金办法》与《事业单位职业年金试行办法》相比较，有四点重要完善。

（1）适用范围。不仅限于公益类事业单位，而是把参加基本养老保险制度改革的所有机关和事业单位及其工作人员全部纳入。

（2）供款规模。不再用"不超过"的弹性表达，明确单位缴费比例为 8%，个人缴费比例为 4%。即舍弃了选择性规定，更符合机关事业单位的统一性特点，但也保留了国家根据经济社会发展状况适时调整缴费比例的空间。

（3）账户模式。在职业年金基金采用个人账户方式管理、个人缴费实行实账积累的前提下，对单位缴费区别情况采取两种方式：对财政全额供款的单位，单位缴费根据单位提供的信息采取记账方式，每年按照国家统一公布的记账利率计算利息，工作人员退休前，本人职业年金账户的累计储存额由同级财政拨付资金记实；对非财政全额供款的单位，单位缴费实行实账积累。后种方式是常规操作，有利于实行市场化投资运营，按实际收益计息，但对单位当期供款能力的要求较高；前种方式是特殊操作，有利于减轻各级政府当期财政压力，但要求精准记账、合理确定各年记账利率，并在相关人员退休时将资金及时一次性拨付到位。

（4）经办管理。《事业单位职业年金试行办法》对此未作规定，在企业年金制度中规定由企业直接委托合规市场机构，《机关事业单位职业年金办法》则明确由各级社会保险经办机构负责职业年金经办管理，有利于归集多层次养老保险的信息，综合平衡。

《机关事业单位职业年金办法》是职业年金真正起步的标志，在党的十九大以后进入快速成长期。这一重要制度对保证机关事业单位养老保险制度改革的平稳过渡、丰富养老保险层次、分散基本养老保险基金财务压力都将发挥积极作用。

配合《机关事业单位职业年金办法》的实施，2016 年 9 月，人力资源社会保障部、财政部制定《职业年金基金管理暂行办法》；10 月，发布《职业年金计划备案和编码规则》《职业年金计划管理合同指引》《职业年金基金管理运营流程规范》《职业年金基金数据交换规范》等系列规则，吸收借鉴企业年金基金管理的经验，搭建起职业年金基金管理运行和监管的规则体系。2017 年 8 月，人力资源社会保障部办公厅、财政部办公厅印发《职业年金基金归集账户管理暂行办法》，根据职业年金基金的特点，明确了职业年金归集财产托管账户的属性、委托人、受托人和相关程序；9 月，人力资源社会保障部办公厅印发《职业年金经办规程（暂行）》，不断健全职业年金市场化多元化投资运营的管理规则。

职业年金与企业年金都是我国多层次养老保险体系的组成部分，基本属性是按单位来建立职业性养老金，但二者在操作层面目前还有明显区别：一是实施力度不同，前者普遍强制施行，后者则依企业状况具有选择性；二是筹资规模略有差别，前者统一为 8% + 4%，后者则在规定限度内有弹性；三是资金虚实不同，后者全部为实账积累，前者则有一部分在一定时段内采取记账方式；四是投资管理方式不同，后者由企业直接委托投资或自建理事会，前者由省级以上社保经办机构作为代理人统一委托投资。

党的十八大之后五年，积极应对人口老龄化趋势加剧的挑战，第二层次养老保险发展速度明显加快——新建了职业年金制度，企业年金在规范基础上也取得长足进步。但总体而言仍不适应客观需要：2017 年，职业年金尚处于起步阶段，相当多的地区限于财力只能采取资金部分做实、退休时补足的供款方式；少数领取者面临职业年金个人账户资金支取完后待遇水平下降的状况。企业年金的覆盖面仍较窄，受益群体有限，基本养老保险"一支独大"的格局尚未根本改观。

党的十八大之后的五年，在养老保险领域，按照总体设计方案，密集出台实施了一系列重大改革和发展举措：在制度建树方面，改革了机关事业单位基本养老保险制度，与企业实行同样的统账结合模式和基本政策，打破了长期"双轨制"的格局；在体系的横向结构上，将新农保、城居保合并为统一制度，进而与职工养老保险构成两大平行的制度平台，并实行了各项制度和城乡间的相互转移衔接，扫除了流动性障碍；在体系的纵向结构上，规范企业年金，建立职业年金，多层次体系建设取得新进展；在保障水平方面，连续五年统一调整全国退休人员基本养老金，统筹安排提高城乡居民基础养老金最低标准，保障和改善了超过 2.5 亿老年群体的基本生活；在保证可持续发展方面，继续推动提高各项社会保险基金统筹层次，开展基本养老保险基金市场化投资运营。这五大方面的新突破、新进展，展示出新时代我国更加公平可持续的养老保障体系的面貌，为应对老龄化高峰期的严峻挑战作了更充分的制度、政策和资金准备。

2012~2017 年医疗保障的改革发展

医疗保障与养老保障一直以来都是社会保障体系的两大重点领域。我国自 20 世纪 90 年代"两江"试点（见第一章第二节）以来，先后改革了职工基本医疗保险制度，建立了新农合、城居医保和城乡医疗救助制度，构建起医疗保障体系的框架，13 亿多人参保参合，全民医保基本实现。党的十八大之后五年，全民医保的重点由转型重构、创建新制、扩大覆盖范围转向提升运行质量，从体制、制度、政策到管理服务模式，进行了全面深化改革。本章从六个方面概述这一阶段医疗保障领域改革发展的重大举措及其成果。

第一节　整合城乡居民基本医疗保险制度

党的十八大召开之时，我国基本医疗保险制度呈"三足鼎立"态势——职工基本医疗保险由人社部门组织实施，新型农村合作医疗（新农合）制度由卫生部门管理，城镇居民基本医保（城居医保）制度由人社部门管理。新农合与城居医保都遵循自愿参合参保原则，筹资采取个人（家庭）缴费与政府补助相结合的方式，支付规则也大体一致，但分属两种制度并由两个部门管理，长此以往不利于统筹城乡、协调发展。形成这种分而治之的体制固然有历史原因，不应苛责，但协调成本高、运行效率低确是不争的事实，典型例证是在制定社会保险法时，因部门意见不一，新农合的基本政策难以同职工医保和城居医保一样写入法律，至于实践中的推诿、重叠、疏漏更不鲜见。如何冲破这个体制困境，各方面众说纷纭，但从分散走向统一是公认的大趋势；而实际推进过程，则是从整合政策、经办管理逐步走向理顺体制、归并制度的。

党的十八大提出"整合城乡居民基本养老保险和基本医疗保险制度"，党的十八届三中全会部署了"整合城乡居民基本医疗保险制度"的改革任务，党的十八届五中全会提出"整合城乡居民医保政策和经办管理"。2016年1月，国务院发布《关于整合城乡居民基本医疗保险制度的意见》，首次把新农合、城居医保统一称为"城乡居民基本医疗保险制度"，纠正了一些人多年来坚持"新农合不是社会保险"的不当认知，是一个显著进步。这一文件提出"从完善政策入手，推进城镇居民医保和新农合制度整合，逐步在全国范围内建立起统一的城乡居民医保制度"的改革路径，确定了整合工作的四项基本原则——统筹规划、协调发展，立足基本、保障公平，因地制宜、有序推进，创新机制、提升效能；在基本政策整合方面，提出实现覆盖范围、筹资政策、保障待遇、医保目录、定点管理、基金管理"六统一"的目标；在理顺管理体制方面，提出了整合经办机构、创新经办管理的要求。按照国务院文件精神，各地加快了整合城乡居民医保政策和经办管理的步伐。到2017年6月，全国有31个省级地区出台了相关文件，对推进整合作出规划部署，有23个省级地区、80%以上的地市统一了新农合、城居医保的基本政策，并实行了统一经办管理。

专栏6-1

"两保合一"促进保障待遇均衡

全国首批实行城乡居民医保并轨的省份之一，自2013年底开始逐步建立并实施全省统一、城乡一体的居民基本医疗保险制度。实施"两保合一"后，家住山东潍坊临朐县上林镇东洼子村的王庆海少跑了不少"冤枉路"。

"以前，我们住院医疗费全部自己付，出院后再回去报销。现在，我的住院费在医院可以直接报掉了。"实施城乡医保一体化后，王庆海看病能跟城里人享受一样的待遇。这不仅意味着医保报销更便捷，还意味着他们的医保用药范围由原新农合的1127种扩大到2500种，增加了1倍多。

从已经推行"两保合一"的省份来看，基本推行的是"目录就宽不就窄、待遇就高不就低"的原则，这意味着整合后，百姓可享受的基本医疗"服务包"可以向较高的标准看齐，其中包括医保报销的范围扩大和医保用药范围的扩大。此外，随着整合后基本医保统筹层次的提高，参保居民就医范围也会相应扩大。比如，假设农村居民老王此前在新农合的政策下是县级统筹，整合后提升为市级统筹，那么以前他到市里的医院就医属于异地就医，整合后就不是异地就医了，保障待遇也相应会享受本统筹地区的政策。

资料来源：新华社.居民看病报销将不再分"城里人""农村人"[EB/OL].(2016 - 01 - 12). https://www.gov.cn/zhengce/2016 - 01/12/content _5032430.htm.

地方在加大两项制度政策和经办管理的整合力度，而中央行政层面仍维持着多头管理，在数据统计、预算安排、政策协调等方面还有不少掣肘之处，导致上下通联不畅。这个现实呼唤着医保管理体制的优化。

第二节　实行城乡居民大病保险制度

党的十八大宣布"全民医保基本实现"，当年底，职工医保、城镇居民医保、新农合三项制度合计覆盖超过10亿人，总体上缓解了人民群众患病就医的经济风险。但三项制度的功能定位于保障普遍的基本医疗需求，而对某些重大疾病患者来说，在基本医保政策规定支付范围之外的高额医疗费用仍是很沉重的经济负担；职工医保通过建立补充医疗保险、大额医疗费补助等制度适当减弱了这一风险，而城乡居民医保制度的筹资和待遇支付水平都较低，其参保人中的患大病群体承受着更大压力，有些家庭因大病致贫返贫，甚至出现冲击社会良知底线的极端现象。

一、开展城乡居民大病保险的探索

党的十八大召开前的 2012 年 8 月，国家发展改革委、卫生部、财政部、人力资源社会保障部、民政部、保监会六部门曾联合发布过《关于开展城乡居民大病保险工作的指导意见》，提出在基本医保基础上，对大病患者发生的高额医疗费用给予进一步保障；实施范围是参保、参合的城乡居民；筹资渠道是从城居医保、新农合基金中划出一定比例或额度；保障范围按支出费用来界定，即大病患者在基本医保基金补偿后需个人负担的合规医疗费用超过当地一定收入水平的部分（"家庭灾难性支出"）；保障水平为基金实际支付比例不低于50%，可以按实际支付的合规医疗费用高低分段制定支付标准，即"按比例报销"；承办方式是通过政府招标选定承办大病保险的商业保险机构，政府加强监管。

按照六部门指导意见，各地纷纷开展城乡居民大病保险的探索，出现了广东湛江、江苏太仓等不同模式，在一定程度上缓解了一些大病患者的困境，如新农合 2013 年大病保险共补偿 123 万人次。这段时间，总体上处于尝试、探路阶段，研究和实践的焦点问题有两个：一是从医保基金中划出多大份额才能既保证基本医保支付需求，又有效减轻大病患者的经济负担；二是参与承办的商业保险机构运营成本如何厘定，既不能借此营利，又要有可持续性，多数地区定为承办总额的4%左右。2013年 5 月，财政部、人力资源社会保障部、国家卫计委、保监会还专门印发《利用基本医疗保险基金向商业保险机构购买城乡居民大病保险财务列支办法》，在新农合和城居医保基金支出中增设"购买大病保险支出"项目，并规定了商业保险机构承办大病保险出现盈亏的处理办法。

二、全面实施城乡居民大病保险

党的十八大提出"健全全民医保体系，建立重特大疾病保障和救助机制"，党的十八届三中全会部署了"加快健全重特大疾病医疗保险和救助制度"的改革任务。国务院医改办在总结地方探索经验基础上，于2014 年 1 月印发《国务院医改办关于加快推进城乡居民大病保险工作的通知》，要求尚未开展试点的省份在当年 6 月底前启动试点工作。7 月，国务院常务会议决定抓紧在全国范围推开大病保险制度。2015 年 8 月，《国务院办公厅关于全面实施城乡居民大病保险的意见》（以下简称《意见》）印发，标志着大病保险从"试点开展"走向"全面实施"。《意见》提出的目标是：2015 年底前，大病保险制度覆盖所有城镇居民基本医疗保险、新型农村合作医疗（以下统称城乡居民基本医保）参保人群，大病患者看病就医负担有效减轻；到 2017 年，建立起比较完善的大病保险制度，与医疗救助等制度紧密衔接，共同发挥托底保障功能，有效防止发生家庭灾难性医疗支出，城乡居民医疗保障的公平性得到显著提升。《意见》明确了五方面具体政策：一是筹资渠道，主要从基本医保基金中划出一定比例或额度，同时要完善多渠道筹资机制；二是保障范围，测算患大病发生的"高额医疗费用"，可以个人年度累计负担的合规医疗费用超过当地统计部门公布的上一年度城镇居民、农村居民年人均可支配收入作为主要依据，并根据城乡居民收入变化情况，建立动态调整机制；三是保障水平，基金支付比例 2015 年达到 50% 以上，并随着大病保险筹资能力、管理水平提升而进一步提高，鼓励地方探索向困难群体适当倾斜的具体办法；四是建立大病信息通报制度，支持商业健康保险信息系统与基本医保、医疗机构信息系统进行必要的信息共享；五是经办方式，支持商业保险机构承办大病保险，政府予以税费减免鼓励——该项保费收入按现行规定免征营业税和业务监管费，2015 年至 2018 年试行免征保险保障金。

既要保基本，又要兼顾大病，筹资是首要问题。党的十八大之后五

年，连年持续提高各级政府对城乡居民基本医保的财政补助标准，同时
适当提高居民缴费标准，使医保资金供给更加充足。如表 6 - 1 所示，
2015 年，对居民医保的财政补助标准打破了前几年每年增加 40 元的常
例，多增加了 20 元用于大病保险的全面实施，同时提高了居民缴费标准
30 元，使人均总水平达到 500 元，比 2012 年增加 200 元。这在提高基本
医保保障水平的同时，也为全面实施大病保险提供了更多资金。

表 6 - 1 　　　　　2012 ~ 2017 年城乡居民基本医保筹资最低标准　单位：元/人·年

年份	财政补助		居民缴费	
	补助标准	较上年增加	补助标准	较上年增加
2012	240	—	60	—
2013	280	40	70	10
2014	320	40	90	20
2015	380	60	120	30
2016	420	40	150	30
2017	450	30	180	30

资料来源：国务院办公厅 2012 ~ 2017 年深化医药卫生体制改革工作安排。

　　大病保险以政府购买服务方式委托商业保险机构承办，探索创新了
医保公共管理服务。政府对商业保险机构承办给予政策支持，免征营业
税、保险业务监管费、保险保障金。截至 2017 年底，全国 90% 左右的统
筹地区由商业保险机构承办大病保险。充分利用和发挥社保经办管理系
统平台，为群众提供"一站式"方便快捷的服务。

　　全面实施城乡居民大病保险以来，数百万大病患者享受到资金支持，
减贫济困托底保障效应显著。2015 年，在人社部门管理的城乡居民基本
医保 3.77 亿参保群体中，有 273 万人从大病保险政策中受益；到 2016 年
底，城乡居民大病保险基本覆盖了全国各地区。2017 年 4 月，人力资源
社会保障部、财政部在《关于做好 2017 年城镇居民基本医疗保险工作的
通知》中提出完善大病保险，助力脱贫攻坚，要求聚焦农村建档立卡贫
困人口等，加强托底保障；进一步加强大病保险与医疗救助的有效衔接，
注重在保障对象与支付政策方面形成保障合力，有效防止因病致贫、因

病返贫问题发生。至 2017 年底，大病保险覆盖城乡居民超 10 亿人，各省份大病保险政策规定的支付比例都达到 50% 以上，受益人员的实际报销比例比基本医保提高了 10～15 个百分点。

城乡居民大病保险制度全面建立后，不断完善政策标准、提高待遇水平，健全管理规则，受益群体逐步扩大；与此同时，职工医保中补充保险、大额医疗费补助等制度也在发展；加上愈益健全的医疗救助、商业健康保险和社会慈善事业，初步形成我国多层次的医疗保障体系框架，对满足全体人民日益增长的多样化医疗保障需求发挥越来越大的作用。

第三节　实现异地就医医保费用直接结算

人口的跨地区高度流动性是我国现阶段社会发展的基本态势之一，在医疗保障领域，突出的表现为异地就医现象大量存在，这与医保基金分地区统筹的格局产生了矛盾——在 2012 年前，需要异地就医的参保者无法通过参保地社会保障经办机构与就医的医疗机构直接结算，只能个人先垫付医疗费、再回参保地按规定报销。这使一些长期在异地居住、就医的参保者深感不便，有的长年无法回参保地而积压了大量报销单据，有的则托亲友代办报销手续。全民医保基本实现后，群众对实现异地就医的医保结算便利化的诉求愈发强烈。针对这一需求，一些地区在省内进行了跨统筹地区就医结算的探索，但跨省异地就医费用直接结算的政策仍是空白。

一、统一全国跨省直接结算政策规范

2014 年 11 月，人力资源社会保障部、财政部、国家卫计委在总结地方经验基础上，联合发布《关于进一步做好基本医疗保险异地就医医疗费用结算工作的指导意见》（以下简称《指导意见》），部署在全国范围推进异地就医费用直接结算工作，包括职工医保、城居医保、新农

合三项制度。分析需要与可能，该文件从三个维度上作出安排。一是分层次推进。底层是完善市级统筹，要求在 2014 年基本实现市级统筹区内就医直接结算；中层是规范省内异地就医结算，要求抓紧建立省级结算平台，2015 年基本实现省内异地住院费用直接结算；顶层是建立国家级异地就医结算平台，2016 年全面实现跨省异地安置退休人员住院医疗费用直接结算。这一推进思路，主要是考虑我国医疗资源配置不平衡，分级诊疗模式尚未建立，医保基金支撑能力也有限，要引导群众就近就医为主，充分利用各级医疗资源，防止加剧就医人员向大城市、大医院过度集中的现象。二是分群体把握重点。异地就医群体庞杂，有患特殊大病正常异地转诊的，有临时出差、探亲、旅游突发疾病的，有在参保单位的异地分支机构长期工作的，有参加新农合后进城就业的农民工，也有异地安置的退休人员或随子女长期居住的老人。其中，异地就医结算需求最为迫切的是跨省异地安置退休人员，当时估计总数在 250万左右，因而作为重点对象。先从这部分人群着手，有利于跨省异地就医工作的稳妥起步和摸索经验；同时要求有条件的地方可以结合本地户籍和居住证制度改革，探索将其他长期跨省异地居住人员纳入住院医疗费用直接结算范围。三是分项目确定保障范围。基本医疗保险保障的范围包括门诊一般诊疗、门诊特殊病、住院诊疗，前两项花费较小，真正对异地就医群体构成经济压力的是垫付住院诊疗费用，所以作为跨省异地就医结算的重点；而对门诊就医和购药，也允许经跨省异地安置退休人员本人申请，将其个人账户资金划转给个人，供其在安置地使用。又考虑到各地医保基金支付的具体标准不同，因而规定异地就医结算原则上执行居住地规定的支付范围（包括药品目录、诊疗项目和医疗服务设施标准），医保统筹基金的起付线、支付比例和封顶线原则上执行参保地规定的标准，不按照转外就医支付比例执行。按照三部门的《指导意见》，各地加快推进地、省两级的异地就医结算，到 2015 年底，总体实现了市内无异地（统一标准、统一结算）、省内可通畅（地市间协作、网络结算）的目标。

2015 年，党的十八届五中全会明确提出"实现跨省异地安置退休人员住院医疗费用直接结算"。国务院确定，争取用两年时间，使老年人跨省异地住院费用能够直接结算，使合情合理的异地结算问题不再成为群众的"痛点"。同年 12 月，人力资源社会保障部、财政部印发《关于做好基本医疗保险跨省异地就医住院医疗费用直接结算工作的通知》（以下简称"人力资源社会保障部发 120 号文件"），确定的工作目标是：2016 年底基本实现全国联网，启动跨省异地安置退休人员住院医疗费用直接结算工作，2017 年底扩大到符合转诊规定人员的异地就医住院医疗费用直接结算，并附发了专项《经办规程》。文件发布同时，召开了专项工作视频会，与北京等 22 个申请首批启动基本医疗保险全国联网和跨省异地就医直接结算的省份签订了工作责任书。

人力资源社会保障部发 120 号文件延续了《指导意见》的基本政策，同时有六方面新发展。一是任务锁定在跨省异地就医的医疗费用直接结算，并以此进一步规范省内异地就医结算。二是将符合转诊规定人员的异地就医住院医疗费用纳入直接结算范围，而不仅限于异地安置退休人员。三是明确建设国家级管理平台，由人力资源社会保障部的社会保障经办机构制定全国异地就医结算业务流程、标准规范，承担全国异地就医信息管理和跨省异地就医资金管理等职能；同时按金保工程统一要求建设和完善省级异地就医平台，与国家平台对接。这一管理构架，比各省份分别对接结算的方式更为规范和有效。四是建立跨省异地就医费用医保基金预付金制度，由人力资源社会保障部的社会保障经办机构根据往年支付金额核定额度，相关地区间先预付两个月资金，然后按月全额清算。五是进一步规范了异地就医流程。在坚持"就医地目录范围、参保地待遇标准"的前提下，强调参保地建立动态管理的异地就医备案人员库，在办理异地就医备案手续时，将相关人员信息上报至人力资源社会保障部的社会保障经办机构，形成全国异地就医备案人员库，供就医地经办机构和定点医疗机构获取准确信息；要求在参保人员异地就医出院结算时，就医地根据全国统一的大类费用清单，将其住院医疗费用等信息经国家管理平台实时传送至参保地，由参保地按当地规定计算出医保基金应支付金额后再经同一路径回传至就医地定点医疗机构，以便与参保人员直接结算。这一设计的关键在于信息网络运行的灵敏度和及时性。六是各地在对具备条件的医保定点医疗机构协议管理中明确其承担异地就医结算的职责，并与全国信息系统联网。

二、搭建国家异地就医结算平台

人力资源社会保障部发120号文件，明确由人力资源社会保障部统一规划，依托金保工程，建设和维护国家异地就医结算信息系统，同时指导各地按统一要求建设和完善省级异地就医结算信息系统，与国家平台对接；还确定将社会保障卡作为参保人员跨省异地就医身份识别和直接结算的唯一凭证，对有异地就医需求的人员优先发卡。2016年，人力资源社会保障部集中各方面资源开发建设国家异地就医结算信息系统，特别是经过6月至8月的百日攻坚战，系统建设任务提前完成，同步制定了全国统一的跨省异地就医联网技术标准和业务规范。12月，《人力资源社会保障部办公厅关于加快推进跨省异地就医结算系统建设的通知》正式发布。月底，国家异地就医结算信息系统上线试运行，各省份逐一对接。2017年1月17日，吉林参保人李女士在海南办理出院手续，成为全国第一例通过国家平台实现跨省异地就医即时结算的案例。

2017年9月，国家异地就医结算信息系统正式全面启动、联网运行，覆盖了城镇职工和城乡居民参保者中异地安置退休、异地长期居住、常驻异地工作和异地转诊四类跨省就医人群，同时还可以支持不同部门管理的城乡各类医保参保人员享受跨省异地就医直接结算。当月，全国7226家承担跨省异地就医住院医疗费用直接结算的定点医疗机构正式接入国家平台，基本覆盖各地跨省异地就医任务相对较重的医疗机构，其中包括全国88%的三级定点医院；实现了以登记备案为入口、出院结算为出口的信息流、业务流、资金流全程线上流转，确保凡通过在线备案人员的跨省异地就医住院医疗费用全部实现直接结算，且次均结算时间在大约10秒内完成，让异地就医参保人员能够切实感受到直接结算带来的便捷感。

专栏 6-2

国家异地就医结算平台首例结算在海南实现

国家跨省异地就医结算平台于 2016 年 12 月底正式上线运行。2017 年 1 月 12 日，海南异地就医结算平台在全国第一个实现与国家平台联网。1 月 17 日 15 时 51 分，吉林参保人李女士在解放军总医院海南分院办理出院手续，通过国家异地就医结算平台，完成医疗费用即时结算。李女士医疗总费用 6145.09 元，个人支付现金 235.2 元，系统从其个人账户自动扣款 779.62 元，其余报销金额也由系统自动结算。这是国家跨省异地就医结算平台上线运行后，全国首次通过该平台实现跨省异地就医即时结算的案例。

"今天，跨省异地就医结算全国联网第一例结算在海南实现是水到渠成!"海南省社保局异地就医结算处负责人说，2009 年，海南就在全国最早启动跨省异地就医结算工作，异地就医合作覆盖范围和服务量一直在全国领跑。这次跨省异地就医结算全国联网工作，海南又打了"头阵"。

资料来源:海南日报.全国异地就医结算平台首例结算在海南实现［EB/OL］.(2017－01－18). https://www.hainan.gov.cn/hainan/yiliao/201701/fd88cf035e874 e448cd515dc7b7d2f23.shtml.

三、优化流程与规范管理

人力资源社会保障部发 120 号文件，规定由"部级经办机构承担制定并实施全国异地就医结算业务流程、标准规范，全国异地就医数据管理与应用，跨省异地就医资金预付和结算管理、对账费用清分、智能监控、运行监测，跨省业务协同和争议处理等职能"。2017 年，承担全国异地就医信息管理和跨省异地就医资金管理等职能的人力资源社会保障部社会保险事业管理中心，加挂了"医疗保险异地结算管理中心"和"社会保险技术标准评定中心"两块牌子，新增了"建立全国跨省异地就医管理、

结算和费用审核协作机制，负责全国跨省异地就医资金的审核结算"和
"组织社会保险相关医药服务管理技术标准体系建设和维护"的职能。

2016年12月，人力资源社会保障部办公厅印发《关于做好基本医疗
保险跨省异地安置退休人员备案工作的通知》，确定了采集备案信息的统
一格式，形成统筹地区、省、部三级共建的全国跨省异地就医人员备案
信息库。2017年2月，人力资源社会保障部社保中心印发《跨省异地就
医住院医疗费用直接结算实施细则（试行）》；8月，该中心对规范结算
业务进行了实测，完善了跨省异地就医公共查询信息；人力资源社会保
障部办公厅印发《关于切实做好跨省异地就医直接结算备案管理等有关
工作的通知》；9月，人力资源社会保障部建立了各地区间跨省异地就医
直接结算运行管理的联系处理机制。这一系列措施，一方面进一步简化
备案流程，申请异地就医备案只需持社会保障卡，取消了原来要求就医
地提供的所有证明和盖章；另一方面把异地就医选择范围扩大到所有上
线联通的异地定点医疗机构，备案渠道也进一步拓展到电话备案、网上
备案等多种方式，减少了群众"跑腿"次数。

按照人力资源社会保障部发120号文件规定，建立了跨省异地就医费
用"先预付、后清算"的预付金制度，由人力资源社会保障部社会保障经
办机构根据往年支付金额核定额度，相关地区间先预付两个月资金，通过
财政专户相互预拨，每月定期由就医地经办机构与定点医疗机构结算，国
家平台统一进行跨省清算。这一政策，减轻了就医地医保基金大量垫付的
资金压力，减少了异地结算的障碍。2017年12月，人力资源社会保障部办
公厅、财政部办公厅印发《关于规范跨省异地就医住院费用直接结算有关事
项的通知》，要求用好用活预付金，并明确异地就医跨年度费用结算办法。

基本医疗保险跨省异地就医费用直接结算政策的实施，在很大程度上
缓解了传统结算方式给群众带来的"多跑腿"的麻烦和"高额垫资"的经
济压力，是在人口高流动背景下解决群众"急难愁盼"、减少群众"揪心
事"的经典案例之一，也是中央与地方社会保障系统政策、经办、信息群
策群力，"集中优势兵力打歼灭战"的范例。2017年9月，国家异地就医结
算信息系统全面启动运行时，全国跨省异地就医备案162万人，各省份归集

跨省异地就医预付金 8.8 亿元；9 个月试运行中累计完成异地住院就医直接结算 4.6 万人次，支付基金 6.4 亿元，平均为每人次患者减少垫付 1.36 万元。[①]

第四节 加强医保管理

党的十八大召开的 2012 年，全国职工基本医保、新农合、城镇居民基本医保基金决算总收入 9171 亿元，总支出 7720 亿元，[②] 2013 年基金收支即超过或接近万亿元，之后继续快速增长，医保管理的责任愈来愈重。党的十八大提出"按照保基本、强基层、建机制要求，重点推进医疗保障、医疗服务、公共卫生、药品供应、监管体制综合改革"；党的十八届三中全会要求"统筹推进医疗保障、医疗服务、公共卫生、药品供应、监管体制综合改革……改革医保支付方式，健全全民医保体系"；党的十八届五中全会建议"改革医保支付方式，发挥医保控费作用"。党的十八大后五年，人力资源社会保障部会同有关方面，采取多项措施，不断加强医保管理。基本医保在巩固覆盖面的基础上，保障项目逐步增加，保障水平稳步提高，使人民群众感受到更多实实在在的获得感；支付方式更加丰富、适用，大大提升了管理深度，初步发挥了调节医疗服务行为、引导医疗资源配置的重要杠杆作用；医保基金监管向着全方位、全链条、信息化推进，全力确保基金安全，充分发挥基金使用效率。

一、稳步扩大保障范围

（1）部分康复项目纳入医保基金支付范围。基本医保基金支付范围过去只限于直接"治病"的诊疗项目和药品。2010 年，有关部门将运动

---

① 界面中国. 人社部：7226 家医疗机构实现跨省异地就医住院费直接结算 ［EB/OL］.（2017 - 09 - 26）. https：//news. sina. com. cn/o/2017 - 09 - 26/doc - ifymenmt7040937. shtml.

② 胡晓义. 新中国社会保障发展史 ［M］. 北京：中国劳动社会保障出版社，2019.

疗法等9项医疗康复项目纳入支付范围，满足了部分参保人员的医疗康复需求。2015年，国务院发布《关于加快推进残疾人小康进程的意见》，人力资源社会保障部、卫计委、财政部、民政部和中国残联据此组织专家遴选，于2016年3月公布名录，将康复综合评定、吞咽功能障碍检查等20项医疗康复项目纳入医保基金支付范围。当年6月底前，各地均完成了新增项目的调整，依规支付了相关费用，进一步提高了参保患者的康复保障水平，也使医保制度在保障"治病"费用基本需求基础上，具有了"防残""减残"的积极取向。

（2）规范和扩大基本医保药品目录。2015年，根据国家食品药品监督管理总局对部分药品品种和名称所作的变更，人力资源社会保障部对医保药品目录进行了相应调整，如变更部分药品通用名称、对部分缓解感冒症状的复方非处方制剂更名等，使之更加符合统一规范。2017年2月，人力资源社会保障部在组织专家进行评审的基础上，印发了《国家基本医疗保险、工伤保险和生育保险药品目录（2017年版）》。这一版药品目录较之前执行的2009年版目录增加了339个药品，增幅约15%，进一步提高了参保人的用药保障水平；同时改进了表达方式，如在"凡例"中对药品名称剂型规范、限定支付范围等内容作出说明解释，明确西药部分包括了化学药和生物制品，明确中成药部分包括了中成药和民族药；适应群众用药习惯，单列了中药饮片部分，鉴于其不易用准入法表达，采用排除法规定了医保基金不予支付费用的饮片等。各省级地区于当年7月底前发布了本地基本药品目录，建立完善了全省统一的基本医保药品数据库，实现省域范围内西药、中成药、医院制剂、中药饮片的统一管理；各统筹地区随即执行新版药品目录，并按有关规定更新了纳入基金支付范围的医院制剂清单。

（3）开展高价药品谈判。在医保药品管理中遇到的难题之一是：一些特殊病、罕见病患者需要长期服用专利药、独家药，而这些药品大都价格昂贵，甚至全部进口，超出了"保基本"的界限，没有列入医保支付范围。进一步研究分析发现：有些进口药比国际市场价格高几倍，由此产生了海外"代购"现象，但又违反海关规定。针对这一矛盾，2016

年国务院责成人力资源社会保障部探索特殊药品谈判准入医保目录的途径。人力资源社会保障部于 2017 年 3 月至 6 月，组织专家拟定了谈判药品的范围、目标和程序，将临床必需、疗效确切但价格昂贵的 45 种药品纳入谈判范围，经过与 34 家相关企业一对一的谈判，最后确定将 36 种专利独家药品纳入基本医疗保险支付范围，包括多种恶性肿瘤靶向药、部分罕见病和慢性病治疗用药。由于医保有"团购"优势，纳入的药品平均降价44.1%。同年 7 月，人力资源社会保障部印发通知，将这 36 种药品纳入国家基本医保药品目录的乙类范围，并规定了支付标准，要求各省级社保主管部门不得将这些药品调出本地目录，也不得调整限定支付范围，但可以依据实际情况规定本地医保基金的支付比例。谈判药品纳入基本医保目录后，目录包含的药品总数达到 2571 个。这次谈判的成功，在很大程度上提高了重大疾病的保障水平，也为以后处理类似问题积累了有益经验。

二、改革医保支付方式

在医疗保障特别是基本医疗保险制度中，基金支付政策的安排是最核心的机制，具有利益调节、资源配置、成本控制、维护基金安全和激励创新的多重功能。我国改革职工医疗保险和新建新农合、城居医保时，确定了医保基金支付三条线——起付线、支付比例、封顶线的基本政策，对医疗机构和零售药店实行定点协议管理，但在具体支付方式上，囿于当时条件，只能维持劳保、公费医疗时期采取的"按项目付费"——依据检查、诊疗、药品等花费项目支付的办法，实践中出现了一些医疗机构过分拆解项目、变相增加收费的问题，加大了医保基金和参保人的负担。寻求科学合理的基金支付方式一直是医保改革的重点课题之一。

2012 年 11 月，也就是党的十八大召开的当月，人力资源社会保障部、财政部、卫生部印发《关于开展基本医疗保险付费总额控制的意见》，提出结合当时已经对职工和城乡居民基本医保基金全面施行的预算管理，用两年左右的时间，在所有统筹地区范围内开展医保付费总额控制工作。这个文件由三部门联合发布，表明各相关方面对医保基金立足于保基本，必须坚持以收定支、收支平衡的原则有了更充分的共识；在具体控制方法上，实行"结余留用、超支分担"，建立双向约束机制——医保经办机构设立周转金，按协议约定向定点医疗机构拨付，缓解其资金运行压力；医疗机构则要设立质量保证金，若出现推诿病人、降低服务标准、虚报服务量等现象，按协议约定扣减。

2016年11月，中共中央办公厅、国务院办公厅转发了《国务院深化医药卫生体制改革领导小组关于进一步推广深化医药卫生体制改革经验的若干意见》（以下简称《若干意见》），肯定了党的十八大之后深化医改取得的重大进展和明显成效，为已经进入深水区和攻坚期的"深化医改"加油添力。《若干意见》强调"发挥医保基础性作用，加强对医疗服务的外部制约"，将医疗、医保、医药的"三医联动"置于医改典型经验的突出位置，希冀借此推动医改向纵深发展。

在"三医联动"机制中，医保一头连着需方——为参保人提供医疗保障，另一头连着供方——对医疗和医药实施监督制约，具有基础性作用。医保的监督制约功能可以用三种方式实现。一是从外部入手。通过"规范诊疗行为"，利用信息化等手段对所有医疗机构门诊、住院诊疗行为和费用开展全程监控和智能审核，做到"事前提醒、事中控制、事后审核"。二是从内部着力。通过全面推进支付方式改革，以及建立结余留用、合理超支分担的激励约束机制，激发医疗机构规范行为、控制成本的"内生动力"，进一步发挥医保对医疗费用不合理增长的控制作用。三是通过创新提高效率和质量。医保可以创新经办服务模式，"在确保基金安全和有效监管的前提下，以政府购买服务的方式委托具有资质的商业保险机构等社会力量参与基本医保经办服务"，在提供医疗保障的同时，以更高的效率和质量，实施对医疗和医药的监督制约。

2016年12月，财政部、人力资源社会保障部、卫计委再次联合印发《关于加强基本医疗保险基金预算管理 发挥医疗保险基金控费作用的意见》，进一步丰富了医保支付方式，提出全面实施以总额预算为基础，门诊按人头付费，住院按病种、按疾病诊断相关分组（DRGs）、按床日付费等多种方式相结合，适应不同人群、不同疾病和医疗服务特点的复合支付方式，逐步减少按项目付费，并要求将支付方式改革覆盖所有医疗机构和医疗服务。这些举措逐步在各地落实，到 2017 年 5 月底，全国 91% 以上的统筹地区实施了医保付费总额控制，70% 以上的地区探索了住院和门诊大病按病种付费的支付方式。

2017 年 6 月，国务院办公厅印发《关于进一步深化基本医疗保险支付方式改革的指导意见》，确定从 2017 年起，全面推行以按病种付费为主的多元复合式医保支付方式，各地都要选择一定数量的病种实施按病种付费，国家选择部分地区开展按疾病诊断相关分组付费的试点，鼓励各地完善对基层医疗服务按人头付费、长期慢性病住院医疗服务按床日付费、对不宜打包付费的复杂病例和门诊费用按项目付费等多种方式；目标是到 2020 年，医保支付方式改革覆盖所有医疗机构及医疗服务，在全国范围内普遍实施适应不同疾病、不同服务特点的多元复合式医保支付方式，按项目付费占比将明显下降。相关的配套改革措施：一是要加强医保基金预算管理，按照以收定支、收支平衡、略有结余的原则，科学编制并严格执行医保基金收支预算，加快推进医保基金收支决算公开，接受社会监督；二是完善医保支付政策措施，严格规范基本医保责任边界，基本医保重点保障符合"临床必需、安全有效、价格合理"原则的药品、医疗服务和基本服务设施相关费用；三是协同推进医药卫生体制相关改革。

三、推进医疗服务智能监控

医保基金被亿万参保群众当作"保命钱"，也被不法之徒视为垂涎觊觎的"唐僧肉"。随着基本医疗保险全覆盖和即时结算全面实施，医疗需求释放，就诊次数、费用大幅增加，欺诈骗保风险也随之加大。2012 年，《深化医药卫生体制改革 2012 年主要工作安排》提出："加强医保对医疗服务行为的监管，完善监控管理机制，逐步建立医保对医疗服务的实时监控系统，逐步将医保对医疗机构医疗服务的监管延伸到对医务人员医疗服务行为的监管。"主管部门不断加强对定点医疗机构和零售药店的监管，加大对骗保欺诈行为的处罚力度。

2014年4月，全国人民代表大会常务委员会关于《中华人民共和国刑法》第二百六十六条的解释，明确以欺诈、伪造证明材料或者其他手段骗取医疗保险等社会保险金或其他社会保障待遇的，按诈骗公私财物罪量刑，给维护社保基金安全提供了有力的法律武器。2014年8月，人力资源社会保障部发布《关于进一步加强基本医疗保险医疗服务监管的意见》，将监管对象从医疗服务机构延伸到其医务人员，建立医疗保险费用监控预警和数据分析平台。其中具有新意的措施：一是明确要求将医疗服务监管的内容纳入定点服务协议，重点监管参保人员就诊人数，医疗总费用和增长率，药品、医用耗材和检查总费用、增长率和占医疗费用比例等指标；二是探索建立"医保医生"管理制度，对定点医疗机构医务人员建立诚信档案，并在定点服务协议中约定其责任和义务，通过将"医保医生"考评结果与定点医疗机构医疗费用支付结算挂钩等方式，鼓励医疗机构强化医务人员管理的激励和约束机制，从而将监管延伸到医务人员医疗服务行为；三是针对实践中重复出现的不良现象，逐步建立完善参保人员诚信记录制度，在告知参保人员持卡就医权利的同时，明确告知其不得出借、转让或恶意使用等责任和义务，规范参保人员的就医行为；四是优化监控手段，加强信息化建设，使用符合全国统一标准的信息代码，建立健全医疗保险信息库，特别是药品库、门诊大病疾病库、医务人员数据库等，实现单纯事后纠正向事前提示、事中监控预警和事后责任追溯转变；五是充分发挥各方面的监督作用，在加强经办审核稽核、严格行政监督基础上，通过组织专家评议、聘请社会监督员、畅通举报投诉渠道等方式，动员社会各方面力量参与医疗保险监督；六是明确了对监管发现问题的处理程序，提出了按不合理行为、违约行为、违规行为和违法行为四类分别处理的程序和方式，特别是依据全国人民代表大会常务委员会的释法，严厉打击骗取套取医保基金的行为。

2015年4月，人力资源社会保障部办公厅印发《关于全面推进基本医疗保险医疗服务智能监控的通知》，确定用两年左右时间，在全国所有统筹地区普遍开展智能监控工作，逐步实现对门诊、住院、购药等各类医疗服务行为的全面、及时、高效监控；同年 9 月，又印发配套的《基本医疗保险医疗服务智能监控经办规程》。到 2015 年底，人力资源社会保障部负责管理的基本医保在全国 50% 的统筹地区实施了智能监控，覆盖所有参保人员和大部分定点医疗机构。2016 年，全国所有统筹地区开展智能监控工作，完善相关知识库，建成一支专业化的智能监控人员队伍，不断提高监控质量与效率。

2017 年 6 月，国务院办公厅印发《关于进一步深化基本医疗保险支付方式改革的指导意见》，进一步要求各级医保经办机构全面推开医保智能监控工作，实现医保费用结算从部分审核向全面审核转变，从事后纠正向事前提示、事中监督转变，从单纯管制向监督、管理、服务相结合转变；同时肯定了将医保监管延伸到医务人员医疗服务行为的探索，进一步要求将监管考核结果向社会公布，促进医疗机构强化医务人员管理。

专栏 6-3

武汉"互联网+医保"推进大额大病医疗费智能审核

武汉市医保中心不断加强信息系统建设，在 2014 年上线运行基本医疗保险管理审核系统的基础上，创建"互联网+医保"经办管理服务新模式，利用医保互联网结算系统，采用基本医疗保险的审核规则和标准，对武汉市定点医疗机构发生的职工大额和居民大病医疗费用进行计算机自动审核，克服了过去人工审核标准不一致、审核效率低、赔付周期长等问题，做到与基本医疗费用审核的同步。

一是科学性和准确性。新的费用审核模式采用了基本医疗保险管理审核系统建立的规则体系，将定点医疗机构上传的医疗费用和明细项目数据，与一系列审核规则进行互联网大数据方式的比对、筛选，科学地分拣出违规费用，有效克服了以往不同审核人员对标准掌握有一定误差的问题，结果更为准确。

二是精简性和及时性。新的费用审核模式依托医疗保险管理审核系统，每月与基本医疗保险同步申报、同步审核、同步出账、同步结算，精简了业务流程。新模式下，大额、大病保险医疗费用的申报工作在完成基本医疗保险费用申报时可在网上同步完成，办公成本大大降低；大额、大病保险医疗费用的审核工作和基本医疗一同通过医疗保险管理审核系统进行，审核结果同步产生，并可直接在网上下载，定点医疗机构对结果有异议的，也可通过系统直接在网上反馈，避免了以往定点医疗机构为查询和复议在不同部门间来回奔走的问题；大额、大病保险医疗费用的出账、结算工作，根据医疗保险管理审核系统自动生成的扣减表，在应付账中据实扣减后通过网银划拨，大大缩短了办理时间。

三是全面性和高效性。新的费用审核模式是对基本医疗保险以及大额、大病保险所有医疗费用进行逐单逐项审核，平均每月的审核单据量达两千多万条，较以往人工审核抽查的范围更全面、效率更高。实施系统审核，有效减轻了审核人员日常审核的工作压力，有利于集中力量加大对定点医疗机构违规行为事前、事中的检查稽核。

资料来源：武汉市人社局. 武汉"互联网＋医保"推进大额大病医疗费智能审核［EB/OL］. （2015－04－14）. https：//w. zgylbx. com/index. php?m＝content&c＝index&a＝show&catid＝6&id＝5612.

第五节　生育保险的改革发展

生育保险是保障妇女劳动权益、消除人力资源市场性别歧视的一种制度安排。早在 20 世纪 50 年代，劳动保险条例就规定女职工在生育（和怀孕、哺乳）停工期间工资照发并发给生育补助费。改革开放后，1994 年颁布的《中华人民共和国劳动法》确认生育是可以享受社会保险待遇的五种主要情形之一；1994 年，劳动部专门制定了《企业职工生育保险试行办法》；2011 年颁布的《中华人民共和国社会保险法》又把生育保险列为单独的社会保险险种，作出专章规定。进入 21 世纪以来，以职工群体为保障对象的生育保险得到长足发展，到党的十八大召开的

2012 年底，全国参加生育保险的职工达 15429 万人，当年有 353 万人享受规定的生育保险待遇，基金收入 304 亿元，支出 219 亿元，累计结存 428 亿元。[①] 其后五年，生育保险制度经历了新的改革发展历程，主要是支持国家生育政策重大调整并调降费率，探索与职工基本医保合并实施。

一、支持"两孩"政策与调降费率

党的十八大后，根据我国人口发展趋势，中央决定对生育政策进行重大调整。2013 年 11 月，党的十八届三中全会作出部署："坚持计划生育的基本国策，启动实施一方是独生子女的夫妇可生育两个孩子的政策，逐步调整完善生育政策，促进人口长期均衡发展。"两年后，党的十八届五中全会提出，全面实施一对夫妻可生育两个孩子政策，即从"单独两孩"进一步全面放开两孩。对生育保险来说，这是发挥制度功能的重要机遇，也预示着基金支出将面对快速增长的需求。同样是这两次中央全会，作出了"适当降低社会保险费率"的部署。对生育保险来说，这意味着要用可能减少的基金收入去应对必将增大的基金支出。

有关部门认真分析了基金运行状况：到 2014 年底，全国生育保险享受待遇人次 613 万人，基金收入 446 亿元，支出 368 亿元，累计结存 593 亿元，相当于 19 个月的支付额。按照基金收支基本平衡的原则，显然结存过多，有较大降费空间；虽然基金结存在地区间分布不均衡，但多数地区降费率后不会影响当期支付。按照中央部署，2015 年 7 月，《人力资源社会保障部　财政部关于适当降低生育保险费率的通知》要求生育保险基金累计结余超过 9 个月支付额的统筹地区将单位费率从原来工资总额的 1% 调整到 0.5% 以内。当年，全国符合条件的 25 个省份 394 个统筹地区将生育保险费率调降到位。2015 年的运行结果是，全国生育保险待遇享受人次 642 万人，总收入 502 亿元，总支出 411 亿元，与上年相比，

---

① 中华人民共和国人力资源和社会保障部. 中国的社会保障 [M]. 北京：中国劳动社会保障出版社，2019.

总体稳中有升；基金累计结存 684 亿元[1]，继续增长 15%，相当于 20 个月的支付额。

2016 年，"全面两孩"和调降费率政策双重落地的效应显现——生育保险待遇享受人次 913 万人，骤增 42%；基金收入 522 亿元，仅增长 4%；而基金支出 531 亿元，增长 29%,[2] 并自 1995 年施行生育保险制度以来首次出现当年收不抵支。这就不得不面对一个选择——要不要继续坚持降低费率的政策？有关部门研判：2016 年末，全国生育保险基金累计结存 676 亿元，虽然比上年净减少 8 亿元，但仍相当于 15 个月的支付额，总体没有大的支付风险，而且消减沉淀资金正是政策预期目标之一，因而可以继续跟踪观察发展趋势，以静制动；针对个别地区出现"库存"告急的情况，可以通过提高统筹层次等办法缓解，不必在全国范围停止执行降费率措施。

到 2017 年，享受生育保险的人次进一步增加到 1113 万人，基金收入 642 亿元，支出 744 亿元，出现了超过 100 亿元的当期赤字，基金累计结存下降到 564 亿元，[3] 全国平均达到了 9 个月支付额的预期水平。此后，生育保险待遇享受人次同比增幅回落并开始减少，"全面两孩"政策高峰期顺利度过，生育保险在配合国家人口生育政策重大调整的同时，也达到了以"降费率"为企业减负的目的。

二、开展生育保险与医疗保险合并实施试点

国际上对社会保障项目的通常分类，是将生育津贴单列，而将生育医疗费归为"医疗照顾"，即我国的医疗保险类；我国则从 20 世纪 90 年代起，就将二者合并为生育保险制度，建立专门基金。在实际运行中，

---

① 2015 年度人力资源和社会保障事业发展统计公报 [EB/OL]．（2016 – 05 – 30）. https：//www. mohrss. gov. cn/SYrlzyhshbzb/zwgk/szrs/tjgb/201805/t20180521_294285. html.

② 2016 年度人力资源和社会保障事业发展统计公报 [EB/OL]．（2017 – 05 – 31）. https：//www. mohrss. gov. cn/ghcws/BHCSWgongzuodongtai/201705/t20170531_271737. html.

③ 2017 年度人力资源和社会保障事业发展统计公报 [EB/OL]．（2018 – 05 – 21）. https：//www. mohrss. gov. cn/SYrlzyhshbzb/zwgk/szrs/tjgb/201805/t20180521_294287. html.

生育津贴由生育保险基金按规定标准支付，而生育医疗费管理在定点协议、相关目录、支付方式等方面都与职工基本医疗保险管理大体一致，且大多数地区由同一机构统一经办。对此，有研究认为，生育保险与医疗保险合并实施有利于综合管控医疗费用，也可降低行政运行成本。

2015 年 10 月，党的十八届五中全会提出"将生育保险和基本医疗保险合并实施"，这一建议写入了次年全国人大通过的"十三五"规划纲要。这是在党和国家最高层文件中第一次对生育保险工作作出直接部署。2016 年 5 月，人力资源社会保障部召开的全国医疗（生育）保险工作座谈会，将"积极稳妥推进生育保险与医疗保险合并实施"列为"十三五"开局之年 6 项重点工作之一。

2017 年 1 月，国务院办公厅印发《生育保险和职工基本医疗保险合并实施的试点方案》，明确了保留险种、保障待遇、统一管理、降低成本的总体思路，确定在河北邯郸等 12 个城市开展为期 1 年左右的试点，试点启动时间为当年 6 月底前。同年 3 月，人力资源社会保障部、财政部、国家卫计委联合印发《关于做好生育保险和职工基本医疗保险合并实施试点有关工作的通知》，对试点工作作出具体部署。到当年 6 月，各试点城市全部出台试点方案并组织实施。

三、生育保险保障功能彰显

党的十八大之后五年，我国生育保险制度覆盖规模扩大，享受生育保险各项待遇的人数（人次）快速增加，待遇水平逐年提高。如表 6 - 2 所示，2017 年比 2012 年，全国参保人数增长 25.1%，享受待遇人次增长 215.3%；由生育保险基金支付的人均生育保险待遇增长了 60.6%，其中，生育津贴水平随职工工资提高增长了 62.5%，而人均生育医疗费得到有效控制，仅增长 20.9%。2013～2017 年，生育保险基金合计支出 2337 亿元，使 3800 多万人次享受到生育保险待遇，[①] 保障了生育职工和

---

① 根据相关年份《人力资源和社会保障事业发展统计公报》计算。

其家庭的基本生活，分散了职工和用人单位的生育经济风险，也极大支持了就业性别平等政策。

表6-2　　　　　　　　2012~2017年生育保险待遇水平

年份	参保（万人）	享受待遇（万人）	人均待遇（元）	生育医疗（元）	生育津贴（元）
2012	15429	353	11287	3597	10380
2013	16392	522	13455	3857	11962
2014	17039	613	14457	4001	13458
2015	17771	642	16456	4198	14474
2016	18451	914	15385	4303	15831
2017	19300	1113	18126	4348	16864

资料来源：人力资源社会保障部社保中心2012~2017年度《社会保险运行报告》。

第六节　开展长期护理保险试点

2012年党的十八大已经提出"积极应对人口老龄化，大力发展老龄服务事业和产业"的方针。2015年，我国老龄化程度进一步加深——60岁以上人口2.22亿人，其中，65岁以上人口1.44亿人，占比10.47%。有关研究表明，全国失能老人有1200多万人，加上部分失能老人，总数多达4000万人，对长期照顾护理的需求十分旺盛。满足这方面需求需要多方面资源——养老照护机构、专用设备设施、专业服务人员等，而这些都离不开财务资源的配置。在既有的社会保险5大险种中，养老保险与老年人直接相关，着眼于化解因年老退出劳动领域产生的收入损失风险；医疗保险虽然有化解支出风险的功能，但限于医疗费支出；面对众多老年人长期需要照顾护理的经济支出，需要新的制度安排。2015年10月，党的十八届五中全会提出"探索建立长期护理保险制度"。这超越了社会保险法规定的5个险种的框架，在国际社会保障机构对社会保障的9项分类中也没有这一专项，却是我国应对老龄化挑战必要且急迫的举措。

按照党中央决策部署，2016 年 6 月，人力资源社会保障部发布《关于开展长期护理保险制度试点的指导意见》（以下简称《指导意见》），确定在河北承德、吉林长春等 15 个城市开展这项试点。试点的主要任务是4 个探索——探索保障范围、参保缴费、待遇支付等政策体系，探索护理需求认定和等级评定等标准体系和管理办法，探索各类服务机构和护理人员服务质量评价、协议管理和费用结算等办法，探索管理服务的规范和运行机制；目标是通过试点积累经验，力争在"十三五"期间基本形成适应社会主义市场经济体制的长期护理保险制度政策框架。《指导意见》在以人为本、基本保障、责任分担、因地制宜、机制创新、统筹协调的原则下，明确试点期间的基本政策：保障范围是长期处于失能状态的职工基本医保参保人群，重点解决重度失能人员基本生活照料和与基本生活密切相关的医疗护理等所需费用；筹资标准由各地区根据实际确定，试点阶段可通过优化职工医保统账结构、划转职工医保统筹基金结余、调剂职工医保费率等途径筹集资金；给付范围是护理服务机构和护理人员为参保人提供的符合规定的护理服务所发生的费用，基金支付水平总体上控制在70% 左右，可以根据护理等级、服务提供方式等制定不同支付比例的差别化待遇保障政策；基金管理实行单独预算，专款专用；对护理服务机构和从业人员实行协议管理和监督稽核等制度；在经办方面，借鉴居民大病保险的经验，可以探索委托管理、购买、定制护理服务和护理产品等多种实施路径、方法，积极发挥具有资质的商业保险机构等各类社会力量的作用。

到 2017 年底，各试点城市均开始启动试点，有 3800 万人被这项制度覆盖，并在实践中各有探索创新：如在覆盖范围上，有的城市不仅包含职工，还扩大到城乡居民；在筹资方面，除了从基本医保统筹基金中"平移"一部分外，有的从医保个人账户中也划拨一部分，有的实行了个人少量定额缴费，有的还给予了一定财政补贴，形成多渠道筹资格局；在服务供给形式上，有的采取专业机构集中照护，更多的则是通过社区"为老服务中心"或"长者照护中心"为失能老人提供日间照料或上门服务；在基金给付上，各地都注重向居家服务倾斜，有的采取完全实物援助（购买服务）方式，有的则采取现金补贴与实物援助相结合。

专栏 6-4

不让一人失能导致全家失衡
——荆门市开展长期护理保险试点

截至 2016 年底，荆门市 60 岁以上老年人 47 万人，其中完全失能 8800 多人，近万个家庭受此困扰。为了解决失能人员的照护和经费保障问题，荆门市启动长期护理保险试点，将其列为"一号民生工程"，纳入"重点改革项目"，集中力量建立基本制度，建设服务体系，优化经办管理。2016 年，荆门成为 15 个长期护理保险制度国家试点城市之一。从确定试点到制度出台，荆门市仅用半年时间就实现了长期护理保险从无到有、从构想到落地，成为民生保障的新支点。在试点过程中，荆门市坚持"护理机构、从业队伍、护理标准、信息系统、运行机制"全面配套，加快构建"五化"服务体系，让长期护理保险更有温度。

夯实基点，推进服务机构立体化。该市合理布局建设市、县、乡（街道）、村（社区）四级护理机构网络，量身定制了"补减免贷"等优惠政策，给予护理机构床位资金补助、稳岗补贴、税费减免、创业担保贷款及贴息。扶持护理机构建设，打造出护理服务示范机构 28 家，带动 35 家养护机构再投资近两亿元，吸引 8 家民营企业投资医养护产业。

突出重点，推进服务队伍专业化。一是"引"：鼓励家政从业人员、护理专业大中专学生、就业困难人员从事护理服务。二是"育"：在荆楚理工学院、荆门技师学院开设护理服务专业，依托全市 15 家培训机构培育专业化护理人员。三是"补"：对参加职业培训的护理人员一律给予补贴，技能鉴定一律减免费用，从业后享受公益性岗位补贴或社保补贴。四是"提"：取得高级工、技师、高级技师职业资格的护理人员，每月可享受所聘单位 30~80 元的岗位津贴。五是"奖"：对获"荆门首席技师""荆门技术能手"称号的护理人员，分别给予一次性奖励 1 万元、2000 元。

破解难点，推进服务标准规范化。荆门市编制了《护理服务规范》《护理服务项目及操作规范》《失能等级评定标准》《护理服务质量考核标准》，填补了护理服务标准空白。在基本生活护理、医疗护理的基础上，增加康复护理、心理护理和临终关怀，满足失能人员多样化需求。打包服务项目，制定护理"套餐"，公示服务清单及价格。

建强支点，推进服务手段信息化。该市研发长护信息系统，嵌入保险经办、需求评估、服务监管等六大功能，实现从参保到结算的一体化服务。同时，开发实时叫护或预约服务的"滴滴"模式、护理服务远程管理的 GPS 工作站等个性化服务。

找准节点，推进服务运行市场化。该市采取第三方评估办法，选聘人员组建长护保险失能评定专家组，确保结果公正。实行第三方经办，发挥商业保险公司优势，提高经办效能。采取问卷调查、满意度评价等形式，对长护政策及经办服务进行评估，不断完善制度，切实优化服务。

资料来源：中国劳动保障报. 不让一人失能导致全家失衡——荆门市开展长期护理保险试点［EB/OL］.（2017 – 08 – 16）. https://www.mohrss.gov.cn/SYrlzyhshbzb/rdzt/dlfjwn/zmzlfc/201708/t20170816_275794.html.

党的十八大之后五年，全民医保继续巩固和发展：保障项目逐步增加，保障水平稳步提高；以整合城乡居民医保为标志的城乡统筹格局初步形成，以建立城乡居民大病保险为标志的多层次保障体系建构迈出新步伐，以异地就医结算为标志的管理幅度大大展宽，以支付方式改革为标志的管理深度明显加强，同时大力推进生育保险，试点长期护理保险，人民群众有了更多实实在在的获得感，为新时代全民医保体系的进一步完善展示了更广阔的前景。

第七章

2012~2017 年其他社会保障
制度的改革发展

党的十八大以后五年，在养老保险、医疗保障这些覆盖人数规模以十亿计的超大社会保障计划发展壮大的同时，工伤保险、失业保险、社会救助和军人社会保障等领域也取得了长足进步。

第一节　工伤保险的改革发展

按照党的十八大部署，依据 2011 年施行的《中华人民共和国社会保险法》和修订后的《工伤保险条例》，工伤保险在扩大覆盖面、完善政策和规范管理方面不断取得新进展。

一、大力推动建筑业农民工参保

党的十八大提出社会保障"全覆盖、保基本、多层次、可持续"的 12 字方针，把"全覆盖"置于首位。

在工伤保险扩大覆盖面工作中，农民工始终被作为重点群体，2006 年至 2010 年曾组织在全国范围开展过两期"平安计划"，使进城农民工参保人数从 1252 万人猛增到 6300 万人。但农民工最集中、职业风险也最高的建筑行业，因施工项目阶段性、用工流动性等特点，参保情况一直落后于其他行业。2013 年，全国城镇建筑业只有 987 万人参加工伤保险，其中，农民工 638 万人，在行业总共 2000 多万农民工中的占比很低，由此产生的工伤纠纷也较多，成为工伤保险制度覆盖的一个明显短板，也是建设领域职工权益保障的一个突出问题。2014 年 11 月，全国政协围绕建筑工人工伤维权问题召开第 21 次双周协商座谈会，建议政府部门出台专项措施，加快解决这一矛盾。当年 12 月，人力资源社会保障部、住建部、国家安监总局、全国总工会即联合印发《关于进一步做好建筑业工伤保险工作的意见》，创造性地施行了按工程项目参保的模式，明确了一系列新政策，组织了专项推进行动，着力解决建筑业农民工参保率低、工伤维权能力弱、工伤待遇落实难等问题，取得了明显成效。

（1）以按项目参保为核心的制度体系全面建立。针对建筑业生产经营和劳动用工特点，施行工伤优先、项目参保、概算取费、全员覆盖等多项政策措施。第一，建筑施工企业对相对固定的职工按用人单位参加工伤保险，而对建筑项目使用的人员不能按用人单位参保的则按项目参加工伤保险；建设单位在办理施工许可手续时，应当提交建设项目工伤保险参保证明，作为保证工程安全施工的具体措施之一，措施未落实的项目，各地住建部门不予核发施工许可证。第二，完善工伤保险费计缴方式，以建设项目为单位参保的，可以按照项目工程总造价的一定比例计算缴纳工伤保险费，建设单位须在工程概算中将工伤保险费用单独列支，作为不可竞争费，不参与竞标，并在项目开工前由施工总承包单位一次性代缴本项目工伤保险费，覆盖项目使用的所有职工，包括农民工。第三，健全工伤认定所涉及的劳动关系确认机制，施工总承包单位在工程项目施工期内督促专业承包单位、劳务分包单位建立职工花名册、考勤记录、工资发放表等台账，对项目施工期内全部施工人员实行动态实名制管理，以作为一旦发生工伤事故的认定证据。第四，完善工伤保险待遇支付政策，对在参保项目施工期间发生工伤、项目竣工时尚未完成工伤认定或劳动能力鉴定的建筑业职工，规定用人单位继续保证其医疗救治和停工期间的法定待遇，待完成工伤认定及劳动能力鉴定后，依法享受参保职工的各项工伤保险待遇；其中应由用人单位支付的待遇，也可根据工伤职工的意愿一次性支付；难以按本人工资作为计发基数的可以参照统筹地区上年度职工平均工资作为计发基数。

（2）以"同舟计划"为核心的工作抓手全面落实。自2015年初开始，人力资源社会保障部在全国范围组织实施了"同舟计划"——建筑业工伤保险扩面专项行动，推动建立按项目参保和优先办理工伤保险的工作机制，目标是用3年左右时间实现建筑业从业人员全部参加工伤保险。自2016年下半年起，人力资源社会保障部采取双月定期通报各省份建筑项目参保率的督促措施；2017年，又将建筑业新开工项目参保率列入人社事业发展计划指标，把建筑业按项目参保工作纳入常规性工作考核。

（3）以信息共享为核心的部门协作机制基本形成。2017年，《国务院办公厅关于促进建筑业持续健康发展的意见》中强调："建立健全与建筑业相适应的社会保险参保缴费方式，大力推进建筑施工单位参加工伤保险。"人力资源社会保障部随之印发《关于进一步做好建筑业工伤保险工作的通知》，指导各地加强部门间协作机制，严格落实政策，并开展专项督查。各地有关部门建立建筑项目开工情况、参保情况、安全生产情况等信息的互联、互通、共享机制，实现在项目参保、核发施工许可证等关键环节把关上的部门联动。如江西、湖南等地通过建立建筑项目清单与参保项目清单核对机制，精准推动项目参保。在着力推动信息共享的同时，各地联席会议、定期会商、联合督查等部门协作机制，普遍得到进一步加强和完善。

（4）以督查、通报为核心的督促落实机制全面形成。2015年实施"同舟计划"后，为进一步督促指导地方抓紧制定配套政策和工作方案，指导解决地方实践中的矛盾和问题，人力资源社会保障部单独组织专项督查或会同有关部门组织联合督查共计19批次，其中，2016年重点针对工作进度较慢、建筑项目较多的地区，被督查省份的项目参保率得到快速提升。各地也普遍建立了项目参保率的督查和通报制度，形成了按项目参保上下联动、全国一盘棋的工作局面。

（5）以适应项目参保模式为核心的管理服务机制不断完善。各地适应项目参保特点，简化参保手续和工作程序，以高水平的管理服务吸引建筑项目参保，在参保项目和农民工中树立了工伤保险"灵活方便、保障有力"的良好形象，推动实现了从"要我参保"到"我要参保"的转变。如天津、安徽等地开辟"绿色通道"，提供一站式服务，将参保缴费与办理施工许可实行一站式管理等；贵州等地开发适应项目参保和建筑业用工管理特点的信息系统，提供网上经办等便捷措施。项目参保管理服务的创新和完善，为形成建筑业按项目参加工伤保险工作长效机制奠定了基础。

（6）以工伤保险集中宣传为核心的舆论氛围稳步提升。从 2015 年开始，每年都在全国范围内组织开展以建筑企业参加工伤保险为主题的集中宣传活动，编印了以建筑业职工为主要发放对象的工伤保险专题宣传册和宣传画，开通"中国工伤保险"微信公众号，开展面向各类用人单位、职工、农民工的"工伤保险知识微信竞答"活动，采取"微信抢红包"的形式吸引社会公众尤其是建筑业农民工参与答题，宣传政策，凝聚共识，共同推进建筑企业参加工伤保险工作。如广东启动建筑业"千企万人"工伤保险与安全生产集中培训活动，开展对建筑业管理人员、特种作业人员、建筑工人的"工伤保险与安全生产"专题培训，组织约 200 家建筑施工企业参与培训活动，培训人数达 1.5 万人，基本实现全市建筑施工企业培训全覆盖；天津等地开展建筑业参保集中宣传活动，深入建筑工地，向项目负责人宣传参保政策，向广大职工宣传工伤维权知识，并在集中宣传日当天发出 300 多万条公益短信，通过细致、精准的宣传，提高企业参保积极性。

经过各方共同努力，建筑施工企业农民工参加工伤保险取得显著进展：截至 2017 年 8 月底，全国新开工建筑项目参保率达到 99.21%，建筑施工企业参保人数为 2198 万人，其中，农民工 1395 万人。以此为突破口，也推动了其他农民工集中的各行业参保扩面。2018 年，人力资源社会保障部在总结组织建筑施工企业农民工参保经验基础上，会同有关产业主管部门印发《人力资源社会保障部 交通运输部 水利部 能源局 铁路局 民航局关于铁路、公路、水运、水利、能源、机场工程建设项目参加工伤保险工作的通知》，施行同样的基本政策，并根据这些行业的特点进行了细化，提出了针对性要求。至此，在制度保障上基本实现了建筑业农民工全覆盖，进一步编牢织密工伤保险保障网，进而促进工伤保险整个覆盖面的持续扩大。

二、调整工伤保险费率

2003 年 4 月《工伤保险条例》颁布后，劳动保障部、财政部、卫生部、安全监管局于同年 10 月联合印发《关于工伤保险费率问题的通知》，将各行业划分为 3 个类别，工伤保险费率分别为职工工资总额的 0.5% 左右、1% 左右和 2% 左右。后来一直照此执行，只是在 2009 年至 2010 年曾为应对国际金融危机，采取过阶段性降低费率的措施。到 2014 年，全国平均实际费率为 0.87%，其中，一类行业平均 0.6%，二类行业平均 0.95%，三类行业平均 2%，与政策预期大体相当；但也发现超出预期的现象——当年基金收入 695 亿元，支出 560 亿元，结存 135 亿元，累计结存 1129 亿元，相当于两年的支付额。工伤保险基金实行以支定收、收支平衡的现收现付模式，结存过多降低了资金利用效率，也在客观上加重了参保单位的负担。在经济发展进入新常态的背景下，社会上减税降费的呼声渐高，工伤保险有必要、也有可能适当下调费率。在 10 多年的实践中，有关行业和企业也反映，现行费率的行业类别划分过于粗放，0.5~1 个百分点的基准费率档次间隔较大，不适应 100 多个行业的实际情况，建议细分类别和费率档次。

人力资源社会保障部会同财政部，经过细致的调查研究，设计了调整工伤保险费率的方案，经国务院批准，于 2015 年 7 月印发《人力资源社会保障部 财政部关于调整工伤保险费率政策的通知》，按照总体降低、细化分类、健全机制的思路，对工伤保险费率动了一次不小的"手术"。新的费率政策的重要改进有以下三个方面。

（1）按照《国民经济行业分类》国家标准对行业的划分，根据各自工伤风险程度，将行业分类从原来的 3 类细化为 8 类：一类包括机关、团体、金融等 15 个行业；二类包括文教、卫生、餐饮、零售等 19 个行业；

三类包括轻工、修理等16个行业；四类包括农业、制造、铁路等22个行业；五类包括林业、水陆运输等9个行业；六类包括渔业、建筑、化工等7个行业；七类包括石油开采等4个行业；八类包括煤炭开采等4个行业。

（2）将原来0.5%、1%、2%左右的3类行业基准费率相应细化为8类，由低依高依次为0.2%、0.4%、0.7%、0.9%、1.1%、1.3%、1.6%、1.9%左右。

（3）重申费率浮动机制：二类至八类行业内各分为5个费率档次，即以基准费率为100%，可分别向上浮动至120%、150%或向下浮动至80%、50%；一类行业分为3个档次，只可向上浮动，不向下浮动。由统筹地区社保经办机构根据用人单位工伤保险费使用、工伤发生率、职业病危害程度等因素，确定其费率，并可依据上述因素变化情况，每1～3年确定其在所属行业不同费率档次间是否浮动及浮动的档次。

这次调整同时达到了两个目的。一是明显降低了工伤保险费率水平。如原来划为一类的34个行业费率从0.5%直接降为0.2%和0.4%；原来划为三类产业的15个行业也从2%降为1.3%、1.6%、1.9%；原来划为二类产业的各个行业费率也有不同程度下调。在可比的86个行业中，有74个行业的基准费率标准降低。综合测算，行业基准的名义费率从1%左右降到0.75%左右，实际费率从0.87%左右降到0.65%左右。人力资源社会保障部同时要求各统筹地区真正把浮动费率机制用好用活。二是针对经济稳增长、企业减负的需要，各省份可以依据国务院的授权，对基金结存较多的统筹地区，在保持安全结存量的前提下，阶段性减征工伤保险费，以减轻企业负担；但减征的比例宜根据企业参保时间长短确定，以保持参保激励机制。对基金"安全结存量"，人力资源社会保障部也提出参考标准——实行地市级统筹的地区原则上控制在12个月左右平均支付水平，实行省级统筹的地区原则上控制在9个月左右平均支付水平；超过正常规模过多的统筹地区，应当下调行业基准费率，并允许在编制社会保险基金年度预算时编列当年赤字预算。通过细化行业分类和强化费率浮动机制，促进了工伤保险的精确管理。各统筹地区根据新的行业分类，周密制定本地区用人单位费率浮动的具体办法，每年对各参保单位的工伤风险状况进行一次全面评估，对工伤发生率低、工伤保险费使用少的单位按规定下浮，而对风险程度骤升的单位，次年即上浮费率，而且一次上浮两个档次，并通过发布通报等形式加以警示。这些举措促进了单位参保的积极性和安全生产意识的提升。

从表7-1可以看出，工伤保险基金收入在2016年出现减少的状况，是调降费率政策发挥了效力；但此后又随覆盖面扩大和工资水平提高而持续增长；基金支出维持较高增幅，反映了平均待遇水平提高的情况；基金累计结存规模持续扩大，表明继续降费仍有一定空间。

表7-1　　　　　　2012～2017年工伤保险基金收支结存情况　　　　单位：亿元

年份	基金收入	基金支出	基金结存	其中储备金
2012	527	406	862	125
2013	615	482	996	168
2014	695	560	1129	190
2015	754	599	1285	209
2016	737	610	1411	239
2017	854	662	1607	270

资料来源：历年《全国社会保险基金收入决算表》和《人力资源和社会保障事业发展统计公报》。

三、落实《工伤保险条例》的专项措施

2003年颁布的《工伤保险条例》（以下简称《条例》）在依据《中华人民共和国社会保险法》修订后于2011年1月施行，人力资源社会保障部在2013年、2016年两次印发综合性意见，对执行《条例》的24个有关政策、程序和标准问题作出统一规定，并就落实《条例》的有关规定推出专项措施。

（1）规范劳动能力鉴定。依据《条例》第四章规定，2014年人力资源社会保障部发布《工伤职工劳动能力鉴定管理办法》，共5章33条，主要内容：一是界定劳动能力鉴定委员会的职责，包括选聘医疗卫生专

家组建专家库，组织劳动能力鉴定，根据专家组的鉴定意见作出劳动能力鉴定结论，建立完整的鉴定数据库等；二是突出服务理念，包括相关机构和工作人员的告知责任、办理时限及对行动不便申请人的上门鉴定等；三是完善监管措施，包括对专家库进行3年调整一次的动态管理，对现场鉴定的时间、地点的规定，对相关当事人如实提供材料的要求，以及对违法行为进行举报、投诉的权利等；四是明确法律责任。《工伤职工劳动能力鉴定管理办法》的实施规范了工伤鉴定工作的标准和程序，使相关各方有了更加明确的遵循，有利于减少纠纷，保证鉴定工作的顺畅。

（2）加强工伤辅助器具管理。《条例》规定，工伤职工因日常生活或者就业需要，经劳动能力鉴定委员会确认，可以从工伤保险基金中支付配置辅助器具的规定费用。现实中，从事伤残辅助器具生产、配置的机构良莠不齐，器具品质高低悬殊。为规范配置器具管理工作，2016年2月，人力资源社会保障部、民政部、卫计委联合颁布《工伤保险辅助器具配置管理办法》，共5章31条，自当年4月起施行。主要规范有以下四个方面。一是明确管理职责，人力资源社会保障部负责组织制定并适时调整国家工伤保险辅助器具配置目录，确定配置项目、适用范围、最低使用年限等内容；省级人社部门负责制定辅助器具配置机构评估确定办法，并确定本地区辅助器具配置最高支付限额等具体标准；设区的市级劳动能力鉴定委员会负责辅助器具配置的确认工作；各级社保经办机构按照评估确定办法，与辅助器具配置机构签订服务协议，并向社会公布机构名单，负责对申请承担配置服务的装配机构和医疗机构按规定核付配置费用。这是一个设计相当精密的流程——中央定目录范围，省级定机构认定规则和支付标准，市级确认机构，社保经办机构实行协议管理，加上对机构的定期评估，形成了完整的管理闭环。二是规定了辅助器具配置确认工作程序，必须在劳动能力鉴定委员会专家库中随机抽取3名或者5名专家组成专家组，对工伤职工本人进行现场配置确认，并告知工伤保险基金最高支付限额和器具最低使用年限。三是规定了由工伤保险基金支付辅助器具的费用项目，包括安装、维修、训练以及必须到统筹地区以外的协议机构配置发生的交通、食宿费用等。四是规定了辅助器具的标准和配置机构的服务要求。《工伤保险辅助器具配置管理办法》施行后，加强了配置机构管理，提高辅助器具品质，减少了盲目配置和使用寿命短的浪费现象，2017 年，全国配置了辅助器具的工伤职工，由工伤保险基金支付的费用次均 6157 元，比 2014 年的 8113 元降低近 25%。

（3）开展工伤预防工作。2009 年，人力资源社会保障部就在河南、海南、广东 3 省的 12 个统筹地区进行了工伤预防的试点，摸索了初步经验。修订后的《条例》增加了工伤保险基金可用于"工伤预防的宣传、培训等费用"的规定，人力资源社会保障部于 2013 年春印发《关于进一步做好工伤预防试点工作的通知》，部署每个省份可以选择不超过两个地市开展这项试点；试点中，工伤预防费提取比例控制在上年度工伤保险基金征缴收入的 2% 左右，主要用于开展工伤预防的宣传、培训以及法律、法规规定的其他工伤预防项目。实际开展试点的有 43 个城市，一年内使用的工伤预防资金 1.2 亿元，没有超过这些地区工伤保险基金收入的 1%，但对扩大工伤保险制度的影响、增强用人单位和职工的风险意识、促进事故预防工作起到了一定作用。2017 年 8 月，依据《条例》授权，人力资源社会保障部、财政部、卫计委、安全监管总局 4 部门发布《工伤预防费使用管理暂行办法》，将工伤预防费提取标准明确为基金征缴收入的 3%，使用范围限于工伤预防的宣传和培训费用，明确了预算程序——确定重点领域和开展项目、编制实施方案和绩效目标并向社会公开，确定原则上由行业协会和大中型企业或委托第三方机构实施的组织方式，标志着工伤预防工作在全国范围全面推开。2017 年是实施的第一年，全国共支出工伤预防费 2.9 亿元，仅占基金总支出的 0.44%，其中，宣传费占 54%，培训费占 16.4%，其他占 29.5%。

（4）试行工伤康复。早在 2007 年，劳动保障部就曾印发《加强工伤康复试点工作指导意见》，提出试点工作的 5 项主要任务——规范工伤康复管理服务形式，研究完善工伤康复政策和标准体系，探索工伤康复早期介入机制，加强工伤康复专门人才的培养，完善再就业政策支持；并规定了工伤康复试点机构的准入条件，包括机构资质、康复水平、设施条件、专业人员配备等。依据各地评定，2009 年和 2010 年分两批确定了工伤康复试点机构。2011 年《条例》修订施行后，对各地确定的 42 家康复试点机构进行了评估，确认其中 23 家达标；同时指出了未达标机构存在的主要问题。按照《条例》有关"工伤职工到签订服务协议的医疗机构进行工伤康复的费用，符合规定的，从工伤保险基金支付"的规定，2013 年 4 月，人力资源社会保障部印发《工伤康复服务项目（试行）（修订版）》和《工伤康复服务规范（试行）（修订版）》，要求建立规范的"购买服务、协议管理"的工伤康复管理制度，形成"康复早期介入"和"先康复、后评残"的工作机制。同年，还制定了《区域性工伤康复示范平台标准（试行）》，经过组织专家评估，2015 年遴选确定了北京、上海、广东、重庆各 1 家机构作为第一批区域性工伤康复示范平台，借此对各地工伤康复工作发挥辐射和示范作用。工伤康复对我国来说还是个新事物，对照国际经验，除了规范程序、标准外，有两个关键理念至为重要。一是"早期介入"。应摒弃康复只是医疗的后续手段的观念，让康复专家更早参与医疗，特别是手术方案的制订，有利于为患者保留更多的有效功能，为日后康复创造更好条件。二是"职业康复"。应突破康复仅是恢复生理功能的观念，工伤康复的更高目标是在恢复日常生活能力的基础上，争取更多恢复患者的原有劳动能力，或通过康复训练其从事新职业的能力，使其能够重返劳动领域。2017 年，全国工伤保险基金中的康复支出 7.7 亿元，比 2012 年的 6 亿元有所增加，但占比仍只有 1.5%。从实际需求看，工伤康复还有很大发展空间。

（5）规范待遇确定和调整。《条例》规定了工伤保险的各种待遇项目，其中有些规定了明确标准，如一次性伤残补助金、一次性工亡补助金、丧葬补助金等，更多的则是授权省级政府或统筹地区具体规定。执行中发现了两个较普遍的问题：一是各地确定待遇标准的依据和参数不一，导致地区间同项待遇水平有高有低，容易引发相互攀比；二是有些长期待遇，《条例》只规定了即时标准，如供养亲属抚恤金按照工亡职工本人工资的 40% 发给配偶等，但缺乏调整机制，随着社会收入水平提高，工亡职工供养亲属等的待遇水平相对下降，地方政府想要调整也无所遵循。针对这方面问题，经过几年调研论证，2017 年 7 月，人力资源社会保障部印发《人力资源社会保障部关于工伤保险待遇调整和确定机制的指导意见》（以下简称《指导意见》），对《条例》明确规定标准之外、授权地方确定和调整的工伤保险待遇作出了统一规范。总的要求是与经济发展水平相适应，综合考虑职工工资增长、居民消费价格指数变化、工伤保险基金支付能力、相关社会保障待遇调整情况等因素，兼顾不同地区待遇差别，按照基金省级统筹要求，适度、稳步提升，实现待遇平衡，原则上每两年至少调整一次。主要项目包括：一级至四级伤残津贴以上年度省（区、市）一级至四级工伤职工月人均伤残津贴为基数，侧重考虑职工平均工资增长因素进行调整；供养亲属抚恤金以上年度省（区、市）月人均供养亲属抚恤金为基数，侧重考虑居民消费价格指数变化，采取定额调整办法；生活护理费按照上年度省（区、市）职工平均工资增长比例同步调整，职工平均工资下降时不调整；工伤职工住院伙食补助费原则上按不超过上年度省（区、市）城镇居民日人均消费支出额的 40% 确定；一次性伤残就业补助金和一次性工伤医疗补助金，综合考虑工伤职工伤残程度、伤病类别、年龄等因素制定标准，注重引导和促进工伤职工稳定就业。《指导意见》还附发了相关待遇调整的计算公式。这一举措，解决了实践中的两个问题，使工伤保险待遇确定和调整有了统一的遵循，更好保障了工伤职工及其亲属的基本生活。政策实施当年，全国月人均伤残津贴 2896 元，比上年增加 220 元；供养亲属抚恤金月人均 1232 元，增加 74 元；生活护理费月人均 1677 元，增加 145 元；24 万人领取一次性工伤医疗补助金，人均 2.75 万元，增加 1100 元。

（6）推进省级统筹。按照《条例》有关"工伤保险基金逐步实行省级统筹"的规定，人力资源社会保障部在其"十三五"工作规划中提出，到 2020 年底前全面实现工伤保险省级统筹。2017 年 6 月，人力资源社会保障部、财政部印发《关于工伤保险基金省级统筹的指导意见》，提出省级统筹的基本原则是制度统一，分级管理；职责明晰，强化考核；统调结合，缺口分担；目标明确，分步实施。实行工伤保险省级统筹，要在全省实现五个"统一"——统一参保范围和参保对象，统一费率政策和缴费标准，统一工伤认定和劳动能力鉴定办法，统一待遇支付标准，统一经办流程和信息系统。在基金管理上，有条件的省份可以实行基金统收统支管理；不具备条件的也可以在省级建立调剂金，由市（地）按照一定的规则和比例上解到省级社保基金财政专户集中管理，用于调剂解决各市（地）工伤保险基金支出缺口。各地依托"金保工程"，整合现有资源，建立起支持省级统筹的信息系统，提供工伤认定、劳动能力鉴定申报、参保权益信息查询、经办管理等网上服务，支持工伤医疗费即时结算。

（7）规范工伤保险行政案件审理。随着《条例》的实施，工伤保险参保人数与日俱增，行政案件数量上升，而工伤认定标准比较模糊，"工作原因、工作时间和工作场所""因工外出期间""上下班途中"等政策边界问题往往在工伤认定中存在争议。根据《条例》及其他有关法律、行政法规规定，结合行政审判实际，最高人民法院审判委员会于 2014 年 4 月通过《关于审理工伤保险行政案件若干问题的规定》，细化了工伤认定中的实体问题，对多种救济机制之间的衔接作了具体安排，并就有关程序性规则予以分类说明，以妥善处理工伤保险行政纠纷，统一司法尺度。

第二节　失业保险的改革发展

我国失业保障工作起步于 1950 年失业救济，作为社会保险制度初建于 1986 年国营企业职工待业保险，成型于 1999 年颁布实施的《失业保险条例》。党的十八大提出"增强失业保险对促进就业的作用"，党的十八届三中全会强调"增强失业保险制度预防失业、促进就业功能"，党的十八届五中全会要求"完善就业失业统计指标体系"。这些部署为构建中国特色失业保险制度指明了方向，也是党的十八大之后几年失业保险工作的着力点。

一、支持企业稳定就业岗位

"十二五"期末，我国经济运行进入新常态的趋势明显，供给侧结构性改革提上了国家重要议程。在产业转型升级、淘汰落后产能过程中，企业兼并重组增加，一些企业也面临生产经营的暂时困难，裁员压力有所增大。回顾 2009 年至 2010 年应对国际金融危机的严重冲击，我国曾施行过社会保险援企稳岗的系列政策。现在，为维护就业局势和社会稳定，这些政策工具再次派上了用场，失业保险位列其中。

2014 年 11 月，人力资源社会保障部、财政部、国家发展改革委、工信部联合印发《关于失业保险支持企业稳定岗位有关问题的通知》，对在调整优化产业结构中兼并重组、化解产能过剩、淘汰落后产能的企业，采取措施不裁员或少裁员稳定职工队伍的，由失业保险基金给予稳岗补贴。核心的前提条件，一是相关地区失业保险基金滚存结余具备 1 年以上支付能力；二是申请稳岗补贴的企业依法参加失业保险并足额缴纳失业保险费且不裁员或裁员率低于统筹地区城镇登记失业率。补贴标准为不超过本企业及其职工上年度实际缴纳失业保险费的50%。主要用于职工生活补助、缴纳社会保险费、转岗培训、技能提升培训等相关支出。稳岗补贴政策执行到 2020 年底。这项政策比应对国际金融危机时有了新发展：一是把补贴范围从支付社会保险补贴和岗位补贴两项扩大为包括生活补助和技能提升补贴等四项；二是最高 50% 的限额借鉴了"退税"的形式，但因社保基金没有"退费"机制，采取了定向"返还"的方法；三是政策期限一定 5 年，比当初的 1 年政策期更有稳定性。

2015 年 4 月，《国务院关于进一步做好新形势下就业创业工作的意见》印发，要求进一步完善失业保险制度，充分发挥失业保险保生活、防失业、促就业的作用，特别提出加强对困难人员的就业援助，明确了三项政策：一是把失业保险基金支付社会保险补贴的范围，从不裁员或少裁员的 3 类企业（兼并重组、化解过剩产能、淘汰落后产能）扩大到对所有用人单位招用的就业困难人员和就业困难人员灵活就业；二是对通过市场渠道确实难以实现就业、通过公益性岗位予以托底安置的就业困难人员，也给予社会保险补贴及适当岗位补贴；三是将两项补贴的期限从 2008 年规定的最长不超过 6 个月延展到不超过 3 年，并对距退休年龄不足 5 年的人员可延长至退休。

2016 年，国务院又提出用好失业保险基金结余，增加稳就业资金规模。2017 年 4 月，国务院印发《关于做好当前和今后一段时期就业创业工作的意见》，与失业保险直接相关的政策有多项，其中具有创新意义的主要有：支持劳动者通过新兴业态实现多元化就业，与从业者签订劳动合同并参加职工社会保险的新兴业态企业，可按规定享受企业吸纳就业扶持政策；探索适应灵活就业人员的失业保险保障方式；完善职业培训补贴方式，对参加失业保险 3 年以上、当年取得职业资格证书或职业技能等级证书的企业职工，可从失业保险基金中列支技能提升补贴。此外，还专门对化解钢铁煤炭煤电行业过剩产能的企业提出稳妥安置职工的要求，在政策支持上，对不裁员或少裁员的企业，降低稳岗补贴门槛，提高稳岗补贴标准；在防范化解失业风险方面，省级政府对出现严重规模性失业风险的地区，可通过提高稳岗补贴标准、阶段性延长领取失业保险金期限、开展生活帮扶等措施化解。2015 年至 2017 年 9 月，全国共向近 64 万户企业发放稳岗补贴 424 亿元，惠及职工 7926 万人，激励企业承担稳定就业的社会责任，在我国经济转型升级、产业结构调整中发挥了稳定职工队伍的作用。

2017 年 9 月，人力资源社会保障部发布《关于实施失业保险援企稳岗"护航行动"的通知》，决定从 2018 年至 2020 年在全国实施失业保险援企稳岗"护航行动"，目标是实现支持企业稳定岗位政策对符合条件的统筹地区和符合申领条件的主体两个全覆盖；国家的支持政策和部门的专项行动，促进了各地加快落实稳岗补贴政策。

此外，落实中央"三去一降一补"决策部署，经国务院同意，自 2015 年起，连续三次阶段性降低失业保险费率，2015 年由 3% 降至 2%，

2016 年降至 1%～1.5%，2017 年降至 1%。三次降费累计为企业减负超过 1000 亿元，降低了企业成本，促进了实体经济发展，助推了供给侧结构性改革。

党的十八大以后五年，我国失业保险制度在确保失业人员基本生活基础上，预防失业的主动性功能愈益彰显。在我国经济转型升级、产业结构调整中，在应对国际经贸关系复杂变化中，援企稳岗政策助力稳定职工队伍、稳定社会、稳定人心，为经济结构调整提供了扎实保障。

二、支持参保职工技能培训

落实中央有关"增强失业保险制度预防失业、促进就业功能"的要求，国务院于 2017 年 4 月印发《关于做好当前和今后一段时期就业创业工作的意见》，提出完善职业培训补贴方式，对参加失业保险 3 年以上、当年取得职业资格证书或职业技能等级证书的企业职工，可从失业保险基金中列支技能提升补贴。同年 5 月，人力资源社会保障部、财政部印发《关于失业保险支持参保职工提升职业技能有关问题的通知》，确定自 2017 年 1 月起，对参加失业保险累计缴费 3 年及以上，取得初级、中级、高级职业资格或职业技能等级证书的企业职工，可按初级工 1000 元、中级工 1500 元、高级工 2000 元的标准上限申领补贴；所需资金从失业保险基金技能提升补贴科目中列支。

这是失业保险融入积极的就业政策体系的一个新突破：2009～2010 年应对国际金融危机施行的"在岗培训补贴"项目，主要针对当时受金融危机影响的困难企业，所需资金在企业职工教育经费中列支，不足部分由就业专项资金予以适当支持；而"技能提升补贴"政策则是面向所有符合条件的企业职工，资金也由失业保险基金列支。至党的十九大召开前，已有 10 多万职工享受到这项政策。随着政策的实施到位，将有更多企业职工被纳入补贴范围，不仅有助于激励职工提升自身技能，增强就业稳定性，从而降低失业风险，缓解就业结构性矛盾，而且有助于加大人力资源开发力度，配合国家人才强国战略的实施，为振兴实体经济和制造业发展提供人力资源支撑。

三、提高失业保障水平

《失业保险条例》施行以来，各省级政府依据法规授权，按照低于当地最低工资标准、高于城市居民低保标准的水平确定失业保险金标准；国家还统一扩大了失业保险基金的待遇支付项目。为均衡各地标准，随经济社会发展适当提高失业保障水平，2017 年 9 月，人力资源社会保障部、财政部提出指导意见，要求各省份在确保基金可持续前提下，逐步将失业保险金标准提高到最低工资标准的 90%。2012 年，全国领取失业保险金人员人均月水平为 707 元，2017 年提高到 1111 元。

党的十八大之后五年，一系列发放价格临时补贴保障基本生活的措施陆续出台。2014 年，国家发展改革委、民政部、财政部、人力资源社会保障部、国家统计局联合印发通知，确定了"挂钩联动"的具体政策：一是启动调整相关保障标准的临界条件，为居民消费价格指数同比涨幅连续 3 个月超过 3%～4%，或该指数中粮食价格同比涨幅连续 3 个月超过 10%；二是确定"挂钩联动"价格临时补贴标准的层级，最低标准在全省范围内统一设定，具体标准以省级或地市级为单位统一确定；三是价格临时补贴的实施频率和方法是按月计算、按季发放。2016 年，上述五部门印发《国家发展改革委等部门关于进一步完善社会救助和保障标准与物价上涨挂钩联动机制的通知》，对"挂钩联动"机制作了三方面完善：一是将保障对象明确为享受国家定期抚恤补助的优抚对象、城乡低保对象、特困人员、领取失业保险金人员，各地可根据实际适当扩大保障范围；二是调整优化启动条件，规定居民消费价格指数（CPI）单月同比涨幅达到 3.5% 或 CPI 中的食品价格单月同比涨幅达到 6% 时即启动联动机制，降低了启动"门槛"；三是提高补贴发放的时效性，将原来规定的价格临时补贴按月计算、按季发放改为按月测算、按月发放，更利于生活困难群众及时得到必要援助。文件明确：对领取失业保险金人员发放的价格临时补贴从失业保险基金列支。

表 7 -2 反映出，党的十八大之后五年，失业保险参保人数增长超过
20%，覆盖面继续扩大；年末享受失业保险待遇人数维持在 200 万～230
万人，全年领取失业保险金人数维持在 400 万～500 万人，印证了就业形
势基本稳定；基金收入在 2014 年达到顶峰，之后逐年微降，2017 年与
2012 年基本持平，是连续下调费率的政策效应；而基金支出增长 1 倍，
表明失业保险待遇项目增加和水平稳步提高；基金累计结存也近翻倍，
说明还可以更大力度地支持稳定就业和鼓励创业。

表 7 -2　　　　　　　2012～2017 年失业保险制度发展情况

年份	参保人数 （万人）	年底享受人数 （万人）	全年享受人数 （万人）	人均 （元/月）	基金收入 （亿元）	基金支出 （亿元）	累计结存 （亿元）
2012	15225	204	390	707	1139	451	2929
2013	16417	197	417	767	1289	532	3686
2014	17043	207	422	852	1380	615	4451
2015	17326	227	457	960	1368	736	5083
2016	18089	230	484	1051	1229	976	5333
2017	18784	220	458	1111	1113	894	5552

资料来源：中华人民共和国人力资源和社会保障部 . 中国的社会保障［M］. 北京：中国劳
动社会保障出版社，2019.

第三节　社会救助和社会优抚的改革发展

一、建立统一的社会救助制度

2014 年 2 月，国务院颁布《社会救助暂行办法》，自当年 5 月 1 日起
施行。这是个综合性的行政法规，包括已经实施的最低生活保障、特困
人员供养、受灾人员救助、医疗救助、教育救助、住房救助、就业救助、
临时救助 8 大类救助制度，统一规定了基本原则、运行体制、资金管理
监督、信息系统建设和法律责任，分别规定了各项制度的适用群体、申

请条件、管理责权和待遇项目。

追根溯源，我国有关社会救助的最早法规，也是最具代表性的，是 1982 年 5 月国务院颁布的《城市流浪乞讨人员收容遣送办法》，规定在城市和交通要道设立收容遣送站，对家居农村流入城市乞讨、城市居民中流浪街头乞讨等生活无着的人员予以收容、遣送，当时的出发点是救济、教育和安置城市流浪乞讨人员，以维护城市社会秩序和安定团结。但后来，收容遣送对象被扩大到不能提供身份证、暂住证、务工证或"三证"不全的外来人员，使这一制度"救济、教育和安置流浪乞讨人员"的目的逐渐淡化，在一些地方成为限制城市外来人口流动的一种方法，甚至出现了违法收容遣送的现象。2003 年，国务院颁布《城市生活无着的流浪乞讨人员救助管理办法》，于 2003 年 8 月 1 日起施行，同时废除实行了 21 年的《城市流浪乞讨人员收容遣送办法》，将制度的重点由"遣送"转为"救助"。在此前后，受灾人员救助制度逐步规范，农村五保供养发展为特困人员供养制度，相继建立了城市和农村的最低生活保障制度，医疗、教育、住房、就业救助制度也陆续建立，客观上需要把各项救助制度进行整合，促进协调、规范运行。

实际上，有关部门在 2007 年就拟定了《社会救助暂行办法》，但由于社会救助体系涵盖十分广泛，当时各项制度范围、管理体制、程序、标准及相互关系等立法要件还不够清晰，各方认识也有诸多不一致，几次制定综合法规的努力都无功而返。党的十八大提出"完善社会救助体系"，国务院应对保障民生"兜底线"的急切需求，果断出台这项综合性救助法规，但鉴于还有不少政策需要通过实践检验和完善，因而作为"暂行"办法。法规实施后，推动各项社会救助制度，尤其是城乡低保、特困人员救助供养制度等获得长足发展。

如表 7－3 所示，2017 年城乡居民享受低保待遇的总数 5306 万人，比 2012 年减少 2183 万人，特别是农村减少 1300 万人，印证了脱贫攻坚的效果；但同期城乡低保待遇标准分别提高了 63.6% 和 108.0%。表 7－4 也反映出，农村五保（特困统一救助）供养人数有所减少但资金增长，表明供养待遇水平逐步提高。

表7-3　　　　　　2012～2017年城乡低保制度发展情况

年份	城市低保				农村低保			
	享受户数（万户）	享受人数（万人）	使用资金（亿元）	标准（元/人·月）	享受户数（万户）	享受人数（万人）	使用资金（亿元）	标准（元/人·年）
2012	1115	2144	674	330	2815	5345	718	2068
2013	1097	2064	757	373	2931	5388	867	2434
2014	1026	1877	722	411	2944	5207	870	2777
2015	957	1701	719	451	2846	4904	932	3178
2016	855	1480	688	495	2635	4587	1015	3744
2017	742	1261	641	540	2249	4045	1052	4301

资料来源：相关年份《人力资源和社会保障事业发展统计公报》。

表7-4　　　　　2012～2017年农村特困人员五保供养发展情况

年份	农村五保（特困人员救助供养）	
	享受人数（万人）	使用资金（亿元）
2012	546	145
2013	537	172
2014	529	190
2015	517	210
2016	497	229
2017	467	269

资料来源：相关年份《人力资源和社会保障事业发展统计公报》。

二、全面开展重特大疾病医疗救助工作

医疗救助制度于2003年开始推行，2008年在全国实现全面建制。2012年民政部会同卫计委、人力资源社会保障部、财政部等部门在14个省份、273个市县开展了重特大疾病医疗救助试点，各地积极探索，积累了一些好的经验。

落实党的十八届三中全会"加快健全重特大疾病医疗保险和救助制度"的部署，2015年4月，国务院办公厅转发了民政部、财政部、人力

资源社会保障部、卫生计生委、保监会等部门联合印发的《关于进一步完善医疗救助制度 全面开展重特大疾病医疗救助工作的意见》。这个文件是对实践中探索成功经验的深化固化，是医疗救助制度的重要顶层设计，填补了我国社会救助制度体系的一个缺项，有五大亮点：一是要求城市医疗救助制度和农村医疗救助制度于 2015 年底前合并实施，实现城乡困难群众在医疗救助方面的权利公平、机会公平、规则公平和待遇公平；二是救助对象进一步扩大范围，除了把最低生活保障家庭成员和特困供养人员作为重点救助对象，还要逐步将低收入家庭的老年人、未成年人、重度残疾人和重病患者等困难群众以及县级以上人民政府规定的其他特殊困难人员纳入救助范围，并积极探索对发生高额医疗费用、超过家庭承受能力、基本生活出现严重困难家庭中的重病患者实施救助；三是加大力度，要求在 2015 年底之前全面推开重特大疾病医疗救助；四是随着大病医疗救助的全面推进，在用药范围、定点医疗机构、诊疗服务项目等方面和过去相比会有进一步拓展；五是提高救助水平，通过基本医疗保险、城乡居民大病保险等各类保险发挥作用，以及对重特大疾病医疗救助进行兜底，按照规定的相应报销比例推算，如果政策落实到位，2015 年底生活困难的大病救助家庭在政策范围内的报销比例可达 96%。

党的十八大之后五年，国家对医疗保障事业高度重视，财政对医疗救助的投入逐年增加。中央财政持续下达城乡医疗救助补助资金，支持各地进一步完善城乡医疗救助制度、全面开展重特大疾病医疗救助工作，对完善城乡医疗救助、减轻困难群众医疗负担发挥了重要作用。表 7－5显示，医疗救助资金对居民参保参合资助人数在 2014 年和 2015 年达到高峰，之后回落，而直接救助住院及门诊费用的人数增加，与居民大病保险的普遍推行紧密相关。但同时要看到，城乡医疗救助筹资机制尚不完善，没有建立起稳定、规范、多渠道筹资机制，主要表现在筹资主要依靠政府投入，社会捐赠没有发挥应有作用。有必要进一步调动社会力量积极参与，形成政府主导、社会参与、各方面救助资源有机衔接的良好局面，积极构筑保障困难群众基本医疗权益的安全网。

表 7 – 5 　　　　　　　　2012～2017 年城乡医疗救助实施情况

年份	城乡医疗救助		
	资助参保参合（万人）	直接救助（万人）	资金支出（亿元）
2012	5878	2174	203.8
2013	6359	2126	224.9
2014	6724	2395	252.6
2015	6635	2889	298.5
2016	5560	2696	296.1
2017	5621	3517	339.8

资料来源：《社会服务发展统计公报》（2012～2017 年）。

三、保障退役军人社会保险权益

配合《中华人民共和国社会保险法》（2011 年 7 月）和《中华人民共和国军人保险法》（2012 年 7 月）的施行，《人力资源社会保障部　财政部　总参谋部　总政治部　总后勤部关于退役军人失业保险有关问题的通知》印发，维护退役军人失业保险权益；2015 年 9 月，又发布《关于军人退役基本养老保险关系转移接续有关问题的通知》《关于军人职业年金转移接续有关问题的通知》，就军人退役基本养老保险和职业年金转移接续有关问题作出具体安排。

2014 年 12 月，军人保险关系转移系统正式上线运行，标志着军人退役养老保险关系转移接续实现电子化、网络化，社会保险经办能力进一步提升，意味着退役军人养老保险关系接续更加顺畅。军人保险关系转移系统的启动惠及每年退役的数十万官兵，为保障退役军人社会保险权益、维护军人切身利益等提供有力保障。

党的十八大以后五年，各项社会保障制度的协同发展，使我国社会保障体系的大厦愈加宏伟，内容愈加丰富，人民群众的安全网愈加细密牢靠。

第八章

2012~2017 年社会保障领域
改革发展的综合举措

第一节　制定实施全民参保计划

党的十八大围绕全面建成小康社会的目标提出"社会保障全民覆盖",要求坚持全覆盖、保基本、多层次、可持续方针,以增强公平性、适应流动性、保证可持续性为重点,全面建成覆盖城乡居民的社会保障体系。党的十八届三中全会对全面深化改革作出部署,明确要求"扩大参保缴费覆盖面"。

人力资源社会保障部根据中央部署,对社会保险的发展状况进行全面分析,形成三点认识。第一,关于"全覆盖"的意义。没有量变就没有质变,实现各项社保制度对规定群体的全面覆盖、提高可及性是增强其公平性的前提,是适应流动性的基础,也是保证可持续性的基本条件之一,因而要作为首要任务加大推进力度。第二,关于扩面的重点领域和路径。在各项社保制度中,工伤、失业、生育三项保险法定覆盖群体是单位职工,要分别通过实施以促进高风险行业农民工参保的"同舟计划"、落实和拓展援企稳岗政策、与职工基本医保制度合并实施等途径扩大覆盖面;基本医保已经实现全民覆盖,重点在于统筹城乡管理,提升运行质量;面向职工和城乡居民的养老保险制度已经全面建立,参保人数在 2013 年底已达 8.2 亿人,但距离全面覆盖的目标至少还有 2 亿人的差距，因而应作为落实中央要求的重点领域。第三，关于养老保险扩面的重点群体。养老保险覆盖的"空白区"较大，重要原因之一是城乡流动就业和城镇灵活就业等不稳定群体的参保率低，尤其是其中的年轻群体参保意愿不强，而社保部门对这一流动性问题的底数也不清，抓"扩面"缺乏着力点。因此，应以《中华人民共和国社会保险法》规定的参保登记为抓手，全面摸清应参保资源，建立完整的数据库，对照已参保数据，采取针对性措施，并在此基础上建立地区间协同解决跨城乡、跨地区流动人员持续参保的工作机制。

基于这些认识，2014年5月，《人力资源社会保障部关于实施"全民参保登记计划"的通知》确定50个城市为首批试点地区，开展城乡五项基本社会保险的登记，核查比对相关基本信息，建立全面、完整、准确的社会保险业务基础数据库，形成每个人唯一的社保标识，并实现全国联网和实时更新，从而推进职工和城乡居民全面、持续参保。计划以养老保险为重点，目标是覆盖全体职工和适龄城乡居民，每年新增参保2000万人，到2017年底达到9亿人以上，参保率达90%。对基本医保提出的要求是，重点解决重复参保和漏保并存的问题。对工伤、失业、生育保险，也提出了2017年底分别达到参保2.3亿人、1.8亿人和2亿人的目标要求。为此，一方面，制发《全民参保登记经办规程（试行）》，统一全民参保登记表、个人基础信息汇总表和工作流程；另一方面，结合金保工程，专门建设全民参保登记信息系统，要求2015年底前完成省级系统建设工作，2017年底前实现对参加全民参保登记地区的数据全覆盖。

"全民参保登记计划"既是一道动员令，又包括了数量指标、重点环节、工作手段、协同配合、管理创新、技术支持等一整套方法，但能不能取得实效，还要经过实践检验。按照成熟的工作经验，计划的施行还是从试点做起，浙江成为先行者。2014年9月，浙江省人力资源和社会保障厅印发《浙江省"全民参保登记计划"实施方案》，开发了全省统一的全民参保登记信息系统，拍摄了全民参保登记公益宣传片，印制了宣传海报，通过政务平台编辑咨询短信发送到广大手机用户。通过数据库自动生成和比对信息、重点群体入户调查等方式，浙江在 2014 年对本省户籍人群的登记率达到 50%，2015 年完成了全部调查登记工作，对未参保人员的基本信息及未参保原因有了实时、动态、精准的掌握，在此基础上开展了针对性的组织参保工作。

2015 年 10 月底，党的十八届五中全会通过《中共中央关于制定国民经济和社会发展第十三个五年规划的建议》，明确提出"实施全民参保计划，基本实现法定人员全覆盖"，把部门的专项工作行动提升到党和国家决策部署的层面。据此，人力资源社会保障部将计划名称调整为"全民参保计划"，把"登记"作为实施计划的前提和重要基础，于 2016 年扩大了试点。到 2016 年底，有 23 个省级地区全面启动了计划的参保登记工作，对跨地区流动重复参保的信息作了归并；对未参保群体分别进行组织动员工作——属于法定强制参保的单位和职工依法办理登记，对属于自愿参保的对象，也通过登记了解了未参保原因和难处，为日后加强引导奠定了基础。

2017 年 3 月，在总结各地试点经验基础上，人力资源社会保障部印发《人力资源和社会保障部办公厅关于全面实施全民参保登记工作的通知》（以下简称《通知》），吹响了在全国范围全面推进"全民参保计划"的号角。《通知》要求：2017 年所有省份都要在全省范围内全面启动全民参保登记工作，年底前全面完成辖区内全部目标人群的登记工作，基本实现参保登记数据省级集中管理，为建立国家级全民参保登记信息库，完成各省登记数据联网入库做好准备。为此，建立了双月调度制度，指导各地加快登记数据的入库进度。

2014～2017 年，各地各级社会保险部门以全民参保登记工作为核心，紧紧把握时间节点，克服诸多困难，多措并举，进行了广泛的社会宣传动员，加速整合系统内外资源，开展了比较彻底的数据比对、入户调查和清理入库工作。2017 年底，全国所有省份基本完成了登记任务，省级登记数据库全部建立，并实现与国家库对接，国家库已有 13.3 亿人的基础信息，为全面实施"全民参保计划"奠定了坚实基础。2017 年底，全国参加基本养老保险人数达 9.15 亿人，比 2012 年底增加 1.28 亿人；职工和城乡居民基本医疗保险覆盖率保持在 95% 以上，巩固了全民医保成果；五年中，工伤、失业、生育保险的参保人数也大幅增长，2017 年底分别达到 2.27 亿人、1.88 亿人、1.93 亿人，① 基本实现 2014 年制定"全民参保登记计划"时提出的目标。

第二节　加强社会保险基金监管

社会保险基金是重要的社会公共基金，基金安全是社会保障制度健康运行的重要保证，关系人民群众的切身利益和社会和谐稳定。党的十八大要求"确保基金安全和保值增值"。其后五年，社会保险基金监管工作在完善法律和司法程序、加强行政执法、推进社会监督等方面取得明显进展，初步构建起全方位的基金安全监管体系。

一、强化法律威慑

2014 年 4 月，全国人大常委会公布《关于〈中华人民共和国刑法〉第二百六十六条的解释》，明确"以欺诈、伪造证明材料或者其他手段骗取养老、医疗、工伤、失业、生育等社会保险金或者其他社会保障待遇的，属于刑法第二百六十六条规定的诈骗公私财物的行为"。将欺诈社会保险金纳入刑法定罪范围，为打击和震慑社会保险领域违法犯罪行为提供了有力的法律武器。

2015 年 2 月，人力资源社会保障部、公安部印发《关于加强社会保险欺诈案件查处和移送工作的通知》，落实全国人大常委会对刑法第二百六十六条的解释，明确了社会保险欺诈行为的查处职责、移送程序、衔

---

① 人力资源和社会保障部. 2017 年度人力资源和社会保障事业发展统计公报［EB/OL］.（2018 - 05 - 21）. https://www.mohrss.gov.cn/SYrlzyhshbzb/zwgk/szrs/tjgb/201805/t20180521_294287.html.

接机制和工作要求。同年 11 月，《中华人民共和国刑法修正案（九）》施行，第二百八十条和第二百八十条之一两条条款针对伪造、变造、买卖、盗用社会保障卡等依法可以用于证明身份证件的行为，规定了刑罚。

2016 年 2 月和 4 月，人力资源社会保障部办公厅先后印发《关于加强与公安机关协作配合严厉打击社会保险欺诈犯罪的通知》和《社会保险欺诈案件管理办法》，进一步加强与公安机关的协作配合，健全基金监督行政执法与刑事司法有效衔接机制，提高对社会保险欺诈的发现、查处和防范水平；加强社会保险欺诈案件管理，规范执法办案行为，提高案件查办质量和效率。

2017 年 7 月，最高人民检察院公告一项批复，确认"养老、医疗、工伤、失业、生育等社会保险基金可以认定为《最高人民法院 最高人民检察院关于办理贪污贿赂刑事案件适用法律若干问题的解释》第一条第二款第一项规定的'特定款物'"。2017 年 8 月，《人力资源社会保障部办公厅关于贯彻落实贪污社会保险基金属于刑法贪污罪中较重情节规定的通知》进一步明确：贪污社会保险基金属于刑法第三百八十三条第一款规定的"其他较重情节"，贪污社会保险基金数额在一万元以上不满三万元的，依法判处三年以下有期徒刑或者拘役，并处罚金。这一举措把贪污社会保险基金作为刑法规定的"较重情节"，降低了贪污社会保险基金行为的入刑门槛，加大了对贪污社会保险基金犯罪行为的惩治力度，对保障社会保险基金安全、维护参保人权益具有重要意义。

二、严格行政监督

2014 年 9 月，《人力资源社会保障部办公厅关于开展社会保险基金安全评估试点的通知》发布，提出加强对基金安全状况的监测，增强政策制定、经办管理和基金监督的预见性和针对性，更好地防范和化解基金风险，提高监管效能。河北、江苏、山东、广东、贵州、云南、甘肃 7 省部分地区和重庆九龙坡区被列为部级试点地区，可先行将企业职工基本养老保险基金、城镇职工基本医疗保险基金、失业保险基金、工伤保险基金作为评估对象，有条件的地区可以将其他社会保险基金纳入评估范围。试点评估内容包括两个方面：一是基金运行状况，主要评估基金支撑能力和资产管理质量；二是基金风险管控状况，主要评估经办机构内部控制情况和期内基金违法违规情况等。设立安全评估试点旨在进一步加强对基金安全状况的监测，增强政策制定、经办管理和基金监督的预见性和针对性，更好地防范和化解基金风险，提高监管效能。试点地区在健全机制、规范流程、发挥评估效能作用、改进基金监管方式方法等方面创新开展工作，积累了经验，为全面推开奠定了实践基础。

经中央编委办公室批准人力资源社会保障部社会保险基金监督司于2016年4月更名为社会保险基金监管局，被赋予独立对外行使社会保障基金监督的行政权，根据社保制度改革发展和基金安全监管的新需要，补充了监管职能，增设了专门机构，充实了编制定员。2017年8月，财政部、人力资源社会保障部、国家卫生计生委印发《社会保险基金财务制度》，修订1999年制定的相关制度，将原来分散的多项社保基金财务制度合并为一，进一步规范社会保险基金财务管理行为，加强基金收支的监督管理。

三、推动社会监督

2012年12月，《人力资源社会保障部关于开展社会保险基金社会监督试点的意见》发布，落实党的十八大提出的"确保基金安全"和"坚持用制度管权管事管人，保障人民的知情权、参与权、表达权、监督权"的要求，在依法强化社会保险基金行政监督的同时，进一步加强社会的直接监督。试点的主要任务是：鼓励和支持社会各方面积极参与社会保险基金监督工作，使这项重要的公共基金"在阳光下运行"，探索和完善社会保险基金社会监督办法，推进建立行政监督与社会监督相结合的有效机制。通过开展社会监督，总结社会保险基金管理经验，发现存在问题，促进完善政策，加强基础管理，更好地维护基金安全，保证社会保险制度平稳健康可持续发展。

2013 年，吉林、福建、河南、广东、贵州、新疆 6 个省（区）的 17 个市（州）开展了这些试点，引导社会各方面积极规范有序地参与社会保险基金监督工作。各试点地区通过加强信息披露、搭建监督平台、创新决策机制、建立社会监督员队伍、完善监督委员会制度，进一步保障了公众知情权，畅通了公众表达渠道，提高了公众参与度，健全了多元监督体系，形成了监督合力；同时，通过严肃查处违规行为，提高了社会监督的实效性。2014 年，扩大了试点范围，吉林、江苏、浙江、江西、湖北、湖南、重庆 7 省（市）的 19 市（县）被列为第二批试点地区，并以进一步扩大监督内容、健全监督方式、注重建章立制作为主要工作方向，构建多层次网络，大力推进社会监督，形成主体监督、功能监督和社会监督相结合的基金监督架构。

四、开展专项检查

党的十八大之后五年，人力资源社会保障部为确保各项社会保险基金的安全完整，不断完善监管制度、全面防控风险。同时，每年选择 1～2 个重点领域开展专项检查，发现问题及时整改，并从中总结经验，健全监督机制，促进基金规范管理。

2012 年 12 月，人力资源社会保障部印发《社会保险工作人员纪律规定》，加强党风廉政建设，规范和制约权力运行，预防和遏制职务犯罪。同年，针对 2011 年起施行的《工伤保险条例》，集中开展工伤保险基金检查，围绕参保登记、工伤医疗及康复服务、待遇审核、常规待遇和专项费用支付、财务管理、信息管理、稽核监督、权益记录、档案管理等环节，检查工伤保险基金管理和使用情况。

2013 年，人力资源社会保障部组织编写了《社会保险工作人员职务犯罪案件警示录》，刊印发送全国社保系统，发挥以案释法、提示警戒效果。同年，基于上年新农保、城居保制度在全国普及的进程，组织开展城乡居民养老保险基金专项检查，重点核查基金的筹集、管理和使用情况，查找安全隐患，查处违法违规问题，从规范基金管理使用的角度，为建立统一的城乡居民基本养老保险制度夯实了一定基础。

2014年，鉴于各级财政对社保基金补助资金已接近4000亿元的规模，组织开展社会保险财政补助资金专项检查，重点核查财政补助资金的分配、使用、管理情况，对影响基金安全的风险点进行排查。

2015年，针对刚刚启动实行的机关事业单位养老保险制度改革，组织开展专项检查，重点检查有关省份原来自行改革机关事业单位养老保险试点的制度建设和基金征缴、管理、支付情况，推动各地机关事业单位按统一政策改革养老保险制度。

2016年，组织开展企业职工退休审核审批专项检查，重点检查2014～2015年实际工作情况，规范企业职工退休审核审批工作，维护养老保险基金安全和职工退休合法权益。

2017年，组织开展城乡居民养老保险经办机构内部控制专项检查。聚焦组织机构控制、业务运行控制、基金财务控制、信息系统控制、内部控制管理与监督五个方面，查找内部控制薄弱环节和经办管理存在的问题，指导推动各地建立健全经办机构内部控制机制，强化内部监督制约和风险防控，增强经办管理实效。人力资源社会保障部对内蒙古、辽宁、湖南、陕西、青海5省（区）进行直查。同年，还组织开展了养老保险死亡冒领、重复领取、提前退休和一次性补缴四项指标数据的专项核查，发现问题，督促整改。

面对社保事业高质量可持续发展的目标任务，要持续完善基金监管体系、提升监管效能，特别是进一步加强全体社保工作人员的廉政教育和内控机制建设，更充分运用信息化手段实行严密高效的基金运行管理与监督，更广泛地组织动员社会力量实际参与社保基金安全监督。

党的十八大之后五年，社会保险基金规模持续扩大，2017年，仅五项社会保险基金的收入、支出和结存总额就达到6.7万亿元、5.7万亿元和7.7万亿元，分别比2012年底增长1.18倍、1.45倍和1.03倍，① 确

---

① 人力资源和社会保障部. 2017年度人力资源和社会保障事业发展统计公报［EB/OL］.（2018－05－21）. https://www.mohrss.gov.cn/SYrlzyhshbzb/zwgk/szrs/tjgb/201805/t20180521_294287.html.

保基金安全的责任更重。这一期间，经过立法、行政、司法和社会各界共同努力，推动社保基金监管制度建设取得新成效，专业化队伍得到加强，监管方式更加多样，实践经验更加丰富。但维护社保基金安全一刻也不能松懈，加强监管永无止境。

第三节　推进社会保险经办管理标准化信息化建设

党的十八大要求"健全社会保障经办管理体制，建立更加便民快捷的服务体系"。按照这一部署，其后五年，我国社会保障经办管理以标准化、信息化为两大突破口和着力点，加大了完善力度，健全了工作规范，提升了公共服务品质。

一、构建社会保险标准体系

党的十八大之前，社会保险经办管理标准化的工作已经启动，颁布了《社会保险服务总则》《社会保障服务中心设施设备要求》《企业年金基金数据交换规范》等国家标准，但总体看是零星的，没有形成体系。2012 年 6 月，国务院批转印发《社会保障"十二五"规划纲要》，确定实施社会保险标准化工程，提出坚持以人为本、急用先立、上下联动、试点先行的基本工作原则，规划到 2015 年基本建立起结构合理、层次分明、重点突出、科学适用的社会保险国家标准体系，以标准化手段提升社会保险经办管理服务能力。同年，人力资源社会保障部制发《人力资源和社会保障标准化规划（2011—2015 年)》，对包括社会保险在内的人社领域标准化工作作出具体部署。

党的十八大后，社会保险标准化建设进入高潮期。2013～2015 年，陆续颁布施行了《劳动能力鉴定职工工伤与职业病致残等级》《社会保险术语》《社会保险业务档案管理规范》等 7 个国家标准和《社会保险视觉识别系统》行业标准。

为做好国家、行业标准的贯彻落实，2014年10月，人力资源社会保障部与重庆市政府决定共建中国社会保险公共服务标准化示范基地，为全国社保服务标准化建设工作提供前瞻性、领先性的经验；2015年7月，人力资源社会保障部印发《关于推进社会保险标准贯彻实施工作的意见》，提出了社保标准化宣传贯彻的近期和中期布局目标；2015年，人力资源社会保障部组织开展社会保险标准化"先行城市"建设活动，要求先行城市贯彻实施的标准不少于18项，健全标准化管理服务网络、培养标准化专业人才、打造社保服务标准化品牌。

2015年底，国务院办公厅印发《国家标准化体系建设发展规划（2016—2020年）》，落实国务院印发的《深化标准化工作改革方案》，确定了"十三五"期间各领域标准化的重点，其中对社会保险领域提出制修订："机关事业单位养老保险经办、待遇审核、服务规范、社会保险风险防控、医保经办、工伤康复经办等领域的标准，提高社会保障服务和管理的规范化、信息化、专业化水平。"2017年11月，全国人大常委会通过了修订后的《中华人民共和国标准化法》，从2018年开始施行。这两大顶层推进，为社会保险标准化工作的突飞猛进创造了良好条件。

2016年，人力资源社会保障部组织开展了第二批社会保险标准化"先行城市"建设活动，先后有56个城市通过验收，发挥了促进社保服务标准化区域中心的带动作用。2017年1月，由人力资源社会保障部、国家发展改革委、财政部、民政部、全国总工会、社科院及地方经办机构代表组成第二届全国社会保险标准化技术委员会，成为统筹指导社保标准化工作的重要平台，人力资源社会保障部社保中心承担社保标委会秘书处的协调组织职责。

党的十八大之后五年，社保服务标准化取得了两项显著的成效：一是《社会保险视觉识别系统》的普遍实施，形象符号、色彩、规格等标准不仅应用于社保机构服务大厅内外的装饰，而且广泛应用于各类装置、设施、文函以及网站、移动通信客户端等虚拟空间，使社会保险从此有了全国统一的立体化社会标识；二是《社会保险业务档案管理规范》的贯彻落实，各级社保经办机构普遍按国家标准建设了档案管理场所、配备了装置，并向电子化方向推进，明显提高了社保档案管理水平和使用服务效率，受到国家档案主管机关的充分肯定。社会保险标准化建设紧紧围绕社会保障制度改革和事业发展大局，持续推进，稳步发展，在推动经办规范化、优化社会保险服务等方面发挥了基础性、推动性、引领性作用。

新时代新征程，与时俱进地制定、修订、宣传、贯彻社会保险标准，使体系更加完备、执行更加规范，是社会保障高质量发展的标志之一。

二、启动全民社会保障信息化工程

（1）实施"金保工程"二期。2012 年 6 月，电子政务社会保障工程社会保险信息系统分工程（"金保工程"）一期刚通过竣工验收，2012 年 7 月就紧接着启动了二期工程的立项研究工作，并被列为国家政务信息化工程建设重大项目，由人力资源社会保障部及地方人社部门牵头、民政和卫生健康部门参与共同建设。这一时期，云计算、大数据应用、人工智能技术形成热潮，中央提出推进"互联网＋"公共服务和社会管理的要求，使"金保工程"二期建设思路提升到新的高度。经过几年的需求调研和分析论证，2015 年 4 月，全民社会保障信息化工程（即"金保工程"二期）获批全国整体立项，共建设 9 大系统 28 个子系统，目标是在一期建设基础上实现人力资源和社会保障信息化水平的进一步提升：一是在网络建设方面，依托国家基础信息资源和电子政务网络，实现人力资源社会保障部与省级相关部门，以及与民政、卫生计生等民生相关部门的互联互通和信息共享；二是在信息资源采集方面，构建统一规范的人社基础信息资源库，与国家人口库、法人库等开展信息共享；三是在信息利用方面，统筹开展人社各业务板块应用系统建设，实现各业务板块在统一的信息化平台上开展工作。这样布局，可以有效提升跨业务协同、跨省区协作、跨层级监管的全国一体化管理服务水平，使信息化与人社工作深度融合，跟上时代前进步伐，满足人民群众的需求。至 2017 年党的十九大召开时，"金保工程"二期项目建设已全面实施，进展顺利，在部本级和一些地方已经初见成效。

（2）12333 咨询服务电话形成网络。人社部门的电话咨询服务最先由部分城市率先提供，后来全国统一号码为"12333"，主要为公众提供政策咨询、信息查询、信息公开、业务办理和投诉举报等服务，成为人社部门直接联系群众的桥梁纽带、提供公共服务的重要窗口。党的十八大以后五年，12333 电话咨询服务取得新发展。在每年 3 月 30 日"12333 全国统一咨询日"，各地按照人力资源社会保障部确定的当年主题，同步开展宣传、咨询、展示、体验活动，回应社会关切。2016 年 3 月，"12333 电话咨询服务"列入国家"十三五"规划基本公共服务目录；2017 年 1 月，又列入国家"十三五"推进基本公共服务均等化规划。到 2017 年，全国所有地市都开通了 12333 电话咨询服务，年话务量增至 1.1 亿次；并随电子信息化的发展开通了全国统一的"掌上 12333"移动应用，覆盖 84 个地市，部级短信平台全年推送短信 319 万条。

（3）开展"互联网＋人社"2020 行动计划。大数据、"互联网＋"时代，信息化的突出特征是不仅支持既有管理服务的效率提升，更激发新的理念、探索新的路径、开发新的工具。2016 年 11 月，人力资源社会保障部印发《"互联网＋人社"2020 行动计划》，旨在深度挖掘人社工作与互联网融合发展潜力，开创管理服务的新模式，打造开放包容的新形态，形成推动人社事业进步的新动力，并按照试点示范、逐步推广的模式分阶段推进"互联网＋人社"建设。该计划分为基础能力提升、管理服务创新、社会协作发展 3 类子行动，包括 48 个行动主题，涉及社会保障、社会保障卡的相关主题共 19 个。作为落实该计划的实践行动之一，2017 年 6 月至 10 月，中国社会保险学会联合有关机构共同举办了"社保数据创新应用大赛"，首次通过互联网平台向社会征询社会保险业务解决方案，首次把整批量社保原始数据推送给社会来研究机器学习能力。大赛历时 3 个多月，全国共有 1601 人组成的 1335 支队伍参赛，平均年龄只有 20 多岁，而提出的各种设想颇有创意和启发。这是社会保障领域融合公共资源与社会资源、汇集"众智"来办众人之事的一次大胆尝试。

专栏 8-1

全国社会保险大数据创新应用大赛

大赛主题是"汇智社保，助力'互联网＋人社'"，分为两个专题。专题竞赛活动一："助力'互联网＋人社'行动"，该专题为开放性赛题，选取"互联网＋人社"行动计划中 10 个侧重于业务创新的行动主题，要求参赛者提出切实可行的实施方案，主要是社会各界拓展思路，研究业务创新的实践路径；专题竞赛活动二："基本医疗保险医疗服务智能监控"，规定参赛者针对指定的违规行为提出大数据算法，旨在推动机器学习技术在医保监控领域的应用，提升智能监控能力。

大赛于 2017 年 6 月 22 日启动，9 月底完成了初赛、复赛、决赛等所有活动，10 月 12 日确定了各项目 15 个优胜者（队）。

资料来源：胡晓义. 新中国社会保障发展史 [M]. 北京：中国劳动社会保障出版社，2019.

三、普及社保卡的应用

2013 年 2 月，国务院批转国家发展改革委、财政部、人力资源社会保障部《关于深化收入分配制度改革若干意见》，明确提出"实行全国统一的社会保障卡制度"。社会保障卡是目前全国唯一冠以"中华人民共和国"字头并印有国徽的民生服务卡，是首个加载金融功能的民生服务卡，是全国发行、使用人数最多且信息活跃度极高的卡，其所承载的使命和责任远超普通的卡。党的十八大之后五年，社会保障卡在发行量上升一个数量级的基础上，实现了全国制式统一、加载金融功能、人社领域内扩展服务、融汇广泛民生项目等重大跨越，成为亿万百姓须臾不可离开的随身卡、贴心卡。

党的十八大召开时，全国统一的社会保障卡持卡人数达到 3.11 亿人，比两年前成倍增长，但距《社会保障"十二五"规划纲要》确定的2015年末达到8亿人的目标还有很大差距。此后几年，社会保障卡的发行和使用进入"爆发期"，至2015年9月，发卡量达到80896万张，提前完成"十二五"规划目标；至2017年5月25日，全国社会保障卡发卡量达到10亿张（见表8-1）。

表8-1 社会保障卡持卡人数标志性时间节点

年份	持卡人数（亿张）	月份
2013	4	6
	5	11
2014	6	6
	7	12
2015	8	9
2016	9	3
2017	10	5

资料来源：根据人力资源和社会保障部信息中心数据整理。

在快速发卡的同时，社会保障卡的使用范围也逐步拓宽。2014年7月，人力资源社会保障部印发《关于加快推进社会保障卡应用的意见》，按照整体规划、分步推进，网卡结合、统一规范，拓展功能、广泛用卡，服务民生、一卡通行的原则，全面规划了社会保障卡的102个应用项目，涵盖持卡人在人力资源和社会保障领域的电子凭证、信息记录、自助查询、就医结算、缴费和待遇、金融支付6大类功能；要求2014年完善社会保障卡应用相关规范，住房城乡建设部省两级持卡人员基础信息库；2015年开通社会保障卡应用目录中50%的项目；2016年开通80%的应用项目，普遍实现省内跨地市用卡；2017年全面开通应用项目，基本实现跨省用卡。

2015年11月，《中华人民共和国刑法修正案（九）》将社会保障卡列入依法证明身份的证件，对违规使用社会保障卡行为明确法律处罚。2016年3月，《中华人民共和国国民经济和社会发展第十三个五年规划纲要》，提出"加强公共服务设施和信息化平台建设，实施社会保障卡工程，持卡人口覆盖率达到90%"。2016年7月发布的《人力资源和社会保障事业发展"十三五"规划纲要》把社会保障卡持卡人口覆盖率90%列为期末预期性指标之一。2016 年 12 月，国家异地就医结算系统上线，支持跨省异地就医住院费用持卡结算。2017 年 8 月，人民银行办公厅、人力资源社会保障部办公厅联合印发《具有金融功能的第三代社会保障卡技术规范》，明确了第三代社会保障卡的卡片样式、卡片技术、终端技术、支持算法、通信接口等要求，进一步提升持卡人体验，增强安全防护水平。到 2017 年底，预定目标基本实现，社会保险公共业务和养老、医保、工伤、失业、生育 5 大保险待遇业务以及就业、人事人才、劳动关系等 9 大业务领域功能全面开通，在社会保障卡全国通用基础上，进一步实现了一卡多用。

专栏 8－2

中华人民共和国社会保障卡

中华人民共和国社会保障卡是由人力资源社会保障部统一规划，由各地人社部门面向社会发行，用于人力资源和社会保障各项业务领域的集成电路（IC）卡。持卡人可以凭卡就医并进行医疗费用实时结算，还可以办理养老保险、求职登记和失业登记手续，申领失业保险金和享受工伤保险待遇，申请参加就业培训和劳动能力鉴定，在网上办理有关劳动和社会保障事务等。社会保障卡采用全国统一标准，社会保障号码按照《中华人民共和国社会保险法》的有关规定，采用居民身份号码。

资料来源：胡晓义. 新中国社会保障发展史［M］. 北京：中国劳动社会保障出版社，2019.

四、提升经办管理服务效率

标准化、信息化支持了社保业务更有效率地开展，又引领了社保经办体制、管理机制、服务理念不断创新发展。以下是比较有代表性的事件。

（1）对数十万家医药机构实行协议管理。2017 年，全国各级社保经办机构与 14.5 万家医疗机构签订了定点医疗服务协议，比 2012 年增加 2 万多家，其中，80% 以上是基层医疗机构。由于医保与医疗机构的信息网络直接对接，不仅方便参保群众在基层就医结算，而且规范了医保基金管理，减少了资源浪费。同时还与 25 万家零售药店签订了服务协议，也比 2012 年增加近 10 万家。

（2）优化社保经办体系和流程。社保制度改革初期，各地基本是分险种、按所有制类别来办理社保事务，即使同在一个办事大厅中，也要多个窗口排队等候。党的十八大以后，人力资源社会保障部指导各地打破服务定式，秉持"记录一生、保障一生、服务一生"的理念，一方面，完善从中央到省、市、县、乡镇（街道）的五级社会保险经办管理体系和服务网络，越来越多的地区把过去多个社保经办机构合并为一，进一步做到了进一个门、办多件事，并努力下沉服务，把社保经办送到群众家门口；另一方面，按照信息化思维再造流程，重新梳理数百项具体业务，通过信息系统模拟人的行为方式进行归类、排序，把工作人员的专责制改为综合柜员制，使原来的一笔业务由多个窗口办理变为一个窗口一站办结，大大缩短了办理时间，便利了群众。2016 年，按照国务院在全国范围深化行政审批制度改革的部署，全面推行"五证合一"——营业执照、组织机构代码证、税务登记证、社会保险登记证、统计登记证合并为一照一码，实行一表申请、一窗受理、并联审批、后台分部门录入信息的模式。《人力资源社会保障部办公厅关于做好企业"五证合一"社会保险登记工作的通知》，明确了实行范围、新老参保企业的登记方式、与工商等部门数据交换的要求等，使用加载统一社会信用代码的营业执照办理社会保险登记相关业务，取消了社会保险登记证的定期审验和换证制度，通过公共部门信息共享提高了行政效率。2016 年，浙江社保系统按照全省统一要求，实行公共服务"最多跑一次"承诺，极大促进了业务流程优化和信息化水平提升。这一举措很快普及，"打包办""提速办""简便办"，成为全国社保经办机构的普遍服务方式。

（3）创建网上经办大厅。社保经办机构办理事务的场所和方式经历了几次变化：最早是办公室式——办事单位和群众奔波于不同楼层、不同房间；进入 21 世纪后，大力推进大厅式服务，2011 年颁行的《社会保障服务中心设施设备要求》国家标准还对各级社保机构服务大厅的选址、面积、设施配置提出了具体要求，使群众办理社保事务有了集中场所。信息化手段大量融入社保管理服务领域后，各地社保机构都在服务大厅配备了电脑、自助服务一体机等自助设备，便利群众查询、填表、打印证明资料等；再进一步，许多地区创建了网上经办大厅，还开发了智能手机的社保应用软件（App），使越来越多的群众足不出户就能快速办理大多数社保业务。

专栏 8－3

信息化经办助力失业保险政策落地

各地人社部门贯彻便民利民原则，坚持"让数据多跑路、让群众少跑腿"，相继推开网上申报和在线经办服务，使失业保险技能提升补贴政策迅速落地、取得实效。

重庆：宣传智能化　服务便捷化　管理科学化

重庆自 2017 年 10 月启动线上申领，整合失业保险、培训补贴、职业能力鉴定数据库，应用大数据技术筛选符合领取补贴条件人员，综合利用手机短信、微信、网站等方式精准推送政策，变被动为主动，有效扩大政策知晓率和影响力。服务突出便捷化，群众办事不见面。开发了网页端（重庆就业网）和微信公众号（重庆就业局）线上申报端口，变材料收取为数据比对，变人工操作为自动审批。企业职工有手机、能上网，就能进入失业保险技能提升补贴申领模块，根据提示完成操作，审核环节全程可查，办理成功短信告知，不用提供纸质证明材料。管理突出科学化，政策覆盖无遗漏。根据产业发展方向和人力资源市场需求变化情况，加大对紧缺职业（工种）的政策倾斜力度，规定补贴标准最高提升 25%。同时，深度挖掘数据价值，对申领补贴人员的行业分布、职业工种、岗位变化情况进行持续跟踪，研究完善政策措施，客观评估政策实效。

贵州：网上经办助推优质服务

依托"人社通"社保服务e平台，贵州省整合社保、技能鉴定中心、银行三方数据，组织开发了"参保职工职业技能提升补贴申领发放系统"。企业参保持证职工通过手机下载App自助申领，系统自动比对参保缴费信息、智能审核证书真伪、在线校验银行卡准确性，审核通过后后台数据推送省人力资源社会保障厅门户网站公示，无异议后银行实时发放补贴，业务经办形成了一整套"智能闭环"。为进一步方便参保职工申领补贴，贵州省还大力推行"全省通办、属地发放"的服务模式，通过规范工作流程、统一服务标准、创新服务模式，实现了线上线下经办服务的有机结合。

西安："同城通办"成效明显

在市委、市政府"最多跑一次"的要求下，西安市人社局按照"店小二""五星级"服务标准，从职工的需求出发，打破传统经办模式，提出了"外网申请、同城通办、系统审核、直补个人、各方参与"的思路，确保技能提升补贴落到实处，申报人数呈快速上升趋势。外网申请是指参保职工可在全国任何地方通过登录西安市人社局门户网站办理申请手续，打破了传统经办的时空界限。同城通办是指参保职工无需与参保所在经办机构取得联系，可自主选择全市任何一个经办机构提交资料，较好地解决了经办机构苦乐不均的问题。自动审核是指经办机构在处理业务时，只需核对申请资料的真伪性，其他信息审核工作交由系统自动处理，极大地减少了工作失误，提升了技能提升补贴审核效率。直补个人就是系统可根据申请人提供的信息，自动生成技能提升补贴汇总表，并由银行直接打入职工银行卡账户。各方参与使"结果导向"的技能提升补贴政策提质增效，教育培训机构更加专注于高质量辅导课程的开发，使以MOOC、翻转课程、新媒体教育等为主的网上教育形式迅速普及，使广大职工得到了实惠，极大地激发了职工技能提升的热情。

资料来源：人力资源和社会保障部失业保险司. 信息化经办助力失业保险技能提升补贴提质增效［EB/OL］.（2018 - 04 - 18）. https://www.mohrss.gov.cn/sybxs/SYBXSgongzuodongtai/SYBXSguojia/201803/t20180319_290000.html.

第四节　扩大国际社会保障合作交流

党的十八大之后，我国坚定不移扩大开放，大力推动共建"一带一路"，提出并践行"构建人类命运共同体"的理念。社会保险国际交流合作以此为指导思想，在更深入地研究国际案例、更广泛地借鉴他国经验教训的同时，主动讲好中国社会保障改革与发展的故事，为国际社会保障事业提供中国智慧。

一、与多国签订双边社保协定

我国于2001年7月与德国签订了首个双边社保协定，于2012年10月与韩国签订了同类协定。如表8-2所示，党的十八大之后五年，我国又分别与7个国家签订了社保协定及行政协议书并陆续生效实施，同时继续与其他多国开展双边签约谈判。双边社保协定约定双方在对方国家就业人员的社会保障权利与义务，对双方互免缴费义务的项目指定主管机构（我国指定人力资源社会保障部社保中心）出具相关证明。

表8-2　　　党的十八大之后五年签署实施双边社保协定情况

签订国	社保协定签署日	行政协议签署日	正式生效日
丹麦	2013年12月9日	2013年12月9日	2014年5月14日
芬兰	2014年9月22日	2016年10月18日	2017年2月1日
加拿大	2015年4月2日	2015年4月2日	2017年1月1日
瑞士	2015年9月30日	尚未签署	2017年6月19日
荷兰	2016年9月12日	2016年9月12日	2017年9月1日
法国	2016年10月31日	2019年9月16日	尚未生效
西班牙	2017年5月19日	2017年5月19日	2018年3月20日

双边社保协定及行政协议书的加速签订和实施，是与我国扩大开放、国际交流合作加深同步发展的，避免了双重社保缴费，维护了相关人员

的社保权益，减轻了我国企业"走出去"的财务负担，也表明我国社会保险管理日益与国际惯例接轨。

二、加强社会保障国际交流合作

2013 年 5 月，我国开展养老保险改革顶层设计工作，除多部门及国内多家学术机构联合研究外，专门邀请国际劳工组织、国际社会保障协会、世界银行参与平行研究。这三个国际组织分别提出了改革方案建议，提供了可资参考借鉴的国际经验。2013 年 6 月，人力资源社会保障部与法国社会事务和卫生部签署《关于深化在社会保障领域合作的协议》。同年，人力资源社会保障部与亚洲开发银行合作开展"可持续社会保险"研究项目，并共同举办中国农村养老保险研讨会。

2014 年 9 月，中法社会保障高层论坛在法国巴黎举办，这也是中法建交 50 周年系列庆祝活动之一。

2015 年，人力资源社会保障部与国际劳工组织合作开展社会保障能力研究项目；同年 4 月，全国人大常委会法工委、人力资源社会保障部与国际劳工组织共同在江苏镇江举办《社会保障公约（最低标准）》研讨会，比较分析我国社保制度与该公约规定的异同，为我国批约进行前期论证。

2016 年 9 月，在北京举办了为期 3 天的"中国—国际劳工组织—东盟社会保障高层研讨会"，来自中国、东盟、南亚、拉美和非洲等发展中国家的专家以及企业代表和来自法国、日本等国的相关组织参会，共同探讨进一步加强南南合作、推动包括东南亚地区在内的全球全民社保目标的实现。2016 年 10 月，第二届中法社会保障高层论坛在北京举办。2016 年 11 月，世界社会保障论坛暨国际社会保障协会（ISSA）第 32 届全球大会在巴拿马首都巴拿马城召开。在此次大会上，ISSA 授予中国政府"社会保障杰出成就奖"，以表彰中国在扩大社会保障覆盖面方面取得的卓越成就，这是我国在国际社会保障领域获得的最高荣誉。在同一会议上，ISSA 主席还授予中国人力资源社会保障部荣誉奖牌，以表彰设在人力资源社会保障部社保中心的 ISSA 中国会员机构联络站近年来在工作中取得的成绩和贡献。

2017 年 6 月，人力资源社会保障部与卢森堡代表签署社会保障领域合作谅解备忘录。2017 年 7 月，金砖国家劳工就业部长会议在重庆召开，会议通过了《金砖国家社会保障合作框架》等成果文件，为同年 9 月金砖国家领导人的厦门会晤作出了积极贡献。

三、中国政府获得国际"社会保障杰出成就奖"

党的十八大之后五年，我国社会保障覆盖面不断扩大。截至 2016 年底，基本医疗保险覆盖人数超过 13 亿人，基本覆盖全民；基本养老、失业、工伤、生育保险参保人数分别达到 8.88 亿人、1.81 亿人、2.19 亿人、1.85 亿人，比 2012 年底分别增加了 9980 万人、2864 万人、2879 万人、3022 万人。① 我国扩大社保覆盖面的成就得到国际社会高度肯定。2016 年 11 月，在巴拿马举行的 ISSA 第 32 届全球大会上，中国政府被授予"社会保障杰出成就奖"（2014～2016 年）。ISSA 秘书长在颁奖辞中说：通过强有力和持久的政治决心、不断增加的资源投入和重要的管理创新，中国在过去十年实现了前所未见的社保覆盖面扩大。他在接受媒体采访时谈道：如果不算中国，全世界社保覆盖面只有 50%，算上中国就达到 61%，所以中国对世界社会保障的贡献是巨大的，为其他国家也作出了表率。中国在通过政策、管理能力和资源协调一致，从而推动社保覆盖大量人口和地域方面，提供了一个当代可操作性的样本。这一经验对于正在升级和扩展其社保体系的国家，将有积极的示范作用②。这一奖项肯定了中国在社会保障扩面工作方面取得的举世无双的成就，体现了国际社会对中国社会保障事业发展成就的高度认可，鼓励全世界各国

---

① 人力资源和社会保障部.2016 年度人力资源和社会保障事业发展统计公报［EB/OL］.（2018－05－21）. https://www.mohrss.gov.cn/SYrlzyhshbzb/zwgk/szrs/tjgb/201805/t20180521_294286.html.

② 张春红.中国社保大奖的"含金量"——专访国际社会保障协会秘书长汉斯·霍斯特·康克乐伍斯基［EB/OL］.（2016－11－18）. https://www.gov.cn/xinwen/2016－11/18/content_5134279.htm.

政府关注并学习中国经验。

专栏 8-4

国际社会保障协会社会保障杰出成就奖

"国际社会保障协会社会保障杰出成就奖"是对某一个国家在社会保障方面作出的非凡承诺和杰出成就的世界性认可。国际社会保障协会在社会保障领域是世界上规模最大、代表性最广泛的国际组织。全球大会是其每三年一次的旗舰活动。

2016年11月17日，国际社会保障协会将"社会保障杰出成就奖"授予中华人民共和国政府，时任人力资源社会保障部尹蔚民部长代表中国政府接受了这个奖项。

党的十八大以后的五年，是开启中国特色社会主义新时代的最初五年。我国社会保障体系建设承续历史经验，把握新的历史方位，在深化改革、创新发展方面取得了一系列重大突破。2017年党的十九大报告在总结过去五年工作时，对此给予充分肯定，指出："一大批惠民举措落地实施，人民获得感显著增强""覆盖城乡居民的社会保障体系基本建立"。这些突破和成就，也为我国社会保障事业长期稳定发展开辟了新起点，积蓄了新能量。

第三篇

2017～2022 年：
党的十九大之后五年的
社会保障改革发展

第九章

党的十九大之后五年的
社会保障概览

　　2017 年 10 月召开的党的十九大作出了中国特色社会主义进入新时代、我国社会主要矛盾已经转化为人民日益增长的美好生活需要和不平衡不充分的发展之间的矛盾等重大政治论断，深刻阐述了新时代中国共产党的历史使命，确立了习近平新时代中国特色社会主义思想的历史地位，提出了新时代发展中国特色社会主义的基本方略，确定了决胜全面建成小康社会、开启全面建设社会主义现代化国家新征程的目标，对新时代推进中国特色社会主义伟大事业和党的建设新的伟大工程作出了全面部署。大会阐述了习近平新时代中国特色社会主义思想的"八个明确"和"十四个坚持"，提出了从 2020 年到本世纪中叶两个阶段的奋斗目标，勾画出实现中华民族伟大复兴中国梦的清晰蓝图。

　　在党的十九大召开之际，我国经济社会发展与五年前相比又发生了巨大变化，迈上了一个新台阶。① 2017 年，我国国内生产总值 83.2 万亿元，稳居世界第二；人均国内生产总值 59660 元，城镇和农村家庭人均可支配收入分别为 36396 元和 13432 元；全年公共财政收入 17.3 万亿元，一般预算支出 20.3 万亿元。2017 年，我国总人口 13.9 亿人，常住人口城镇化率达到 60.24%，比 5 年前提高 7.67 个百分点；60 岁及以上人口 2.41 亿，占总人口的 17.3%，其中 65 岁及以上人口 1.58 亿，占总人口的 11.4%②，

---

① 为采集和对比数据方便，此处用 2017 年底或全年数据，本篇下同。
② 国家统计局. 中华人民共和国 2017 年国民经济和社会发展统计公报［EB/OL］.（2018 – 02 – 28）. https://www.stats.gov.cn/sj/zxfb/202302/t20230203_1899855.html.

这两个占比较 2012 年分别提高了 3 个和 2 个百分点，显示了老龄化程度继续加深的趋势。这些构成了党的十九大之后五年我国社会保障体系建设新的外部环境和基本条件。

第一节　社会保障高质量发展的主要任务和方向

一、党的十九大部署社会保障领域高质量发展的主要任务

党的十九大报告确定加强社会保障体系建设的总体目标是"按照兜底线、织密网、建机制的要求，全面建成覆盖全民、城乡统筹、权责清晰、保障适度、可持续的多层次社会保障体系"。这一高度概括的表述，从外延到内涵描绘出中国特色社会保障体系的轮廓——"兜底线"突出了社会政策补短、兜底的要旨，"织密网"昭示了实现人人享有基本社会保障愿景的要点，"建机制"指出了以改革推进社保体系建设的要津；"覆盖全民"规定了制度可及性，"城乡统筹"旨在彰显制度公平，"权责清晰"表明各相关主体的权利义务责任关系，"保障适度"明确了与经济发展相宜的保障水平，"可持续"强调了现实与未来的平衡，而"多层次"则确定了社保体系多元协调的架构。在总体目标下，确定了多项改革发展任务。

专栏 9 -1

党的十九大部署的社会保障领域主要任务

全面实施全民参保计划。完善城镇职工基本养老保险和城乡居民基本养老保险制度，尽快实现养老保险全国统筹。完善统一的城乡居民基本医疗保险制度和大病保险制度。完善失业、工伤保险制度。建立全国统一的社会保险公共服务平台。统筹城乡社会救助体系，完善最低生活保障制度。完善社会救助、社会福利、慈善事业、优抚安置等

制度，健全农村留守儿童和妇女、老年人关爱服务体系。发展残疾人事业，加强残疾康复服务。

深化医药卫生体制改革，全面建立中国特色基本医疗卫生制度、医疗保障制度和优质高效的医疗卫生服务体系，健全现代医院管理制度。促进生育政策和相关经济社会政策配套衔接，加强人口发展战略研究。积极应对人口老龄化，构建养老、孝老、敬老政策体系和社会环境，推进医养结合，加快老龄事业和产业发展。

与党的十八大及十八届三中、五中全会对社会保障工作的部署相比，党的十九大报告有许多新变化新发展。一是把"实施全民参保计划"提升为"全面实施全民参保计划"，加大了推进力度。二是要求"尽快实现养老保险全国统筹"，不仅加快了节奏，而且改变了原来表述的"基础养老金"的界定，意味着全国统筹包括全部基本养老保险基金。三是对城乡居民医保，从"整合政策和经办管理"强化为"完善统一的制度"。四是首次提出"建立全国统一的社会保险公共服务平台"，比党的十八届三中全会"加快健全社会保障经办服务体系"和"十三五"规划"加强公共服务设施建设"的部署更加明确、务实。五是鲜明提出"积极应对人口老龄化，构建养老、孝老、敬老政策体系和社会环境，推进医养结合，加快老龄事业和产业发展"，指明了老龄化加速背景下的发展目标，预示着战略性规划的制定出台。

二、党的十九届三中全会决定深化社会保障管理机构改革

2018年2月召开的党的十九届三中全会，贯彻落实党的十九大关于深化机构改革的决策部署，作出《中共中央关于深化党和国家机构改革的决定》，随即中共中央印发《深化党和国家机构改革方案》，其中涉及社会保障领域多个机构的改革、新建和职能调整。

第一，组建国家卫生健康委员会。将国家卫生和计划生育委员会、

国务院深化医药卫生体制改革领导小组办公室、全国老龄工作委员会办公室的职责，工业和信息化部牵头《烟草控制框架公约》履约工作的职责，以及国家安全生产监督管理总局的职业安全健康监督管理职责整合，组建国家卫生健康委员会，作为国务院组成部门。其主要职责是，拟订国民健康政策，协调推进深化医药卫生体制改革，组织制定国家基本药物制度，监督管理公共卫生、医疗服务和卫生应急，负责计划生育管理和服务工作，拟订应对人口老龄化①、医养结合相关政策措施等。

第二，组建退役军人事务部。将民政部的退役军人优抚安置职责，人力资源和社会保障部的军官转业安置职责，以及中央军委政治工作部、后勤保障部有关职责整合，组建退役军人事务部，作为国务院组成部门。其主要职责是，拟订退役军人思想政治、管理保障等工作政策法规并组织实施，褒扬彰显退役军人为党、国家和人民牺牲奉献的精神风范和价值导向，负责军队转业干部、复员干部、退休干部、退役士兵的移交安置工作和自主择业退役军人服务管理、待遇保障工作，组织开展退役军人教育培训、优待抚恤等，指导全国拥军优属工作，负责烈士及退役军人荣誉奖励、军人公墓维护及纪念活动等。

第三，组建国家医疗保障局。将人力资源和社会保障部的城镇职工和城镇居民基本医疗保险、生育保险职责，国家卫生和计划生育委员会的新型农村合作医疗职责，国家发展和改革委员会的药品和医疗服务价格管理职责，以及民政部的医疗救助职责整合，组建国家医疗保障局，作为国务院直属机构。其主要职责是，拟订医疗保险、生育保险、医疗救助等医疗保障制度的政策、规划、标准并组织实施，监督管理相关医疗保障基金，完善国家异地就医管理和费用结算平台，组织制定和调整药品、医疗服务价格和收费标准，制定药品和医用耗材的招标采购政策并监督实施，监督管理纳入医保范围内的医疗机构相关服务行为和医疗费用等。

---

① 2023年，根据党的二十届三中全会通过的《党和国家机构改革方案》，将国家卫生健康委员会组织拟订并协调落实应对人口老龄化政策措施、承担全国老龄工作委员会的具体工作等职责划入民政部。

第四，调整全国社会保障基金理事会隶属关系。将全国社会保障基金理事会由国务院管理调整为由财政部管理，承担基金安全和保值增值的主体责任，作为基金投资运营机构，以利于加强社会保障基金管理和监督，理顺职责关系，保证基金安全和实现保值增值目标。

第五，改革国税地税征管体制。将省级和省级以下国税与地税机构合并，具体承担所辖区域内各项税收、非税收入征管等职责。为提高社会保险资金征管效率，将基本养老保险费、基本医疗保险费、失业保险费等各项社会保险费交由税务部门统一征收。

2018 年 3 月，第十三届全国人大第一次全体会议通过了《国务院机构改革方案》，其中涉及社会保障机构改革和职能调整的举措都得到较快贯彻落实。如中央层面组建国家医保局后，各地也按同样模式组建了地方医疗保障局，统管职工和城乡居民医疗保险、医疗救助、药品等价格管理和招采的制度、政策和经办管理，为医疗保障领域统筹兼顾、综合平衡制定实施政策铺平了道路，为新时代完善全民医保体系创造了更好条件，有利于完善统一的城乡居民基本医疗保险制度和大病保险制度，不断提高医疗保障水平，确保医保资金合理使用、安全可控，统筹推进医疗、医保、医药"三医联动"改革，更好保障病有所医。又如关于社保费征收体制，长期以来争议不休，1999 年《社会保险费征缴暂行条例》不得不作出选择性安排——由省级政府规定，可以由税务机关征收，也可以由劳动保障行政部门按规定设立的社会保险经办机构（简称社保经办机构，后隶属人社部门）征收，实行结果是两种征收体制大体各占一半。中央决定统一征收体制后，由社保机构负责征收的地区陆续向税务机关有序移交征收职能。

三、党的十九届四中全会对社会保障改革发展的部署

2019 年 10 月，党的十九届四中全会作出《中共中央关于坚持和完善中国特色社会主义制度 推进国家治理体系和治理能力现代化若干重大问题的决定》，社会保障作为"坚持和完善统筹城乡的民生保障制度，满足

人民日益增长的美好生活需要"的重大问题之一，全会作出部署。

专栏 9-2

党的十九届四中全会部署的社会保障领域主要任务

完善覆盖全民的社会保障体系。坚持应保尽保原则，健全统筹城乡、可持续的基本养老保险制度、基本医疗保险制度，稳步提高保障水平。加快建立基本养老保险全国统筹制度。加快落实社保转移接续、异地就医结算制度，规范社保基金管理，发展商业保险。统筹完善社会救助、社会福利、慈善事业、优抚安置等制度。健全退役军人工作体系和保障制度。坚持和完善促进男女平等、妇女全面发展的制度机制。完善农村留守儿童和妇女、老年人关爱服务体系，健全残疾人帮扶制度。坚决打赢脱贫攻坚战，巩固脱贫攻坚成果，建立解决相对贫困的长效机制。加快建立多主体供给、多渠道保障、租购并举的住房制度。

强化提高人民健康水平的制度保障。……深化医药卫生体制改革，健全基本医疗卫生制度，提高公共卫生服务、医疗服务、医疗保障、药品供应保障水平。……加强公共卫生防疫和重大传染病防控，健全重特大疾病医疗保险和救助制度。优化生育政策，提高人口质量。积极应对人口老龄化，加快建设居家社区机构相协调、医养康养相结合的养老服务体系。

党的十九届四中全会在党的十九大两年之后召开，部署的社会保障领域改革发展任务，一方面是推进落实党的十九大确定的目标，并根据新情况提出新要求，如实现养老保险全国统筹由"尽快"调整为"加快"；另一方面是对党的十九大确定任务的细化和深化，如"稳步提高保障水平""加快落实社保转移接续、异地就医结算制度"等。此外，比较突出的重点：一是针对2020年是打赢脱贫攻坚战、全面建成小康社会的目标年，特别强调了"建立解决相对贫困的长效机制"，为完善社会保障体系示示了方向。二是提出了"健全退役军人工作体系和保障制度"，具有补齐社保制度建设短板的含义，比过往一般部署"优抚安置工作"更有针对性。

四、党的十九届五中全会和"十四五"规划确定健全多层次社会保障体系任务

2020年10月，党的十九届五中全会召开。会议充分肯定了"十三五"时期决胜全面建成小康社会取得的决定性成就，其中包括"建成世界上规模最大的社会保障体系，基本医疗保险覆盖超过十三亿人，基本养老保险覆盖近十亿人"。会议深入分析国际国内形势，就制定国民经济和社会发展"十四五"规划和2035年远景目标提出建议。这些重要建议被国家最高权力机构采纳。2021年3月，第十三届全国人民代表大会第四次全体会议表决通过了《中华人民共和国国民经济和社会发展第十四个五年规划和2035年远景目标纲要》，其中第四十九章"健全多层次社会保障体系"提出，"坚持应保尽保原则，按照兜底线、织密网、建机制的要求，加快健全覆盖全民、统筹城乡、公平统一、可持续的多层次社会保障体系"。

专栏 9-3

"十四五"规划确定的健全多层次社会保障体系的任务

健全养老保险制度体系，促进基本养老保险基金长期平衡。实现基本养老保险全国统筹，放宽灵活就业人员参保条件，实现社会保险法定人群全覆盖。完善划转国有资本充实社保基金制度，优化做强社会保障战略储备基金。完善城镇职工基本养老金合理调整机制，逐步提高城乡居民基础养老金标准。发展多层次、多支柱养老保险体系，提高企业年金覆盖率，规范发展第三支柱养老保险。推进失业保险、工伤保险向职业劳动者广覆盖，实现省级统筹。推进社保转移接续，完善全国统一的社会保险公共服务平台。

以城乡低保对象、特殊困难人员、低收入家庭为重点，健全分层分类的社会救助体系，构建综合救助格局。健全基本生活救助制度和医疗、教育、住房、就业、受灾人员等专项救助制度，完善救助标准和救助对象动态调整机制。健全临时救助政策措施，强化急难社会救助功能。加强城乡救助体系统筹，逐步实现常住地救助申领。积极发展服务类社会救助，推进政府购买社会救助服务。促进慈善事业发展，完善财税等激励政策。规范发展网络慈善平台，加强彩票和公益金管理。

完善退役军人事务组织管理体系、工作运行体系和政策制度体系，提升退役军人服务保障水平。深化退役军人安置制度改革，加大教育培训和就业扶持力度，拓展就业领域，提升安置质量。建立健全新型待遇保障体系，完善和落实优抚政策，合理提高退役军人和其他优抚对象待遇标准，做好随调配偶子女工作安排、落户和教育等工作。完善离退休军人和伤病残退役军人移交安置、收治休养制度，加强退役军人服务中心（站）建设，提升优抚医院、光荣院、军供站等建设服务水平。加强退役军人保险制度衔接。大力弘扬英烈精神，加强烈士纪念设施建设和管护，建设军人公墓。深入推动双拥模范城（县）创建。

健全基本医疗保险稳定可持续筹资和待遇调整机制，完善医保缴费参保政策，实行医疗保障待遇清单制度。做实基本医疗保险市级统筹，推动省级统筹。完善基本医疗保险门诊共济保障机制，健全重大疾病医疗保险和救助制度。完善医保目录动态调整机制。推行以按病种付费为主的多元复合式医保支付方式。将符合条件的互联网医疗服务纳入医保支付范围，落实异地就医结算。扎实推进医保标准化、信息化建设，提升经办服务水平。健全医保基金监管机制。稳步建立长期护理保险制度。积极发展商业医疗保险。

"十四五"规划部署的社会保障领域改革发展目标任务，较之过往的新发展新变化：一是将健全社会保障体系的目标从"覆盖全民、城乡统筹、权责清晰、保障适度、可持续、多层次"（党的十九大）调整为"覆盖全民、统筹城乡、公平统一、可持续、多层次",突出了社会保障追求公平正义的本质属性和统一协调的内在要求。二是在养老保险领域首次并用"多层次、多支柱"表述,并明确提出"提高企业年金覆盖率,规范发展第三支柱养老保险";对社会救助也要求"健全分层分类的社会救助体系,构建综合救助格局",表明我国多层次社保体系建设进入一个新阶段。三是在确定"十四五"期间"实现基本养老保险全国统筹"的同时,要求失业、工伤保险实现省级统筹,基本医疗保险做实市级统筹、推动省级统筹,坚定推进各项社会保险基金统筹层次提高,增强分散风险能力。四是明确医疗保障领域"实行医疗保障待遇清单制度","推行以按病种付费为主的多元复合式医保支付方式",并要求"将符合条件的互联网医疗服务纳入医保支付范围",都是与时俱进的重大措施。五是对完善退役军人的相关保障工作作出前所未有的细致规划部署。这些举措展示了新时代社会保障不断进取的步伐。

五、习近平总书记主持十九届中央政治局第二十八次集体学习时就完善覆盖全面的社会保障体系发表重要讲话

2021年2月26日,十九届中央政治局就完善覆盖全民的社会保障体系进行第二十八次集体学习。习近平总书记在主持学习时强调:"社会保障是保障和改善民生、维护社会公平、增进人民福祉的基本制度保障,是促进经济社会发展、实现广大人民群众共享改革发展成果的重要制度安排,是治国安邦的大问题。"这一论述深刻阐释了社会保障在社会维度、经济维度和政治维度上的重要角色,尤其是"治国安邦的大问题"的论述更是一针见血地点明了社会保障在现代化国家建设中的极端重要性。2022年4月,《求是》杂志发表了习近平总书记的这次重要讲话,题为《促进我国社会保障事业高质量发展、可持续发展》。这篇文章,站在党和国家事业全局的高度,全面、深刻、系统回答了新时代我国社会保障事业发展的一系列方向性、根本性、战略性重大问题,是指导我国社

会保障发展的纲领性文件。①

在这篇重要文章中，习近平总书记回顾并充分肯定了我国社会保障事业取得的历史性成就，指出我国以社会保险为主体，包括社会救助、社会福利、社会优抚等制度在内，功能完备的社会保障体系基本建成，是世界上规模最大的社会保障体系。这为人民创造美好生活奠定了坚实基础，为打赢脱贫攻坚战提供了坚强支撑，为如期全面建成小康社会、实现第一个百年奋斗目标提供了有利条件。

习近平总书记总结我党百年来领导社会保障事业的丰富实践，提炼出五条基本经验——坚持发挥中国共产党领导和我国社会主义制度的政治优势，集中力量办大事，推动社会保障事业行稳致远；坚持人民至上，坚持共同富裕，把增进民生福祉、促进社会公平作为发展社会保障事业的根本出发点和落脚点，使改革发展成果更多更公平惠及全体人民；坚持制度引领，围绕全覆盖、保基本、多层次、可持续等目标加强社会保障体系建设；坚持与时俱进，用改革的办法和创新的思维解决发展中的问题，坚决破除体制机制障碍，推动社会保障事业不断前进；坚持实事求是，既尽力而为又量力而行，把提高社会保障水平建立在经济和财力可持续增长的基础之上，不脱离实际、超越阶段。我们要坚持传承和发扬这些成功经验，不断总结，不断前进。

习近平总书记也明确指出：随着我国社会主要矛盾发生变化和城镇化、人口老龄化、就业方式多样化加快发展，我国社会保障体系仍存在不足。他特别点出制度整合运行问题——相关制度之间转移衔接不够通畅；制度覆盖问题——部分农民工、灵活就业人员、新业态就业人员等人群没有纳入社会保障；制度结构问题——基本保障"一枝独大"而补充保障发育不够；地区平衡问题——社会保障统筹层次有待提高；制度公平问题——城乡、区域、群体之间待遇差异不尽合理；制度效力问

---

① 学而时习工作室. 指导我国社会保障发展的纲领性文献——访中国社会保障学会会长、中国人民大学教授郑功成［EB/OL］.（2022 - 04 - 27）. http：//www.qstheory.cn/zhuanqu/2022 - 04/27/c_1128598177.htm.

题——社会保障公共服务能力同人民群众的需求还存在一定差距；制度可持续性问题——一些地方社保基金存在"穿底"风险。一针见血，切中肯綮，都是新时代完善社会保障体系必须高度重视并切实加以解决的问题。

习近平总书记要求科学谋划"十四五"时期乃至更长时期社会保障事业，提高工作预见性和主动性，未雨绸缪采取应对措施；要求深化社会保障制度改革，特别要注重系统集成、协同高效，确保各项改革形成整体合力；要求推进社会保障法治化，特别强调依法健全社会保障基金监管体系，维护基金安全；要求加强社会保障精细化管理，深入推进社保经办数字化转型，还特别提到坚持传统服务方式和智能化服务创新并行。这次集体学习是在全面抗击新冠疫情的背景下举行的，习近平总书记专门讲到要发挥好社会保障在应对新冠疫情影响方面的积极作用，"要总结这次疫情防控的成功做法，完善我国社会保障针对突发重大风险的应急响应机制，既能抵御可以预见的生老病死等各种常规风险，又能应对难以预料的非常规风险"。这是我国社会保障的一个新课题。

十九届中央政治局第二十八次集体学习，时值"十四五"开局之年的初春，又逢中国共产党成立百年之际，还是在世界处于百年未有之大变局、国际政治经贸不确定不稳定性增强的背景下，在这个时点上以社会保障为主题进行集体学习，具有深远意义，体现了党中央对完善社会保障体系的高度重视。习近平总书记的重要讲话科学系统、立意高远、思想深邃、内涵丰富，是马克思主义中国化、时代化在社会保障领域的集中体现。

第二节　社会保障的重要政策和实践

党的十九大至党的二十大的五年，以习近平新时代中国特色社会主义思想为指导，党中央确定了社会保障体系建设的新目标和基本原则，作出改革发展的一系列重大部署，将我国社会保障事业引领上新的征程。这一时期，社保体系建设聚焦解决好人民最关心、最直接、最现实的利益问题，着力提升发展质量和效益，取得一系列重大突破和显著成就，使发展成果更多更公平惠及全体人民。

一、党的十九大之后五年社会保障领域的重要政策

表 9–1 列出了党的十九大至党的二十大期间，党和国家有关社会保障体系建设的重要政策。

表 9–1　　党的十九大之后五年社会保障领域的重要政策

类别	发文时间	重要政策
社保综合	2018 年 4 月	《人力资源社会保障部　财政部关于继续阶段性降低社会保险费率的通知》
	2018 年 3 月	中共中央《深化党和国家机构改革方案》
	2018 年 11 月	《人力资源社会保障部　国家医保局关于全面实施全民参保计划的指导意见》
	2019 年 11 月	中共中央、国务院《国家积极应对人口老龄化中长期规划》
	2019 年 4 月	国务院办公厅《降低社会保险费率综合方案》
	2019 年 9 月	《人力资源社会保障部关于建立全国统一的社会保险公共服务平台的指导意见》
	2020 年 2 月	《人力资源社会保障部　财政部　税务总局关于阶段性减免企业社会保险费的通知》
	2020 年 6 月	《人力资源社会保障部　财政部　税务总局关于延长阶段性减免企业社会保险费政策实施期限等问题的通知》
	2020 年 12 月	《中共中央　国务院关于实现巩固拓展脱贫攻坚成果同乡村振兴有效衔接的意见》
	2021 年 6 月	人力资源社会保障部《人力资源和社会保障事业发展"十四五"规划》
	2021 年 8 月	《人力资源社会保障部　民政部　财政部　国家税务总局　国家乡村振兴局　中国残疾人联合会关于巩固拓展社会保险扶贫成果助力全面实施乡村振兴战略的通知》
	2021 年 11 月	《中共中央　国务院关于加强新时代老龄工作的意见》
	2022 年 4 月	《人力资源社会保障部办公厅　国家税务总局办公厅关于特困行业阶段性实施缓缴企业社会保险费政策的通知》
	2022 年 5 月	国务院《扎实稳住经济一揽子政策措施》
	2022 年 5 月	《人力资源社会保障部　国家发展改革委　财政部　税务总局关于扩大阶段性缓缴社会保险费政策实施范围等问题的通知》

类别	发文时间	重要政策
养老保险	2017 年 11 月	国务院《划转部分国有资本充实社保基金实施方案》
	2017 年 12 月	人力资源社会保障部、财政部《企业年金办法》
	2018 年 4 月	《财政部 税务总局 人力资源社会保障部 中国银行保险监督管理委员会 证监会关于开展个人税收递延型商业养老保险试点的通知》
	2018 年 6 月	《国务院关于建立企业职工基本养老保险基金中央调剂制度的通知》
	2018 年 8 月	《人力资源社会保障部 财政部关于加快推进城乡居民基本养老保险基金委托投资工作的通知》
	2019 年 10 月	《人力资源社会保障部 财政部 税务总局关于规范企业职工基本养老保险省级统筹制度的通知》
	2020 年 2 月	中央全面深化改革委员会《企业职工基本养老保险全国统筹改革方案》
	2021 年 2 月	人力资源社会保障部、财政部《企业职工基本养老保险遗属待遇暂行办法》
	2022 年 4 月	《国务院办公厅关于推动个人养老金发展的意见》
医疗保障	2019 年 3 月	《国务院办公厅关于全面推进生育保险和职工基本医疗保险合并实施的意见》
	2019 年 9 月	《国家医保局 财政部 国家卫生健康委 国家药监局关于完善城乡居民高血压糖尿病门诊用药保障机制的指导意见》
	2020 年 2 月	《中共中央 国务院关于深化医疗保障制度改革的意见》
	2020 年 7 月	《国务院办公厅关于推进医疗保障基金监管制度体系改革的指导意见》
	2020 年 9 月	《医保局 财政部 税务总局关于加强和改进基本医疗保险参保工作的指导意见》
	2020 年 9 月	《医保局 财政部关于扩大长期护理保险制度试点的指导意见》
	2020 年 9 月	《国家医疗保障局 财政部关于推进门诊费用跨省直接结算试点工作的通知》
	2021 年 1 月	《国家医保局 财政部关于建立医疗保障待遇清单制度的意见》
	2021 年 2 月	国务院《医疗保障基金使用监督管理条例》
	2021 年 4 月	《国家医疗保障局 民政部 财政部 国家卫生健康委 国家税务总局 银保监会 国家乡村振兴局关于巩固拓展医疗保障脱贫攻坚成果有效衔接乡村振兴战略的实施意见》

续表

类别	发文时间	重要政策
医疗保障	2021 年 4 月	《国务院办公厅关于建立健全职工基本医疗保险门诊共济保障机制的指导意见》
	2021 年 5 月	《国家医保局 财政部关于加快推进门诊费用跨省直接结算工作的通知》
	2021 年 9 月	国务院办公厅《"十四五"全民医疗保障规划》
	2021 年 11 月	《国务院办公厅关于健全重特大疾病医疗保险和救助制度的意见》
	2021 年 11 月	国家医保局办公室、财政部办公厅《基本医疗保险关系转移接续暂行办法》
	2021 年 11 月	国家医疗保障局《DRG/DIP 支付方式改革三年行动计划》
工伤保险	2019 年 9 月	《人力资源社会保障部办公厅关于加快推进工伤保险基金省级统筹工作的通知》
	2020 年 12 月	人力资源社会保障部、工业和信息化部、财政部、住房城乡建设部、交通运输部、国家卫生健康委员会、应急部、中华全国总工会《工伤预防五年行动计划（2021—2025 年）》
	2021 年 12 月	人力资源社会保障部等十部门印发《关于开展新就业形态就业人员职业伤害保障试点工作的通知》
失业保险	2018 年 12 月	《国务院关于做好当前和今后一个时期促进就业工作的若干意见》
	2019 年 3 月	《人力资源社会保障部 财政部 国家发展改革委 工业和信息化部关于失业保险支持企业稳定就业岗位的通知》
	2019 年 5 月	国务院办公厅《职业技能提升行动方案（2019—2021 年)》
	2019 年 9 月	《人力资源社会保障部 财政部 国家税务总局关于失业保险基金省级统筹的指导意见》
	2019 年 12 月	《国务院关于进一步做好稳就业工作的意见》
	2020 年 5 月	《人力资源社会保障部 财政部关于实施企业稳岗扩岗专项支持计划的通知》
	2020 年 5 月	《人力资源社会保障部 财政部关于扩大失业保险保障范围的通知》
	2021 年 5 月	《人力资源社会保障部 国家发展改革委 教育部 财政部 中央军委国防动员部关于延续实施部分减负稳岗扩就业政策措施的通知》
	2021 年 11 月	《人力资源社会保障部办公厅 财政部办公厅关于畅通失业保险关系跨省转移接续的通知》

续表

类别	发文时间	重要政策
失业保险	2022 年 4 月	《人力资源社会保障部 财政部 国家税务总局关于加快推进失业保险省级统筹有关工作的通知》
	2022 年 4 月	《人力资源社会保障部 财政部 国家税务总局关于做好失业保险稳岗位提技能防失业工作的通知》
	2022 年 8 月	《国家发展改革委等部门关于阶段性调整价格补贴联动机制加大对困难群众物价补贴力度的通知》
基金监管	2018 年 7 月	《人力资源社会保障部关于加强社会保险基金管理风险防控工作的意见》
	2020 年 12 月	《人力资源社会保障部关于调整年金基金投资范围的通知》
	2020 年 4 月	《人力资源社会保障部关于印发社会保险基金要情报告制度的通知》
	2022 年 2 月	人力资源社会保障部《社会保险基金行政监督办法》
社会救助	2020 年 8 月	《中共中央办公厅 国务院办公厅关于改革完善社会救助制度的意见》
社会福利	2021 年 7 月	国务院《"十四五"残疾人保障和发展规划》
	2021 年 9 月	国务院《中国妇女发展纲要（2021—2030 年）》
	2021 年 9 月	国务院《中国儿童发展纲要（2021—2030 年）》
	2022 年 2 月	国务院《"十四五"国家老龄事业发展和养老服务体系规划》
社会优抚	2019 年 4 月	《中共中央办公厅 国务院办公厅关于解决部分退役士兵社会保险问题的意见》
	2020 年 11 月	《中华人民共和国退役军人保障法》
	2021 年 6 月	《中华人民共和国军人地位和权益保障法》
	2021 年 10 月	中央军委办公厅《军人及军队相关人员医疗待遇保障暂行规定》
	2022 年 1 月	退役军人事务部等六部门《残疾退役军人医疗保障办法》

二、党的十九大之后五年社会保障领域的重要实践

党的十九大至党的二十大之间的五年，各地区、各部门按照党中央决策部署，开展了一系列重大实践行动，全面落实政策、健全法规、优化

措施，与社会各界共同努力推进社会保障体系的完善。

社保综合方面：全民参保计划从"制定实施"转向"全面实施"，措施更细，力度更大；助力脱贫攻坚，各项社会保障均强化了针对性政策措施，确保实施到位；应对复杂国际环境和新冠疫情严重冲击，持续施行阶段性降费减负政策，帮助困难群体和企业渡过难关；建立完善全国统一的社会保险公共服务平台，大力推进信息化建设，提升管理效能和便民服务水平；深化社会保障国际交流与合作，扩大国际影响力。

养老保险方面：连年提高退休人员基本养老金水平，建立城乡居保待遇调整机制；建立企业职工基本养老保险基金中央调剂制度进而实行全国统筹；划转部分国有资本充实社保基金，推进基本养老保险基金市场化投资运营；制定统一的企业职工基本养老保险遗属待遇政策，补齐制度短板；开展第三支柱养老保险试点，建立个人养老金制度，健全多层次体系。

医疗保障方面：健全医保医疗服务管理，推进支付方式改革；优化职工医保制度结构，建立健全门诊共济保障机制；完善异地就医医保费用直接结算和医保关系转续政策；加强医疗保障法治建设，严格医保基金使用监管；同时全面推进生育保险与职工基本医保合并实施，扩大长期护理保险试点。

工伤保险方面：在继续以高危行业农民工为重点扩大制度覆盖面的同时，开展新就业形态就业人员职业伤害保障试点；制定工伤预防五年行动计划，完善预防—补偿—康复一体化的制度；推进工伤保险基金省级统筹，增强抗风险能力；工伤保险待遇水平在这一期间也显著提高。

失业保险方面：面对外部条件变化，提高失业保险的覆盖范围和保障水平，确保失业人员基本生活；加大援企稳岗政策力度，从源头预防失业；支持提升参保人员技能，积极促进失业人员重新就业；推进失业保险基金省级统筹、增强抵御风险能力。这一期间，失业保险政策优化和措施有力对实现稳就业目标作出了巨大贡献。

社保基金监管方面：完善基金监管规章、规程，强化行政监督和内部控制，激励社会监督；针对突出风险，开展专项整治；进一步推进基本养老保险基金市场化投资，建立完善企业年金、职业年金基金投资监管体系。

社会救助、社会福利、优抚方面：改革完善社会救助制度，提高救助的覆盖范围和质量。将积极应对人口老龄化上升为国家战略，分别制定中长期的残疾人保障和发展规划、妇女发展纲要、儿童发展纲要、老龄事业发展和养老服务体系规划等，促进社会福利的全面发展，提高弱势群体的生活质量和福利水平。解决退役士兵社会保险问题；制定退役军人保障法、军人地位和权益保障法；完善军人及军队相关人员、残疾退役军人医疗待遇保障办法。

第十章

2017～2022 年养老保险的
改革发展

党的十九大至党的二十大之间的五年，我国社保体系建设在养老保险领域的重大突破集中体现在五方面：初步建立基本养老金待遇正常调整机制，实施企业职工基本养老保险基金全国统筹，扩大筹资渠道提升可持续能力，统一企业职工基本养老保险遗属待遇政策，健全多层次养老保险体系。

第一节　有序提高基本养老金待遇水平

2017～2022 年，我国城乡居民家庭人均可支配收入从 25974 元提高到 36883 元，增长 42%；其中城镇居民人均从 36396 元提高到 49283 元，增长 35.4%；农村居民人居从 13432 元提高到 20133 元，增长 50%。[①] 这 5 年，城乡居民和城镇退休人员的基本养老金水平也稳步提高，并初步建立起正常调整的机制，成为人民生活随经济发展持续改善的重要内容和积极体现。

[①]　根据国家统计局《中华人民共和国 2017 年国民经济和社会发展统计公报》和《中华人民共和国 2022 年国民经济和社会发展统计公报》相关数据计算。

一、建立城乡居保待遇调整机制，稳步提高待遇水平

2013 年党的十八届三中全会就提出"建立健全合理兼顾各类人员的社会保障待遇确定和正常调整机制"。从实践发展看，各项社会保险大都有比较稳定的待遇调整机制，如参加职工基本养老保险的退休人员基本养老金每年都能提高一定幅度，职工医保和失业、工伤、生育保险的待遇随工资增长而提高，城乡居民医保的实际受益水平也随财政补助标准的每年增加而提高，而唯有城乡居民基本养老保险制度，只是在 2014 年整合统一时全国统一提高了一次基础养老金标准（见第五章第三节），参保群众和社会舆论反映保障水平较低，而且缺乏明确、正常的待遇确定和调整机制。

针对这一问题，人力资源社会保障部、财政部经过深入调查、反复研究，认为党的十八大以后普及和统一城乡居民基本养老保险制度，解决了这一群体老年保障制度"从无到有"的问题，党的十九大之后，到了着力解决保障水平逐步"从低到高"问题的时候。经党中央、国务院同意，两部门于 2018 年 3 月印发《关于建立城乡居民基本养老保险待遇确定和基础养老金正常调整机制的指导意见》，提出了五方面规范机制：一是待遇确定机制，稳定了城乡居保的双重待遇结构——基础养老金＋个人账户养老金，明确了各自的资金来源、计发标准及确定权属，在全国统一规则的前提下，特别提倡各地对长缴、多缴的参保人适当加发年限基础养老金。二是基础养老金正常调整机制，明确全国基础养老金最低标准调整由人力资源社会保障部会同财政部，统筹考虑城乡居民收入增长、物价变动和职工基本养老保险等其他社会保障标准调整情况，适时提出方案，报请党中央和国务院确定；地方基础养老金的调整由同级政府确定。三是个人缴费档次标准调整机制，赋予各地根据城乡居民收入增长情况合理确定和调整养老保险缴费档次标准的权力，但规定最高缴费档次标准原则上不超过当地灵活就业人员参加职工基本养老保险的年缴费额，对重度残疾人等缴费困难群体可保留现行最低缴费档次标准。

四是缴费补贴调整机制，要求各地建立缴费补贴动态调整机制，根据经济发展、个人缴费标准提高和财力状况，合理调整缴费补贴水平，对选择较高档次缴费的人员可适当增加缴费补贴。五是个人账户基金投资运营政策，要求各地按照国务院有关规定，开展城乡居保基金委托投资，实现基金保值增值，提高个人账户养老金水平和基金支付能力。

2018 年 5 月，经党中央、国务院批准，人力资源社会保障部和财政部印发《关于 2018 年提高全国城乡居民基本养老保险基础养老金最低标准的通知》，统筹考虑近年来城乡居民收入增长、物价变动和职工基本养老保险等保障标准调整情况，决定自 2018 年 1 月 1 日起，全国城乡居民基本养老保险基础养老金最低标准提高至每人每月 88 元，即在原每人每月 70 元的基础上增加 18 元；提高标准所需资金，中央财政对中部、西部地区给予全额补助，对东部地区给予 50% 的补助。这是党的十九大之后全国统一提高城乡居保养老金标准的举措，标志着城乡居民养老保险基础养老金正常调整机制开始运行。全国统一调待，地方在此基础上增加基础养老金，加上参保居民个人账户养老金随缴费水平提高而增加，2018 年全国人均的基本养老金（基础养老金加个人账户养老金）达到每月 155 元，比上年有较大幅度提高。

2020 年 9 月，人力资源社会保障部、财政部印发《关于 2020 年提高城乡居民基本养老保险全国基础养老金最低标准的通知》，自 2020 年 7 月 1 日起将城乡居民基本养老保险全国基础养老金最低标准提高至 93 元。2022 年又再次全国统一提高基础养老金最低标准 5 元，提至 98 元①。

统筹提高城乡居保基础养老金待遇并建立正常的待遇确定和调整机制，是顺应社会各界呼声和期盼、提高老年保障水平、切实增强城乡居民的获得感、幸福感、安全感的具体行动，有利于稳定城乡居民参保预期，也有利于城乡居保事业长期稳定发展。党的十九大之后的五年，城乡居保参保人数保持稳定，实际领取待遇人数逐年增加，2022 年全国参

---

① 2024 年《政府工作报告》提出："城乡居民基础养老金月最低标准提高 20 元。"

保 54952 万人，其中实际领取待遇 16464 万人①，月人均养老金 196 元，比党的十九大召开的 2017 年增长 60% 以上，超过了同期农村居民家庭人均可支配收入的增幅（见表 10 - 1）。

表 10 - 1　　　　　　　2017～2022 年城乡居保待遇水平变化

年份	实际领取人数（万人）	基本养老金（元/人·月）
2017	15598	122
2018	15898	155
2019	16032	157
2020	16068	163
2021	16213	179
2022	16464	196

资料来源：《中国人力资源和社会保障年鉴（工作卷）》（2018～2022 年）、《2022 年全国社会保障工作述评》，后有调整。

二、持续调整退休人员基本养老金待遇，初建合理机制

党的十九大之后的五年，人力资源社会保障部、财政部报经国务院批准，连年统一安排调整全国企业和机关事业单位退休人员基本养老金水平，调整的范围、时间、办法和资金来源都延续以往的政策，而各年调整的总体幅度则依据国家经济发展状况、物价和工资增长水平及各方面承受能力有所不同。2018～2020 年的调整幅度均为上年度人均基本养老金水平的 5%，2021 年和 2022 年则确定为 4.5% 和 4%；在定额调整、挂钩调整的基础上，对高龄退休人员、艰苦边远地区退休人员适当提高调整水平，并确保安置到地方工作且已参加基本养老保险的企业退休军转干部基本养老金不低于当地企业退休人员平均水平。

表 10 - 2 显示，2018～2022 年，国家统一安排调整城镇退休人员基

---

① 人力资源和社会保障部.2022 年度人力资源和社会保障事业发展统计公报［EB/OL］.（2023 - 06 - 20）. http：//www.mohrss.gov.cn/SYrlzyhshbzb/zwgk/szrs/tjgb/202306/W020230620362129217161.pdf.

本养老金待遇增幅累计达 23.5%；2022 年实际人均基本养老金比 2017 年增长 28.8%，其中企业退休人员增长 23.1%。

表 10 - 2 　　　　　　　　**2017～2022 年调整退休人员基本养老金待遇**

年份	受益人数 （万人）	规定增幅 （%）	统筹范围内退休人员养老金 （元/月）	企业退休人员养老金 （元/月）
2017	10712	5.5	2710	2490
2018	11258	5.0	2928	2597
2019	11798	5.0	3106	2719
2020	12310	5.0	3241	2850
2021	12762	4.5	3390	2987
2022	13157	4.0	3490	3065

资料来源：《中国人力资源和社会保障年鉴 2023（工作卷）》。

2020 年，有关部门落实党的十八届五中全会"健全基本养老、基本医疗保险筹资和待遇调整机制"和"十四五"规划"完善城镇职工基本养老金合理调整机制"的要求，总结过往十多年调待工作经验，明确了调整退休人员基本养老金的启动条件、人员范围和时间、确定调整水平的因素和比例、资金渠道、工作机制以及"定额调整、挂钩调整与适当倾斜相结合"的结构化调整办法，初步建立起参保退休人员合理调待机制。

经济发展和社会保障是水涨船高的关系。进入新时代，我国社会保障坚持实事求是，尽力而为、量力而行，把提高社会保障水平建立在经济和财力可持续增长的基础之上。党的十九大之后，在基本养老保险待遇方面，坚持了党的十八大以后两个行之有效的政策：一是统筹安排企业与机关事业单位退休人员的基本养老金调整，体现公平性；二是对城乡居保的待遇调整，既统一提高全国最低标准，又授权地方根据实际增加基础养老金，以适应我国地区发展差异大的特征。在此基础上，更加注重机制建设，分别形成了城乡居保基础养老金和职保基本养老金合理调整机制的框架，为增强待遇调整的科学性、稳定性、可持续性奠定了基础。

第二节　企业职工基本养老保险全国统筹

我国区域之间发展不平衡，经济发展水平、人口年龄结构等存在差异，各省份之间养老保险基金结构性矛盾日益突出。一些省份基金结余比较多，而另一些人口老龄化程度较高省份的基金支出压力则较大（见表 10－3）。因此，提高统筹层次、增强分散风险能力始终是职工养老保险制度改革追寻的重要目标。

表 10－3　　　2017 年分地区城镇职工基本养老保险基金收支情况　　　单位：亿元

地区	基金收支情况		
	基金收入	基金支出	累计结余
全国	43309.6	38051.5	43884.6
北京	2223.0	1394.3	4394.9
天津	894.3	836.1	463.2
河北	1439.2	1411.6	735.2
山西	1234.6	1082.3	1457.7
内蒙古	853.5	707.2	605.2
辽宁	1863.2	2207.0	572.8
吉林	764.1	767.0	340.0
黑龙江	1240.5	1534.2	-486.2
上海	2767.4	2571.1	2068.8
江苏	2885.6	2555.3	3730.8
浙江	3052.6	2636.7	3709.8
安徽	993.3	784.6	1393.9
福建	785.3	666.5	820.0
江西	974.1	862.6	638.1
山东	2289.3	2358.7	2315.7
河南	1521.5	1471.8	1104.0
湖北	1793.6	1864.2	751.6

续表

地区	基金收支情况		
	基金收入	基金支出	累计结余
湖南	1448.1	1349.1	1104.1
广东	3457.0	1898.0	9245.1
广西	977.0	881.9	556.7
海南	271.1	232.0	173.5
重庆	1434.7	1372.4	897.1
四川	3295.9	2276.4	3245.8
贵州	667.1	575.7	619.2
云南	1096.0	958.9	950.8
西藏	130.8	84.7	123.6
陕西	1049.2	961.8	566.1
甘肃	391.3	363.5	403.7
青海	197.6	205.5	55.8
宁夏	243.0	221.4	217.7
新疆	1006.1	906.0	1074.0

资料来源：《中国人力资源和社会保障年鉴2018（工作卷）》。

党的十八大首次鲜明提出"实现基础养老金全国统筹"。当时把全国统筹的基金界定在基础养老金的主要考量是：在职工养老保险制度三部分结构中，个人缴费形成的个人账户基金权属在个人，理论上不具有社会互济功能；过渡性养老金虽然源自统筹基金，但具有阶段性，其规模将随时间推移逐渐缩小；只有稳定状态的基础养老金板块可以实现全国统筹。按照这一部署，国务院确定了"两步走"的策略——首先建立中央调剂制度，并加快完善省级统筹，在此基础上再适时实行全国统筹。2017年9月，人力资源社会保障部、财政部印发《关于进一步完善企业职工基本养老保险省级统筹的通知》，从六个方面提出规范意见：要求各地在实现"六统一"的基础上，积极创造条件实现全省基本养老保险基金统收统支，对省内仍单独统筹的地区要尽快纳入省级统筹范围；要求各地严格执行国家规定的基本养老保险费率，不得自行调整，全省尚未统一费率的至迟在 2020 年实现统一；要求各地执行国家规定的单位和个人缴费基数核定办法，并尽快统一全省缴费基数上下限等参数；要求各地严格执行国家统一的待遇政策，不得自行出台政策或扩大纳入基金支付的待遇范围；要求各地完善省级预算制度，加强对基金的统一调度使用，健全省内基金缺口分担机制；要求各地统一全省业务经办规程，实现信息系统和数据向省集中。这些措施，实际上是在为实行中央调剂制度进而建立全国统筹制度夯实基础。

2017 年党的十九大提出"尽快实现养老保险全国统筹"。相比党的十八大"实现基础养老金全国统筹"的部署有两个明显变化：一是强调"尽快"，反映了此项任务面对人口老龄化高峰期逼近的紧迫性；二是确定把全部基金作为整体来推进全国统筹，而不再局限于"基础养老金"。

一、实行企业职工基本养老保险中央调剂制度

作为全国统筹的第一步，国务院于 2018 年 5 月印发《关于建立企业职工基本养老保险基金中央调剂制度的通知》，并于当年 7 月 1 日起实施。建立中央调剂制度的基本原则：一是促进公平，通过实行部分养老保险基金中央统一调剂使用，合理均衡地区间基金负担，提高养老保险基金整体抗风险能力；二是明确责任，实行省级政府扩面征缴和确保发放责任制，中央政府通过转移支付和养老保险中央调剂基金（以下简称中央调剂基金）进行补助，建立中央与省级政府责任明晰、分级负责的管理体制；三是统一政策，国家统一制定职工基本养老保险政策，逐步统一缴费比例、缴费基数核定办法、待遇计发和调整办法等，最终实现养老保险各项政策全国统一；四是稳步推进，合理确定中央调剂基金筹集比例，平稳起步，逐步提高，进一步统一经办规程，建立省级集中的信息系统，不断提高管理和信息化水平。主要政策如下。

（1）中央调剂基金筹集。由各省份养老保险基金上解的资金构成。按照各省份职工平均工资的 90% 和在职应参保人数作为计算上解额的基数，上解比例从 3% 起步，逐步提高。考虑到各地在平均工资、参保人数

等方面的参差状况，具体规定各省份职工平均工资为统计部门提供的城镇非私营单位和私营单位就业人员加权平均工资（首次在全国范围将私营单位员工工资列为基础参数，也是一项不小的突破）；而各省份在职应参保人数暂以在职参保人数和国家统计局公布的企业就业人数二者的平均值为基数核定，将来条件成熟时再以覆盖常住人口的全民参保计划数据为基础确定在职应参保人数。2019 年，中央调剂基金的上解比例按计划调高至 3.5%。

（2）中央调剂基金拨付。实行以收定支，当年筹集的资金全部拨付地方。根据人力资源社会保障部、财政部核定的各省份离退休人数、按照全国人均拨付定额，确定中央调剂基金对各省的拨付资金额。这一规则是为了堵塞地方虚报人数或争相提高待遇标准的漏洞。

（3）中央调剂基金管理。纳入中央级社会保障基金财政专户，实行收支两条线管理，专款专用，不得用于平衡财政预算。中央调剂基金采取先预缴预拨后清算的办法，资金按季度上解下拨，年终统一清算。为解除地方对本地结存基金被"平调"的顾虑，明确各地在实施中央调剂制度之前累计结余基金原则上留存地方，用于本省范围内养老保险基金余缺调剂。

（4）中央财政补助。明确现行中央财政补助政策和补助方式保持不变，又给中西部地区吃了一颗"定心丸"；中央财政补助资金和中央调剂基金拨付后，各省份养老保险基金缺口由地方政府承担，要求省级政府切实承担起确保基本养老金按时足额发放和弥补养老保险基金缺口的主体责任。

为保障中央调剂制度的顺利实施，《国务院关于建立企业职工基本养老保险基金中央调剂制度的通知》还提出了完善省级统筹制度、强化基金预算管理、建立健全考核奖惩机制、推进信息化建设等措施。

中央调剂制度从 2018 年至 2021 年实施了四年，在此期间，为下一步实现全国统筹做好准备，还进行了一系列重要工作。第一，调剂比例稳步上升。从 2018 年起步时的 3% 逐步提升至 2021 年的 4.5%，四年共跨省调剂资金 6000 多亿元，其中 2021 年跨省调剂的规模达到 2100 多亿元，有力支持了困难省份确保养老金按时足额发放。① 第二，规范省级统筹制度。2017 年 9 月，人力资源社会保障部、财政部印发《关于进一步完善企业职工基本养老保险省级统筹的通知》，要求各地积极创造条件实现全省基本养老保险基金统收统支，最迟在 2020 年实现全省费率统一，完善省级预算制度，实现信息系统和数据向省级集中。2019 年 10 月，人力资源社会保障部、财政部、国家税务总局联合印发《关于规范企业职工基本养老保险省级统筹制度的通知》，提出了"七统一"（政策、基金收支管理、预算管理、责任分担机制、信息系统、经办管理服务、激励约束机制）的规范。第三，基本统一养老保险单位费率。除个别省份外，其他省份的养老保险单位缴费比例已统一为 16%。第四，建成全国统一的社会保险公共服务平台。这个平台于 2019 年正式上线，为参保人员提供社保查询、参保登记、转移接续、申领失业金等服务，办理社保业务更加方便快捷。

二、企业职工基本养老保险全国统筹正式实施

2020 年 2 月 14 日，中央全面深化改革委员会第十二次会议审议通过了《企业职工基本养老保险全国统筹改革方案》，提出要坚持公平统一、权责一致、循序渐进，推动养老保险全国统筹制度更加公平更可持续，全面建成覆盖全民、城乡统筹、权责清晰、保障适度、可持续的多层次社会保障体系。2020 年人力资源社会保障部、财政部按照"七统一"的工作要求，设置 29 个验收项目，组织对各地省级统筹实施情况开展考核验收。经过 6 个步骤的考核验收，所有省份均在 2020 年底实现了企业职工基本养老保险基金省级统收统支，统一了省内政策、经办、信息系统，为实施全国统筹打下坚实基础。

2021 年，全国统筹进入最后准备阶段。2021 年 4 月，人力资源社保

---

① 人力资源和社会保障部.2022 年度人力资源和社会保障事业发展统计公报 [EB/OL].（2023 - 06 - 20）. https：//www.mohrss.gov.cn/SYrlzyhshbzb/zwgk/szrs/tjgb/202306/t20230620_501761.html.

障部印发《关于开展企业职工基本养老保险全国统筹信息系统建设工作的
通知》，指导各省份改造省级集中信息系统，为全国统筹做好技术支持准备
工作。2021 年 12 月，经党中央、国务院同意，《企业职工基本养老保险全
国统筹制度实施方案》正式公布，确定从 2022 年 1 月启动实施全国统筹。

全国统筹的基本原则是坚持统一规范，促进公平公正；坚持权责一致，
落实支出责任；坚持绩效导向，强化激励约束；坚持循序渐进，确保平稳
实施。在全国养老保险政策方面，明确中央统一制定养老保险政策，统一
缴费比例、缴费基数、计发基数、待遇项目、待遇调整，各地不得自行出
台或调整；在基金收支管理方面，要求规范基金征缴，建立全国统筹调剂
资金，制定了调拨核定办法，完善中央和省两级预算体制，健全风险防控
体系；同时提出建立中央和地方养老保险支出责任分担机制，统一经办服
务管理和信息系统，建立省级政府养老保险工作考核机制，规定人力资源
社会保障部、财政部、国家税务总局会同有关部门健全工作协调机制。

在实操层面，2021 年底，全国统一的企业职工基本养老保险全国统
筹业务管控系统和基金管理系统正式上线运行，构筑了"数据实时同步、
部省两级联动、风险实时管控"的新型经办监管模式，形成了全国基金
"一本账"；至 2022 年 6 月底，初步实现了企业职工基本养老保险数据全
国集中管理和业务统一风险管控。2022 年全国统筹调剂资金 2440 亿元①，
增强养老保险制度的可持续性和公平性，健全了中央和地方养老保险支
出责任分担机制，逐步强化地方政府支出责任，确保基本养老金按时足
额发放。

养老保险全国统筹是养老保险制度改革的重要一环，具有十分积极
的意义。一是有利于均衡各省养老保险负担，缓解区域间结构性矛盾。
由于经济发展水平和人口年龄结构的差异，不同省份之间的养老保险基
金收支压力差异很大，比如，广东企业职工基本养老保险基金累计结余
够用五年多，而十几个省份出现了当期结余赤字，黑龙江甚至出现累计

---

① 人力资源和社会保障部. 中国人力资源和社会保障年鉴 2023：工作卷［M］. 北京：中
国劳动社会保障出版社、中国人事出版社，2023.

结余赤字。实行养老保险全国统筹，类似于在各省份之间修建"南水北调"工程，以丰补歉，调剂余缺。二是有利于增强养老保险基金的抗风险能力，提升参保信心。相对于省级统筹，全国统筹可以在更大范围内调剂基金余缺，因此基金抗风险能力更强，这有利于提升参保企业和参保人员（特别是养老金发放困难地区的参保企业和参保人员）对养老保险制度的信心，提高参保缴费的积极性。三是有利于推动养老保险制度的全国统一，促进国家基本公共服务制度的标准化。基本养老保险制度作为一项重要的国家基本公共服务制度，应当在全国范围实现统一和标准化。从国际上看，养老保险制度比较健全的国家，绝大多数都实行全国统筹，政策全国统一，基金统一征收，待遇统一支付，我国职工基本养老保险制度也朝着这个方向发展。

养老保险全国统筹意义重大，但着重解决的是各省份人口年龄结构差异导致基金收支不平衡的"非系统性风险"，而对于全国人口老龄化程度持续加深的"系统性风险"，还需要多领域多项改革综合配套来应对。

第三节　改善基本养老保险的可持续性

党的十九大之后的五年，我国人口老龄化程度进一步加深，2022 年底全国 60 岁以上人口超过 2.8 亿人，占比 19.8%，其中 65 岁以上人口近 2.1 亿人，占比 14.9%。人口学界判断我国即将进入中度老龄化国家的行列，并预计将在 2035 年前后迈入中度老龄化（60 岁、65 岁及以上人口占比分别超过 30% 和 20%）的门槛。人口老龄化、平均预期寿命延长是社会进步、生活改善的结果，同时也给经济社会发展带来新的压力与课题。党中央正确研判这一趋势，2019 年中共中央、国务院印发《国家积极应对人口老龄化中长期规划》，提出到 2022 年，我国积极应对人口老龄化的制度框架初步建立；到 2035 年，积极应对人口老龄化的制度安排更加科学有效；到本世纪中叶，与社会主义现代化强国相适应的应对人口老龄化制度安排成熟完备。这个战略性规划从五方面部署了应对人口老龄化的具体工作任务，其中第一方面就是夯实应对人口老龄化的社会财富储备——通过扩大总量、优化结构、提高效益，实现经济发展与人口老龄化相适应；通过完善国民收入分配体系，优化政府、企业、居民之间的分配格局，稳步增加养老财富储备；健全更加公平更可持续的社会保障制度，持续增进全体人民的福祉水平。按照中央部署，在养老保险方面推出了两项重大举措。

一、划转部分国有资本充实社保基金

2017 年 11 月，即党的十九大召开的次月，国务院就发布了《划转部分国有资本充实社保基金实施方案》（以下简称《划转方案》），将"十三五"规划提出的"划转部分国有资本充实社保基金"的重大举措落到实处。《划转方案》确定的指导思想是：通过划转，使全体人民共享国有企业发展成果，增进民生福祉，促进改革和完善基本养老保险制度，实现代际公平，增强制度的可持续性。《划转方案》规定了一整套划转政策。

（1）划转范围。除公益类企业、文化企业、政策性和开发性金融机构以及国务院另有规定的外，中央和地方国有及国有控股大中型企业、金融机构全部纳入。

（2）划转方式。中央和地方企业集团已完成公司制改革的，直接划转企业集团股权；未完成公司制改革的，改制后按要求划转企业集团股权；同时探索划转未完成公司制改革的企业集团所属一级子公司股权。

（3）划转比例。目前统一为企业国有股权的 10%，基本目标是弥补企业职工基本养老保险制度转轨时期因职工享受视同缴费年限政策形成的基金缺口；今后结合养老保险制度改革及可持续发展的要求，再研究是否进一步划转。

（4）承接主体。划转的国有股权是基本养老保险基金的重要组成部分。划转的中央企业国有股权由国务院委托社保基金会负责集中持有，单独核算；条件成熟时，经批准，社保基金会可组建养老金管理公司，独立运营划转的中央企业国有股权。划转的地方企业国有股权，由各省级政府设立国有独资公司集中持有、管理和运营；也可委托本省（区、市）具有国有资本投资运营功能的公司专户管理。

（5）划转步骤。2017 年选择国务院国资委监管的中央管理企业 3～5 家、中央金融机构 2 家以及部分省份开展试点；2018 年及以后分批划转其他符合条件的中央管理企业、中央行政事业单位所办企业以及中央金融机构的国有股权；各省级政府负责组织实施本地区地方国有企业的国有股权划转工作。

《划转方案》还对划转程序、承接主体对国有资本的管理以及相关配套措施作出了具体规定。

按照国务院的部署，2018 年中国联通等 3 家中央企业、中国再保险等 2 家中央金融机构，以及浙江省和云南省基本完成了划转任务；在试点基本完成的基础上，中央层面又陆续对 50 家中央企业和 12 家中央金融机构实施了划转；地方层面，除试点省份外，其他省份也相继开展了前期准备工作，为正式实施划转奠定了基础。2018 年底，全国累计划转国有资本金 1000 多亿元，其分红收益按规定缴至社保基金会账户。

2019 年 7 月，国务院常务会议决定全面推开划转部分国有资本充实社保基金工作。据此，财政部、人力资源社会保障部、国务院国资委、国家税务总局、证监会于 9 月联合印发《关于全面推开划转部分国有资本充实社保基金工作的通知》，对这项工作提出 4 个方面要求。

（1）时间要求。中央和地方划转部分国有资本充实社保基金工作于 2019 年全面推开。其中：中央层面，具备条件的企业于 2019 年底前基本完成，确有难度的企业可于 2020 年底前完成，中央行政事业单位所办企业待集中统一监管改革完成后予以划转；地方层面，于 2020 年底前基本完成划转工作。

（2）股权划出划入双方的义务。国有股东应做好相关企业股权划出工作，督促企业及时办理相关手续。承接主体应扎实做好企业股权接收工作，保证接收股权的集中持有和单独核算，接受考核监督。划转的地方企业国有股权，统一由各省级人民政府设立的一家国有独资公司集中持有、管理和运营，或委托一家具有国有资本投资运营功能的公司专户管理。

（3）划转责任主体要求。各省（自治区、直辖市）人民政府要对本地区划转工作负总责，加强组织领导，结合实际制定具体落实办法，确保按要求完成划转任务。同时，要加强对承接主体的监督和管理，确保划转的国有资本专项用于弥补企业职工基本养老保险基金缺口。各级财政、人力资源和社会保障、国资监管等有关部门要加强协作配合，切实履行职责。

（4）规范划转操作的要求。《关于划转部分国有资本充实社保基金有关事项的操作办法》要求积极稳妥、规范有序推进划转工作，主要内容有6个方面：一是关于划转范围和划转对象的确定，明确了相关企业的界定标准，规范了国有资本投资运营公司等企业的划转操作。二是关于多元持股企业的划转方式，明确了多元持股企业牵头实施单位的确定及具体划转程序。三是关于划转工作办理，明确了国有产权变更登记完成时限、划转基准日确定、受限国有股权划转和承接主体入账标准等。四是关于划转国有资本的管理，明确了承接主体与原国有股东责权利关系、划转国有资本现金收益投资范围、承接主体管理费用等具体问题。五是关于税费处理，明确在国有股权划转和接收过程中，免征印花税、过户费等税费，并规定了所得税处理方式。六是明确了划转工作如何与原国有股转（减）持政策衔接等。

截至2022年2月，中央层面共划转93家中央企业和中央金融机构国有资本总额1.68万亿元充实社保基金。2022年底，全国社会保障基金资产总额达2.88万亿元，比2017年底增加6600余亿元，增长30%；其中基金权益2.6万亿元，比2017年底增加5299余亿元，增长26%。①② 国家养老保障战略储备基金持续做大做强，进一步夯实了制度可持续发展的基础。

---

① 全国社会保障基金理事会.2017年全国社会保障基金理事会社保基金年度报告［EB/OL］.（2018－07－31）.https：//www.ssf.gov.cn/portal/jjcw/sbjjndbg/webinfo/2018/07/1632636003316677.htm.

② 全国社会保障基金理事会.全国社会保障基金理事会社保基金年度报告（2022年度）［EB/OL］.（2023－09－28）.https：//www.ssf.gov.cn/portal/xxgk/fdzdgknr/cwbg/sbjjndbg/webinfo/2023/09/1697471208931405.htm.

二、实施基本养老保险基金市场化投资运营

基本养老保险基金投资方面，国务院 2015 年颁布有关管理办法（见第五章第四节），各省份从 2016 年起开始归集投资基金。党的十九大之后，这项工作得到明显的落实、扩展和规范，初见成效。

2017 年 12 月，人力资源社会保障部、财政部印发《企业年金办法》，对养老基金投资养老金产品的备案要求、管理费收取、风险准备金提取、信息披露等进行了规范。截至 2017 年底，全国有 9 个省份签署委托投资 4300 多亿元，实际归集到账 2731.5 亿元并开始投资，迈出了基本养老保险基金市场化、多元化投资运营的第一步。[①]

城乡居保的累计结存基金绝大部分是个人账户资金，当期支付需求很少，保值增值的迫切性更强。2018 年 8 月，人力资源社会保障部、财政部专门印发《关于加快推进城乡居民基本养老保险基金委托投资工作的通知》，规定 2017 年以后城乡居保新增结余基金至少 80% 用于委托投资，部署全国所有省份用 3 年时间分 3 批启动委托投资——2018 年第一批和 2019 年第二批各覆盖 9 个省（区、市），其余地区为第三批。

2019 年 8 月，人力资源社会保障部、财政部印发《基本养老保险基金委托投资业务规程》，明确各方权利义务，规范合同签署、资金划拨、信息披露等业务流程，提高了委托投资工作科学化、规范化水平。2019 年底，养老基金委托投资合同规模破万亿元大关。[②]

2020 年 5 月、2021 年 7 月，根据抗击新冠疫情的情况和要求，人力资源社会保障部、财政部先后印发针对性文件，指导各地统筹做好新冠疫情防控和投资扩面工作，将新冠疫情防控带来的负面影响降到最低。2022 年 11 月，同意将邮政储蓄银行纳入养老基金存款银行范围。

---

① 中华人民共和国人力资源和社会保障部. 中国人力资源和社会保障年鉴·2018：工作卷［M］. 北京：中国劳动社会保障出版社、中国人事出版社，2018.

② 中华人民共和国人力资源和社会保障部. 中国人力资源和社会保障年鉴·2020：工作卷［M］. 北京：中国劳动社会保障出版社、中国人事出版社，2020.

2020 年底，全国各省、自治区、直辖市和新疆生产建设兵团全部启动了基本养老保险基金委托投资工作。截至 2022 年底，合同规模超过 1.62 万亿元，累计投资收益额已超过 2600 亿元，年均收益率超过 5%。[①]

第四节　完善企业职工遗属待遇制度

国际劳工组织将社会保障分为 9 个主要项目，遗属待遇是其中之一，并与养老、非因工伤残合称"老残遗"体系，一体化安排。我国 20 世纪 50 年代制定实施的《劳动保险条例》，对企业职工和退休人员因病或非因工死亡，规定由劳保基金发给其遗属丧葬补助费、并对其供养亲属发给救济费。2011 年施行的《社会保险法》第十七条规定：参加基本养老保险的个人，因病或者非因工死亡的，其遗属可以领取丧葬补助金和抚恤金，所需资金从基本养老保险基金中支付。但是遗属待遇的具体项目和标准，一直没有全国统一，各地自行规定。

在中央批准实施的改革和完善基本养老保险制度总体方案中，完善职工遗属待遇制度被列为一项重要任务。人力资源社会保障部、财政部经过调查研究，于 2021 年 2 月印发《企业职工基本养老保险遗属待遇暂行办法》，统一了全国政策，主要包括以下内容。

（1）领取条件。参加企业职工基本养老保险的人员（包括在职人员和退休人员，以下简称参保人员）因病或非因工死亡的，其遗属可以领取丧葬补助金和抚恤金（合称遗属待遇）。

（2）待遇确定。遗属待遇为一次性待遇，所需资金从企业职工基本养老保险统筹基金中列支。丧葬补助金的标准，按照参保人员死亡时本省（自治区、直辖市）上一年度城镇居民月人均可支配收入的 2 倍计算。

---

① 全国社会保障基金理事会. 全国社会保障基金理事会基本养老保险基金受托运营年度报告（2022 年度）［EB/OL］.（2023 - 11 - 04）. https://www.ssf.gov.cn/portal/xxgk/fdzdgknr/cwbg/yljjndbg/webinfo/2023/11/1700669400777267.htm.

抚恤金标准分在职人员（含灵活就业等以个人身份参保人员）和退休人员（含退职人员）两类，以死亡时本省份上一年度城镇居民月人均可支配收入为基数，按照本人在职时的缴费年限（包括实际缴费年限和视同缴费年限）确定（最高）发放月数（见表 10－4）。

表 10－4　　　　　企业职工基本养老保险遗属抚恤金发放月数

缴费年限	（最高）发放月数
不满 5 年	3 个月
满 5 年不满 10 年	6 个月
满 10 年不超过 15 年（含 15 年）	9 个月
15 年以上	每多缴一年，发放月数增加一个月，最高不超过 24 个月

注：1. "发放月数"针对在职人员（含灵活就业等以个人身份参保人员）；"最高发放月数"针对退休人员（含退职人员），每领取 1 年基本养老金则最高发放月数减少 1 个月，发放月数最低为 9 个月。

2. 参保人员因病或非因工死亡，累计缴费年限不足 5 年的，其遗属待遇标准不得超过其个人缴费之和（灵活就业等以个人身份参保人员以记入个人账户部分计算）。

（3）待遇领取地。在职参保人员死亡的遗属待遇领取地为其最后养老保险关系所在地（含临时基本养老保险缴费账户所在地），由最后养老保险关系所在地社会保险经办机构负责核定参保人员缴费年限等相关信息，并支付遗属待遇。退休人员死亡的遗属待遇领取地为其企业职工基本养老保险待遇领取地。

（4）特殊情形。参保人员因病或非因工死亡，同时符合企业职工基本养老保险、城乡居民基本养老保险遗属待遇条件的，由其遗属选择其中一种领取。已办理企业职工基本养老保险和城乡居民基本养老保险制度衔接手续并领取城乡居民基本养老保险待遇后死亡的，其遗属不再享受企业职工基本养老保险遗属待遇。

《企业职工基本养老保险遗属待遇暂行办法》与早年《劳动保险条例》规定和各地分散政策相比，其完善和优化主要体现在：第一，扩大了待遇享受范围，不再区分遗属是否需要供养，更好保障了相关群体的利益。第二，待遇计发基数由本企业平均工资或死者本人工资改为本省上年度城镇居民人均可支配收入，更加体现公平。第三，抚恤金水平按参保人员缴费年限计算并上封顶下托底，既体现激励机制，又落实抚恤功能。第四，针对人员流动性，确定待遇支付的属地原则，更加方便参保人员遗属，同时防止地区间推诿扯皮。

《企业职工基本养老保险遗属待遇暂行办法》自 2021 年 9 月 1 日起施行，在《社会保险法》实施 10 年后启动了参保企业职工养老保险遗属待遇的全国统一步伐，向"公平统一"的标准迈进，填补了我国国家层面社保制度的一个缺项，更好地保障了企业职工基本养老保险参保人员及其遗属的合法权益。到党的二十大召开时，这个统一制度刚刚施行一年多，还需要一段时间因地制宜地对原有的分散政策进行衔接、消化。在总结实践经验基础上，也有继续完善的空间，如借鉴工伤保险经验将分省确定待遇基数进一步提升为全国，又如企业与事业单位的遗属待遇统筹协调等，都可能是提升的方向。

第五节　构建多层次、多支柱养老保险体系

党的十九大以后，我国基本养老保险稳步发展，2020 年底覆盖近十亿人；职业年金随机关事业单位养老保险制度改革迅速发展，但企业年金则面临覆盖面有限等困境；个人商业养老金尚处于萌芽期。2020 年党的十九届五中全会提出"发展多层次、多支柱养老保险体系"，首次将"多层次""多支柱"并提，与国际通行概念衔接，便于更清晰地描绘和构建我国养老保险体系。"十四五"规划在这一目标下，进一步明确了"提高企业年金覆盖率，规范发展第三支柱养老保险"的任务。

一、创新企业年金政策，提高覆盖率

2017 年 12 月，人力资源社会保障部、财政部修订 2004 年施行的《企业年金试行办法》，发布《企业年金办法》，显示出制度走向规范的态势。《企业年金办法》共 7 章 32 条，在总结 20 年经验的基础上，有多处创新与突破。

（1）充实法规依据。除劳动法和国务院有关规定外，随着国家法治建设的进步，增加了《劳动合同法》《社会保险法》《信托法》等，使建立企业年金制度的法律依据更加稳固，也更适应市场化投资的需要。

（2）扩大适用范围。除了企业及其职工外，还扩展到参加职工基本养老保险的其他用人单位及其员工。

（3）丰富方案内容。增加了资金分配的比例和办法、权益归属两项，规定个人缴费及其投资收益自始归属于职工个人；个人账户中企业缴费及其收益，企业可以与职工约定自始归属于职工个人，也可以约定随职工在本企业工作年限的增加逐步归属于职工个人。这一补充，使企业年金方案的内容更完整，规范性更强，有助于减少纠纷，也提升了企业年金制度凝聚职工的功能。

（4）规范成立程序。增加了企业年金方案变更和终止两种情形的处理办法，同时规定了跨地区企业建立企业年金的报审规则，使企业年金建立和运行的程序更加严密。

（5）明确筹资规模。规定企业缴费每年不超过本企业职工工资总额的8%，企业和职工个人缴费合计不超过本企业职工工资总额的12%。相比《企业年金试行办法》中企业缴费不超过工资总额的1/12、企业和职工个人缴费合计一般不超过工资总额的1/6 的规定，总的筹资规模有所降低，主要考虑企业和职工的经济负担能力，并倾向于企业比职工个人承担更多的供款责任。同时规定了企业不能继续缴费情况下的中止办法和恢复缴费能力后的补缴办法，使制度的弹性更强。

（6）合理限制差别。要求企业年金方案合理确定本单位当期缴费计入职工企业年金个人账户的最高额与平均额的差距，明确这一差距不得超过5 倍。这一政策是《企业年金试行办法》中没有的。实践中，一些企业的高管层与普通职工的工资差别很大，在基本养老保险中执行300%的缴费最高额限制，均衡了待遇差；如果在企业年金中放任，将出现高管层过多获益的情形，实际损害了大多数职工的利益。有了最高额限制政策，可以缓解这一矛盾。

（7）增设企业账户。规定在个人账户之外，可以另建企业账户，主要是归集企业年金暂时未分配至职工个人账户的企业缴费及其收益和个人账户中未归属于职工个人的企业缴费及其收益部分；但企业账户中的资金最终须按企业年金方案规定的比例和办法计入职工个人账户。这实际上是在企业年金个人账户之外设置了一个可供分时调节的"蓄水池"。

（8）待遇支付方式。将原《企业年金试行办法》中"可以一次或定期领取"的规定修改为"可以按月、分次或者一次性领取"，同时增加规定"也可以将本人企业年金个人账户资金全部或者部分购买商业养老保险产品，依据保险合同领取待遇并享受相应继承权"。这一调整的取向是倡导按月领取待遇，有助于持续保障退休生活，同时隐含着未领取部分仍可继续投资增值的选项。

《企业年金办法》从 2018 年 2 月 1 日起施行，对促进和规范企业年金发展起到了积极作用。截至 2022 年底，全国共有 12.8 万家企业（单位）建立了企业年金，覆盖 3010 万人，基金累计达 2.87 万亿元，分别比 2017 年增长 59%、29% 和 123%；2022 年全年有近 280 万人领取企业年金待遇，比 2017 年增长 119%，其中分期领取待遇的仅 270 万人，占比 96.4%，比 2017 年提高近 10 个百分点。企业年金市场化投资运营工作也在稳步推进，2022 年末，企业年金投资资产净值 2.83 万亿元[①]，自 2007 年开展投资运营以来，全国企业年金基金平均投资收益率为 6.58%。[②] 企业年金制度多年的发展实践表明，该制度在促进多层次养老体系发展、增强参保单位人才吸引力、促进和谐劳动关系等方面都发挥了重要作用，不仅提高了退休人员的待遇水平，还为资本市场注入了新的活力。

与此同时，机关事业单位养老保险制度改革逐步实施到位，职业年金制度普遍建立，覆盖了全部参保职工和改革后退休的人员，越来越多的地区和单位把在职职工职业年金个人账户"记账方式"（见第五章第五节）改为实账方式。2022 年底，全国职业年金参保人数、基金规模已大

体可与更早施行的企业年金等量齐观。

党的十九大之后的五年，我国养老保险第二支柱得到长足发展（见图 10 – 1 和图 10 – 2），积极作用也在逐渐显现。但相对于第一支柱基本养老保险，总体仍显滞后，特别是企业年金覆盖企业和职工的比率仍较低，以更有力的政策促进其发展还是艰巨的任务。

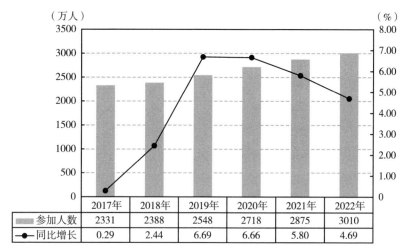

（万人）	2017年	2018年	2019年	2020年	2021年	2022年
参加人数	2331	2388	2548	2718	2875	3010
同比增长	0.29	2.44	6.69	6.66	5.80	4.69

图 10 – 1　2017～2022 年全国企业年金参加人数及增长率

资料来源：人力资源和社会保障部《全国企业年金基金业务数据摘要》（2017～2022 年度）。

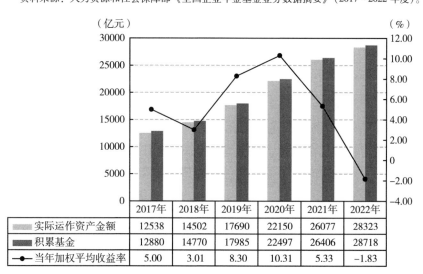

（亿元）	2017年	2018年	2019年	2020年	2021年	2022年
实际运作资产金额	12538	14502	17690	22150	26077	28323
积累基金	12880	14770	17985	22497	26406	28718
当年加权平均收益率	5.00	3.01	8.30	10.31	5.33	-1.83

图 10 – 2　2017～2022 年全国企业年金基金累积及运作情况

资料来源：人力资源和社会保障部《全国企业年金基金业务数据摘要》（2017～2022 年度）。

二、开展个人税收递延型商业养老保险试点

早在 1991 年《国务院关于企业职工养老保险制度改革的决定》中就提出过"个人储蓄性养老保险"的概念，作为基本养老保险和企业补充养老保险之后的第三层次。但这一构想始终未能实践。虽然有商业保险公司开发出个人养老保险产品，但销售寥寥，公众参与度很低，而且与前两个层次基本"不搭界"。

2013 年党的十八届三中全会提出"制定实施免税、延期征税等优惠政策，加快发展企业年金、职业年金、商业保险，构建多层次社会保障体系"，触及后来被称为"第三支柱"养老金的相关政策内涵。随着企业年金的发展和职业年金的建立，多层次养老保障体系的最大空白就是国际上所称的"第三支柱"。2018 年 4 月，财政部、国家税务总局、人力资源社会保障部、银保监会、证监会五部门联合发布《关于开展个人税收递延型商业养老保险试点的通知》（以下简称"22 号文件"），开宗明义："为贯彻落实党的十九大精神，推进多层次养老保险体系建设，对养老保险第三支柱进行有益探索"，这是国家层面正式公布文件中首次使用"第三支柱"概念，开始了建立"第三支柱"养老保险的"破冰之旅"。

22 号文件确定自 2018 年 5 月 1 日起，在上海市、福建省和苏州工业园区开展为期一年的个人税收递延型商业养老保险试点，核心政策是：个人通过个人商业养老资金账户购买符合规定的商业养老保险产品的支出，允许在一定标准内税前扣除；计入个人商业养老资金账户的投资收益，暂不征收个人所得税；个人领取商业养老金时再征收个人所得税。试点的主要规定有以下内容。

（1）适用对象。在试点地区范围内，分为两类群体：第一类是取得工资薪金、连续性劳务报酬所得的个人；第二类是取得个体工商户生产经营所得、对企事业单位的承包承租经营所得的个体工商户业主、个人独资企业投资者、合伙企业自然人合伙人和承包承租经营者。

（2）缴费环节税优。第一类群体个人缴纳的保费准予在申报扣除当

月计算应纳税所得额时予以限额据实扣除，扣除限额按照当月工资薪金、连续性劳务报酬收入的6%和1000元孰低办法确定。第二类群体缴纳的保费准予在申报扣除当年计算应纳税所得额时予以限额据实扣除，扣除限额按照不超过当年应税收入的6%和12000元孰低办法确定。

（3）领取条件及方式。个人达到国家规定的退休年龄，可按月或按年领取商业养老金，领取期限原则上为终身或不少于15年；只是在个人身故、发生保险合同约定的全残或罹患重大疾病的情形下可以一次性领取。

（4）领取环节征税。对个人领取的商业养老金收入，其中25%部分予以免税，其余75%部分按照10%的比例税率计算缴纳个人所得税。

（5）设立专用账户。由纳税人指定商业银行个人专用账户，封闭运行，与居民身份证件绑定，具有唯一性，用于归集税收递延型商业养老保险缴费、收益以及资金领取等。

（6）建立专用信息平台。试点期间使用中国保险信息技术管理有限责任公司建立的信息平台（中保信平台）。个人商业养老资金账户在该平台进行登记，账户变更银行须经该平台校验后进行账户结转。中保信平台与税务系统、商业保险机构和商业银行对接，提供账户管理、信息查询、税务稽核、外部监管等基础性服务。要求中国证券登记结算有限责任公司信息平台（中登公司平台）与商业银行、税务等信息系统的对接准备工作。同时，财政部、国家税务总局、人力资源社会保障部、银保监会和证监会五部门将共同研究建立第三支柱制度和管理服务信息平台。

（7）产品及管理。个人商业养老保险产品按稳健型产品为主、风险型产品为辅的原则选择，采取名录方式确定。具体产品指引由银保监会提出，商财政部、人力资源社会保障部、国家税务总局后发布。

22号文件的突破性意义在于：第一，养老保险第三支柱建设从多年的"纸上谈兵"终于进入了实践过程；第二，国家通过税收递延政策支持其发展，在我国老龄化加剧、同时中等收入群体逐渐扩大的背景下，税优的个人商业养老保险既有广泛需求也有实现的可能，政策功效可望逐步显现；第三，适用范围不局限于工薪收入者，还将第二类群体纳入，显示了未来保障范围扩展的前景；第四，首次把市场化的养老金融产品与政府主导的养老保险制度连接起来，并尝试打通综合监管渠道。

22 号文件明显带有初次"试水"、较为慎重的特征，实践中也遇到一些亟待解决的问题。如试点期间仅限于购买商业养老保险产品，信息平台也限于中保信平台，限制了其他金融养老投资品类的进入，进而难以设计综合投资组合；又如，计税方式是先购买、再退税，缴费者感到不便，影响了参与积极性；再如，比例缴费法比较烦琐，需核定多项参数，不够清晰明确。此外，"第三支柱"在国际社会保障领域只是泛称，各国各有专属名称，如美国称为"个人退休账户"（Individual Retirement Account，IRA），加拿大称为"注册退休储蓄计划"（Registered Retirement Savings Plans，RRSPs）等，22 号文件所称的"第三支柱"是暂用名，表达了将来不限于商业养老保险的意向，但终需正式名称。对这些问题，有关方面在设计时已有研判，比如 22 号文件提出：试点结束后，根据试点情况，结合养老保险第三支柱制度建设的有关情况，有序扩大参与的金融机构和产品范围，将公募基金等产品纳入个人商业养老账户投资范围；第三支柱制度和管理服务信息平台建成以后，中登公司平台、中保信平台与该平台对接，实现养老保险第三支柱宏观监管等。理论界也对此多有建言，如建议正式定名为中国个人养老金；采取账户制而非产品制；统一以绝对额法规定缴费和计算相关税收；逐步把适用范围扩大到所有有意愿为自己养老作长期储备的群体；对低收入者实行更优惠的支持政策等。

按照 22 号文件的规定，上海市、福建省和苏州工业园区开始组织税收递延型商业养老保险试点，由于前述一些矛盾和问题，试点实际效果没有达到预期，2020 年 4 月底，试点累计实现保费收入 3 亿元，参保人数 4.76 万人①。后来，随着个人养老金制度的实行，税收递延型商业养老保险的政策被取代。②

---

① 经济参考报. 试点"遇冷" 税延养老险亟待扩容扩面［EB/OL］.（2020 - 06 - 04）. http：//money. people. com. cn/n1/2020/0604/c42877 - 31735037. html.

② 税收递延型商业养老保险试点中税收优惠额度偏低，实际规模与预期相差甚远。2023年 9 月由国家金融监管总局主持开展个人税收递延型商业养老保险试点与个人养老金的衔接工作，逐渐被个人养老金制度替代。

三、启动个人养老金

按照党的十九届五中全会关于"发展多层次、多支柱养老保险体系"的建议，"十四五"规划提出"规范发展第三支柱养老保险"；2021 年《政府工作报告》在部署"加强基本民生保障"的工作任务也提出了同样要求。这是国家最高层级文件首次使用"第三支柱养老保险"概念。

最先"闻风而动"的是保险业。2021 年 5 月，银保监会发布《关于开展专属商业养老保险试点的通知》，确定 6 家人身险公司从当年 6 月起在浙江省（含宁波市）和重庆市开展此项试点，并提出产品创新开发、探索服务新产业、新业态从业人员和灵活就业人员养老需求，建立内控机制、与养老、照护服务相衔接等指导意见。[1] 至 2022 年 1 月底，6 家试点人身险公司累计承保保单近 5 万件，累计保费 4 亿元，其中快递员、网约车司机等新产业、新业态从业人员投保近 1 万人。2022 年 3 月 1 日，专属商业养老保险试点区扩大至全国范围，允许养老保险公司参与。[2] 2023 年第一季度末，累计保费规模 50.8 亿元，投保件数 42.9 万件，其中新产业、新业态从业人员和灵活就业人员投保超过 6 万件。[3]

2021 年 6 月，人力资源社会保障部印发《人力资源和社会保障事业发展"十四五"规划》，在"完善社会保障制度体系"一节中写明"规范发展养老保险第三支柱，推动个人养老金发展"，首次提出"个人养老金"概念，表明国务院有关部门在总结个人税收递延型商业养老保险试点经验的基础上，已就规范发展养老保险第三支柱达成了共识。

2021 年 12 月，中央全面深化改革委员会第二十三次会议审议通过了

---

① 2023 年 10 月国家金融监督管理总局发布了《关于促进专属商业养老保险发展有关事项的通知》，原《关于开展专属商业养老保险试点的通知》废止。

② 每日经济新闻. 专属商业养老保险试点一周年：参与主体扩容，业内建议纳入个人养老金制度框架 [EB/OL]. （2022 - 06 - 08）. http：//finance. ce. cn/insurance1/scrollnews/202206/08/t20220608_37733453. shtml.

③ 肖扬. 试点两年迎来全面扩容：专属商业养老险转向常态化经营 [EB/OL]. （2023 - 05 - 31）. https：//www. financialnews. com. cn/bx/ch/202305/t20230531_271962. html.

《关于推动个人养老金发展的意见》，2022年4月由国务院办公厅印发，确定由人力资源社会保障部、财政部指导协调，选择部分城市先试行1年，再逐步推开。这意味着以政府政策支持、个人自愿参加的个人养老金制度即将诞生，对我国多层次、多支柱养老保险体系建设具有标志性意义。试点的主要政策如下。

（1）参加范围。在中国境内参加城镇职工基本养老保险或者城乡居民基本养老保险的劳动者，可以参加个人养老金制度。

（2）制度模式。实行个人账户制度，缴费完全由参加人个人承担，实行完全积累，享受税收优惠。参加人可以用缴纳的个人养老金在符合规定的金融机构或者其依法合规委托的销售渠道购买金融产品，并承担相应的风险。个人养老金资金账户实行封闭运行，其权益归参加人所有，除另有规定外不得提前支取。

（3）缴费水平。参加人每年缴纳个人养老金的上限为12000元。人力资源社会保障部、财政部根据情况适时调整缴费上限。

（4）投资。个人养老金资金账户资金用于购买符合规定的银行理财、储蓄存款、商业养老保险、公募基金等运作安全、成熟稳定、标的规范、侧重长期保值的满足不同投资者偏好的金融产品，参加人可自主选择。参与个人养老金运行的金融机构和金融产品由相关金融监管部门确定，并通过信息平台和金融行业平台向社会发布。

（5）待遇领取。参加人达到领取基本养老金年龄、完全丧失劳动能力、出国（境）定居，或者具有其他符合国家规定的情形，经信息平台核验领取条件后，可以按月、分次或者一次性领取个人养老金，领取方式一经确定不得更改。参加人死亡后，其个人养老金资金账户中的资产可以继承。

此外，《关于推动个人养老金发展的意见》还对个人养老金信息服务平台、制度运营和监管等方面作出了规定。与2018年4月发布的《关于开展个人税收递延型商业养老保险试点的通知》相比，这次试点政策的完善主要体现在：将第三支柱养老保险的主体制度定名为个人养老金，同时要求"协调发展其他个人商业养老金融业务"；覆盖范围超越职工基本养老保险，涵盖了参加城乡居保的缴费群体；由先买保险再退税的"产品制"改为个人开立专门账户限额供款的"账户制"，使参与者更方便；养老金融投资不限于保险产品，包容性更强；信息平台由人力资源社会保障部统一组织建设，与合规银行及相关金融行业平台对接，与财税等部门共享，为参加人提供服务。

党的二十大召开后不久的 2022 年 11 月，人力资源社会保障部办公厅、财政部办公厅、国家税务总局、银保监会、证监会联合印发《个人养老金实施办法》，有关部门还制发了《关于个人养老金有关个人所得税政策的公告》《商业银行和理财公司个人养老金业务管理暂行办法》《投资公募基金业务管理暂行规定》。2022 年 11 月 25 日，人力资源社会保障部、财政部、国家税务总局办公厅联合公布 36 个先行城市（地区）名单，人力资源社会保障部组织建设的个人养老金信息管理服务平台也于当日上线，个人养老金制度正式落地实施。截至 2023 年 11 月个人养老金制度实施一周年之际，已吸引超 5000 万人开立账户，个人养老金产品扩容至 700 余只。

党的十九大至党的二十大召开的五年间，我国养老保险针对以上各方面的制度完善、政策优化全面提升我国养老保险体系的完整性、公平性、丰富性和可持续性，保证基金长期稳定运行，满足人民群众多层次保障需求。

第
十
一
章

2017~2022 年医疗保障的改革发展

　　党的十八大之后，我国全民医疗保障制度改革持续推进，在破解看病难、看病贵问题上取得了突破性进展。而随着人民群众对健康福祉的美好需要日益增长，医疗保障领域也显现出一些发展不平衡不充分的问题。一是制度碎片化，一些地方政策不完善，制度叠床架屋；二是待遇不平衡，地区间保障水平衔接不够，过度保障与保障不足现象并存；三是保障有短板，职工医保个人账户弱化了共济保障功能，门诊保障不够充分；四是监管不完善，侵蚀医保基金和侵害群众利益的现象还比较普遍，医保对医疗服务行为约束不足；五是改革不协同，医药服务资源不平衡，医保、医疗、医药改革成果系统集成不足。① 这些问题关系到人民群众获得感，必须通过深化改革加以解决。

　　为深入贯彻党的十九大关于全面建立中国特色医疗保障制度的决策部署、加快建成高质量的中国特色医疗保障制度，中共中央、国务院于2020 年 2 月发布《关于深化医疗保障制度改革的意见》，全面部署医疗保障制度改革工作，确定了"两步走"的改革发展目标：第一步是到 2025年，医疗保障制度更加成熟定型，基本完成待遇保障、筹资运行、医保支付、基金监管等重要机制和医药服务供给、医保管理服务等关键领域的改革任务；第二步是到 2030 年，全面建成以基本医疗保险为主体，医

---

　　① 国家医疗保障局. 关于深化医疗保障制度改革答记者问 ［EB/OL］. （2020 - 03 - 09）. https：//www. gov. cn/zhengce/2020 - 03/09/content_5489094. htm.

疗救助为托底，补充医疗保险、商业健康保险、慈善捐赠、医疗互助共同发展的多层次医疗保障制度体系，待遇保障公平适度，基金运行稳健持续，管理服务优化便捷，医保治理现代化水平显著提升，实现更好保障病有所医的目标。《关于深化医疗保障制度改革的意见》具体部署了完善公平适度的待遇保障机制、健全稳健可持续的筹资运行机制、建立管用高效的医保支付机制、健全严密有力的基金监管机制和协同推进医药服务供给侧改革、优化医疗保障公共管理服务六个方面的任务，并制定了组织保障措施，标志着新一轮医保制度改革发展的大幕开启，是新时代全民医保体系建设的顶层设计、总体方案。

2021年9月，国务院办公厅印发《"十四五"全民医疗保障规划》（以下简称"'十四五'医保规划"），确定了到2025年的发展目标——医疗保障制度更加成熟定型，基本完成待遇保障、筹资运行、医保支付、基金监管等重要机制和医药服务供给、医保管理服务等关键领域的改革任务，医疗保障政策规范化、管理精细化、服务便捷化、改革协同化程度明显提升，提出了建设公平医保、法治医保、安全医保、智慧医保、协同医保五大方向，并展望2035年——基本医疗保障制度更加规范统一，多层次医疗保障体系更加完善，医疗保障公共服务体系更加健全，医保、医疗、医药协同治理格局总体形成，中国特色医疗保障制度优越性充分显现，全民医疗保障向全民健康保障积极迈进。

党的十九大至党的二十大的五年，是我国医疗保障领域改革发展按照中央中长期战略部署纵深推进的五年，也是党和国家机构深化改革后医疗保障行政管理部门精心履职的五年，在建设公平医保、法治医保、安全医保、智慧医保、协同医保五方面都取得新成绩。

第一节　建设公平医保

"十四五"医保规划阐述建设公平医保的目标是：基本医疗保障更加公平普惠，各方责任更加均衡，保障范围和标准与经济社会发展水平更加适应，公共服务更加可及，制度间、人群间、区域间差距逐步缩小，医疗保障再分配功能持续强化。党的十九大之后五年，在建设公平医保方面采取了多项重大举措，取得了明显成效。

一、改进参保工作

组织参保是医疗保险事业发展的基础性工作。党的十九大提出全面实施全民参保计划。对已经实现全民覆盖的基本医保来说，改进参保工作的重点是更加注重提高参保质量，针对人口在城乡之间、区域之间频繁流动和就业形态多样化，进一步规范信息采集、校验和使用，减少重复参保，为重点人群参保提供更加优质的服务，巩固和优化全民医保。

2020 年 8 月，国家医保局会同财政部、国家税务总局印发《关于加强和改进基本医疗保险参保工作的指导意见》，明确了医保领域深入实施全民参保计划的目标——自 2021 年参保年度起，全国参保信息实现互联互通、动态更新、实时查询，参保信息质量明显提升；到 2025 年，基本医保参保率稳中有升，管理范围水平明显提升，群众获得感满意度持续增强。主要确定了以下六项工作任务。

（1）合理设定参保扩面目标。要求各地根据本地区常住人口、户籍人口、就业人口、城镇化率等指标，科学合理确定年度参保扩面目标。强调"进一步落实持居住证参保政策"。

（2）落实参保缴费政策。重点是完善医保与相关部门的数据共享交换机制，加强人员信息比对和共享，核实断保、停保人员情况，精准锁定未参保人群，形成本地区全民参保计划库；落实对困难居民参保个人缴费的补贴政策，完善新就业形态从业人员参保缴费方式。

（3）做好跨制度参保的待遇衔接。明确参保人已连续两年及以上参加基本医保的，因就业等个人状态变化在职工医保和居民医保间切换参保关系的，且中断缴费时间不超过 3 个月的，缴费后即可正常享受待遇，确保参保人待遇无缝衔接；中断缴费时间超过 3 个月的，各统筹区可根据自身情况设置不超过 6 个月的待遇享受等待期，待遇享受期满后暂停原参保关系。这一规定有助于减少参保人参保关系切换时中断参保现象。

（4）有序清理重复参保。首次界定了"重复参保"状态——指同一参保人重复参加同一基本医疗保险制度（制度内重复参保）或重复参加不同基本医疗保险制度（跨制度重复参保），具体表现为同一时间段内同一参保人有两条及以上参保缴费状态正常的参保信息记录；明确原则上不允许重复参保，并分别对重复参加职工医保、重复参加居民医保、学生重复参保和以非全日制、临时性工作等灵活就业形式的跨制度重复参保等情形提出了处理原则。

（5）完善个人参保缴费服务机制。要求各地利用国家统一医保信息平台基础信息管理子系统实时核对参保人参保情况，减少重复参保缴费；拓展多样化的参保缴费渠道，提升服务便利性。同时对不同情形的重复缴费明确了退费的处理原则，并授权省级医保部门会同相关部门确定可以退费和不予退费的具体情形。

（6）加强财政补助资金管理服务。对因重复参加居民医保而涉及的各级财政补助资金，原则上予以扣减。

表 11-1 反映了党的十九大之后五年基本医保的参保情况：参保人数总量稳中有增，参保率始终保持在 95% 以上；随着城镇化和医保参保工作的改进，参保人员的制度结构向职工医保偏移——5 年间增加近 6000 万人，占比提高 3.8 个百分点。

表 11-1　　　　　　2017～2022 年基本医疗保险参保情况

年份	合计	职工医保人数（亿人）	占比（%）	城乡居民医保人数（亿人）	占比（%）
2017	13.10	3.03	23.1	10.07	76.9
2018	13.45	3.17	23.6	10.27	76.4
2019	13.54	3.29	24.3	10.25	75.7
2020	13.61	3.44	25.3	10.17	74.7
2021	13.64	3.54	26.0	10.10	74.0
2022	13.46	3.62	26.9	9.83	73.1

资料来源：2017 年数据引自人力资源社会保障部《中国的社会保障》（中国劳动社会保障出版社 2019 年版）；2018～2022 年数据引自相关年份《全国医疗保障事业发展统计公报》。

二、稳步提高筹资和待遇水平

党的十九大之后五年，我国经济社会发展战胜了各种困难持续稳定向好，2022年国内生产总值突破120万亿元（2017年为83.2万亿元），人均国内生产总值达8.57万元（2017年为5.97万元），城乡居民收入水平稳步增长（见第十章第一节），基本医疗保障的筹资标准和待遇水平也随之逐年提高，人民群众的获得感进一步增强。

表11-2反映了2017~2022年职工医保筹资（基金收入）、支出和享受待遇人次的发展情况。其中，2020年为应对严重的新冠疫情冲击，国家实施了阶段性减征职工基本医疗保险费的政策——对职工医保单位缴费部分实行期限不超过5个月的减半征收——由此导致当年基金收入比上年略有下降，次年恢复正常；新冠疫情客观上限制了一般疾病的就诊，职工医保待遇享受人次因此在2020年大幅下降，2022年基本恢复正常。相比2017年，2022年全国职工医保基金收入增长65.1%，支出增长166.7%，享受待遇人次增长16.2%。

表11-2　　　2017~2022年职工基本医保筹资、支出和待遇情况

年份	基金收入（亿元）	基金支出（亿元）	享受人次（亿人次）
2017	12278	9467	18.1
2018	13538	10707	19.8
2019	15845	12663	21.2
2020	15732	12867	17.9
2021	19003	14747	20.4
2022	20273	15244	21.4

资料来源：相关年份《全国医疗保障事业发展统计公报》，其中2019年及以后年度基金收入、支出包括合并实施后的生育保险基金。

表11-3反映了2017~2022年居民医保筹资（基金收入）、财政补助、居民缴费和基金支出、享受待遇人次的发展情况。其中，2020年因新冠疫情冲击，待遇享受人次而大幅下降（基金支出略有减少），2022年

基本恢复正常。相比 2017 年，2022 年全国居民医保基金收入增长 79%，支出增长 89%，享受待遇人次增长 45%。

表 11 - 3　　　　　2017～2022 年城乡居民基本医保筹资和待遇情况

年份	基金收入（亿元）	财政补助（元/人·年）	居民缴费（元/人·年）	基金支出（亿元）	享受待遇人数（亿人次）
2017	5653	450	180	4955	14.9
2018	7846	≥490	220	6277	16.2
2019	8575	≥520	250	8191	21.7
2020	9115	≥550	280	8165	19.9
2021	9724	≥580	320	9296	20.8
2022	10129	≥610	350	9353	21.6

资料来源：基金收入、支出和享受人次引自相关年份《全国医疗保障事业发展统计公报》，其中 2017 年基金收入、支出和 2017 年、2018 年享受待遇人次中不包括新农合。财政补助和居民缴费引自国家医保局、财政部历年相关文件，均为最低标准。

三、适当扩大保障范围

党的十九大之后，国家医保局会同有关部门，在 2017 年规范和扩大基本医保药品目录（见第六章第四节）基础上，于 2019～2022 年连续调整国家基本医疗保险、工伤保险和生育保险药品目录，使保障范围适当扩大，基本实现了"十四五"规划提出的"完善医保目录动态调整机制"的目标（见表 11 - 4）。

表 11 - 4　　　　2017 年之后国家基本医保药品目录调整情况　　　　单位：种

药品类别	2017 年	2019 年	2020 年	2021 年	2022 年
西药	1297	1279	1264	1273	1293
中成药	1238	1316	1315	1312	1611
#民族药	88	93	93	93	93
协议期内谈判药品	—	48	221	275	363
合计	2535	2643	2800	2860	2967

资料来源：根据人力资源社会保障部、国家医保局数据整理。

在普遍规范和扩大基本医保用药范围的同时，还采取了两项针对性很强的措施，解决了一部分群众的"燃眉之急"。

一是将高血压、糖尿病用药纳入医保报销。高血压、糖尿病是我国的常见病，特别是随着人口老龄化更加多发，患病群众常年门诊用药，一部分人感到经济负担沉重。对此，2019年9月，国家医保局、财政部、卫生健康委、药监局联合发布《关于完善城乡居民高血压糖尿病门诊用药保障机制的指导意见》，明确参加城乡居民医保并采取药物治疗的"两病"患者，在规定药品内，费用由统筹基金支付，政策范围内支付比例达到50%以上。

二是开展高价药品谈判。2017年首次通过谈判将部分专利独家药品纳入基本医保基金支付范围（见第六章第四节）的基础上，国家医保局在《2019年国家医保药品目录调整工作方案》中确定进行新一轮准入谈判。当年11月，国家医保局、人力资源社会保障部印发《关于将2019年谈判药品纳入〈国家基本医疗保险、工伤保险和生育保险药品目录〉乙类范围的通知》，正式公布谈判药品准入结果，共有97个药品谈判成功并确定了支付标准，与常规准入药品于2020年1月1日起同步实施，有效期2年。其中，70个新增药品平均降价幅度高达60%，27个续约药品平均降幅也达到26%。国家医保局自2018年成立以来，连续4次开展医保药品目录准入谈判，累计将250种药品通过谈判新增进入目录，价格平均降幅超过50%[1]。2021年，协议期内221种谈判药报销1.4亿人次，平均实际报销比例68.7%；通过谈判降价和医保报销，年内累计为患者减负1494.9亿元。[2]

总体看，党的十九大之后五年，我国基本医保的筹资与支付规模、保障范围与水平，与经济社会发展水平是大体适应的。

四、建立健全职工医保门诊共济保障机制

职工基本医保制度从1998年全面改革建立，实行的是社会统筹和

---

①② 国家医疗保障局. 2021年医疗保障事业发展统计快报［EB/OL］.（2022-03-23）. https：//www. gov. cn/guoqing/2022-03/23/content_5680879. htm.

个人账户相结合的保障模式，"统筹基金保障住院和门诊大病，个人账户保障门诊小病和药品的费用支出"。这一模式在推动公费医疗、劳保医疗制度向社会医疗保险制度的转轨过程中发挥了积极作用。随着社会经济的发展和人民需求的增长，职工医保个人账户的局限性也逐步凸显：保障功能不足，共济性不够，减轻负担效果不明显，有病的不够用，没病的不能用；同时，由于监管难度大，存在着利用个人账户欺诈骗保的现象。对此，有关部门和各地区思考、设计了多种改进方案，上海、福建三明等地进行了建立普通门诊统筹、改革个人账户的探索，取得了积极成效。

总结实践经验，2020年2月《中共中央 国务院关于深化医疗保障制度改革的意见》明确提出："逐步将门诊医疗费用纳入基本医疗保险统筹基金支付范围，改革职工基本医疗保险个人账户，建立健全门诊共济保障机制。"2021年4月，国务院办公厅印发《关于建立健全职工基本医疗保险门诊共济保障机制的指导意见》，明确了"完善门诊保障机制和改进个人账户制度同步推进、逐步转换"的改革思路，并鼓励地方从实际出发，积极探索增强职工医保门诊保障的有效途径。主要措施有五个方面。

（1）增强门诊共济保障功能。建立完善职工医保普通门诊费用统筹保障机制，逐步将多发病、常见病的普通门诊费用纳入统筹基金支付范围。普通门诊统筹覆盖职工医保全体参保人员，政策范围内支付比例从50%起步，可适当向退休人员倾斜。同步完善城乡居民医保门诊统筹，并逐步提高保障水平。支持参保人员持外配处方在定点零售药店结算和配药。

（2）改进个人账户计入办法。在职职工仍按2%的费率缴纳基本医保费并计入个人账户，但单位缴费"全部计入统筹基金"，不再划出一定比例计入个人账户。退休人员的医保个人账户仍由统筹基金划入，但改为原则上"按定额划入"，划入额度逐步调整到当年基本养老金平均水平的2%左右。增加的统筹基金主要用于门诊共济保障，提高参保人员门诊待遇。

（3）规范个人账户使用范围。在坚持医保个人账户主要用于支付参保人员在医保政策范围内自付费用的同时，也开了新"口子"——可以用于支付参保人员本人及其配偶、父母、子女在定点医疗机构就医发生的由个人负担的医疗费用，以及在定点零售药店购买药品、医疗器械、医用耗材发生的由个人负担的费用；还提出探索个人账户用于配偶、父母、子女参加城乡居民医保等的个人缴费；但也明确不得用于公共卫生费用、体育健身或养生保健消费等不属于基本医保保障范围的支出。

（4）加强监督管理。强调建立对个人账户全流程动态管理机制，加强对个人账户使用、结算等环节的审核；强化对医疗行为和医疗费用的监管，严厉打击欺诈骗保行为；协同推动基层医疗服务体系建设，引导参保人员在基层就医首诊。

（5）完善与门诊共济保障相适应的付费机制。这一举措是职工基本医保制度的重大政策调整，名为建立健全机制，实则深化改革。政策焦点是适当缩小了医保个人账户规模而扩大了统筹基金规模，将增加的统筹基金集中用于门诊费用统筹；改革的核心是把带有个人一生纵向积累功能的个人账户的一部分转化为统筹共济模式，改变了职工医保门诊费用基本自负的格局，同时扩大了个人账户资金的适用范围，减少了资金沉淀，提高了职工医保基金的使用效率；更重要的是，总体上降低群众就医成本，增强了基本医保制度的公平性，更充分地发挥了再分配的调节功能。当然，这项改革涉及参保群体切身利益，需要妥善处理许多历史的和现实的复杂敏感关系，所以《关于建立健全职工基本医疗保险门诊共济保障机制的指导意见》规定各地在 2021 年 12 月底前出台实施办法，"可设置 3 年左右的过渡期，逐步实现改革目标"。从 2020 年、2021 年、2022 年数据对比看，职工医保统筹基金当年结存分别为 1214 亿元、2543 亿元、3602 亿元，个人账户当年结存分别为 1650 亿元、1714 亿元、1948 亿元，[①] 前者增量和增速都超过后者，资金结构有改善。

---

① 整理自相关年份《全国医疗保障事业发展统计公报》。

第二节　建设法治医保

"十四五"医保规划阐述建设法治医保的目标是：医疗保障制度法定化程度明显提升，定点医药机构管理更加透明高效，基金监管制度体系更加完善，行政执法更加规范，全社会医保法治观念明显增强。党的十九大之后五年，随着全民医保实践的深化，法治医保建设取得重要进展。

一、建立医疗保障待遇清单制度

"十四五"规划明确提出"实行医疗保障待遇清单制度"。2021 年 1 月，国家医保局会同财政部发布《关于建立医疗保障待遇清单制度的意见》并附发《国家医疗保障待遇清单（2020 年版）》，提出以全面建成权责清晰、保障适度、可持续的多层次医疗保障体系为目标，逐步建立健全医疗保障待遇清单制度；要求各地"杜绝增量、规范存量"，即原则上不得再出台超出清单授权范围的政策，对以往出台的与清单不相符的政策措施，原则上三年内完成清理规范，同国家政策衔接，逐步实现政策纵向统一、待遇横向均衡，确保各统筹地区基金运行安全和医疗保障制度可持续发展。

（1）基本制度：即保障群众基本医疗需求的制度安排，包括基本医疗保险（职工医保、居民医保）、补充医疗保险（居民大病保险、职工大额医疗费用补助、公务员医疗补助）、医疗救助（对救助对象个人缴费部分给予资助、对其难以承受的合规自付医疗费用给予救助）。各地在基本制度框架之外不得新设制度，地方现有的其他形式制度安排要逐步清理过渡到基本制度框架中。

（2）基本政策框架：包括基本参保政策（职工医保和居民医保分别的覆盖范围、医疗救助资助参保人员的范围）、基本筹资政策（筹资渠道、缴费基数、筹资基本标准）、基本待遇支付政策（住院待遇支付政策、门诊待遇支付政策、倾斜政策）。国家在基本医保制度基础上，统一制定特殊人群保障政策，地方不得根据职业、年龄、身份等自行新出台特殊待遇政策。

（3）基金支付范围：基本医疗保险按照规定的药品、医用耗材和医疗服务项目支付范围支付。补充医疗保险、医疗救助参照政策范围内费用范围执行。

（4）基金不予支付的范围：国家法律法规和党中央、国务院规定基本医疗保险和补充医疗保险不予支付的，或已有其他保障制度、经费渠道安排解决的医疗服务和项目。具体包括应当从工伤保险基金中支付的，应当由第三人或由公共卫生负担的，在境外就医的，以及用于体育健身、养生保健消费、健康体检等费用。

建立医疗保障待遇清单制度，是在总结多年改革实践经验基础上进一步确定基本保障内涵，厘清待遇支付边界，明确政策调整权限，规范决策制定流程。它既是一份医保待遇清单，也是一份各级政府的权责清单，已经公布的 2020 年版清单将随着实践深化继续补充完善，持续推进医疗保障管理的法治化、规范化、标准化，为将来的立法打下扎实基础。

二、制定施行医保基金监管行政法规

2020 年 12 月，国务院第 117 次常务会议审议通过了《医疗保障基金使用监督管理条例》，2021 年 2 月正式发布，自 2021 年 5 月 1 日起施行。该《条例》以保障医保基金安全、促进基金有效使用、维护公民医疗保障合法权益为宗旨，共 5 章 50 条，界定了医疗保障基金使用监督管理范围包括基本医疗保险（含生育保险）基金、医疗救助基金等，实行政府监管、社会监督、行业自律和个人守信相结合的立体监管，明确了医保基金使用监管的主体职责，分别对基金使用、监督管理、法律责任作出规定。

（1）基金使用：包括医疗保障基金支付范围确定权限，全国统一的医疗保障经办管理体系及业务、财务、安全和风险管理制度；经办机构使用基金应遵守的规则——与定点医药机构签订服务协议、及时结算和拨付医疗保障基金，对违反服务协议的处理程序等；定点医药机构遵守医保基金使用规定的责任——建立内部管理制度、落实实名就医和购药管理、全面准确保管和传送医疗保障基金使用有关资料信息等；参保人遵守医保基金管理规定的义务；以及医疗保障基金专款专用等。

（2）监督管理：在建立多个相关部门协作监管机制的框架下，明确了医保主管部门的监管职责——制定服务协议管理办法，建立全国统一的医疗保障信息系统，组织开展专项检查等；对监管的形式作出规范——可以多部门联合检查或聘请第三方协助检查，实施监督检查中可采取询问、录制、封存等措施；被检查对象的配合义务；检查人员的保密义务，监督检查结果定期向社会公布；法人和个人的举报、投诉权利等。

（3）法律责任：对医疗保障行政部门、经办机构、定点医疗机构、个人等不同主体分别设置相应的法律责任，对不同情形的违法行为分别规定处罚措施。如对定点医药机构违规、违法行为，按照情节轻重，分别给予警示约谈、责令退回损失的医保基金、中止或解除医保服务协议并处以罚款；对有伪造、变造票据处方等骗取医保基金严重情节的相关服务人员，除责令退回损失的医保基金并处罚款外，还要吊销执业资格。此外，还将医疗保障领域的信用纳入全国信用信息共享平台和其他相关信息公示系统，按照国家有关规定实施惩戒。

《医疗保障基金使用监督管理条例》是我国医疗保障领域第一部行政法规，也是社会保障基金监督方面第一部专项行政法规，它的制定和实施对于扎牢医保基金监管的制度笼子、用好管好老百姓的"救命钱"具有重要意义，对加强其他社会保障资金管理监督的法治化也有重要参考借鉴价值。

三、起草医疗保障法

全面依法治国是党中央"四个全面"战略布局的重要组成部分，是中国特色社会主义的本质要求和重要保障。党的十九大提出"深化依法治国实践",决定成立中央全面依法治国领导小组,加强对法治中国建设的统一领导。在社会保障领域,2011 年 7 月开始施行的《中华人民共和国社会保险法》作为综合性法律,对规范和推进各项社保制度建设起到了重要作用,但也需要专业性法律的细化和支撑。如第三章规定的"基本医疗保险"仅有 10 条 17 款原则性规范,实操性偏弱,而且未覆盖补充性医疗保险、医疗救助等其他医疗保障,与迅速发展的全民医保实践需求差距较大,实际工作中主要依靠规范性文件以及地方政府规章等指导医保事业发展。要在新时代实现全民医保的高质量发展,急需一部高位阶、全面系统的医疗保障法律,引领医疗保障事业发展进入法治化轨道。

国家医保局自 2018 年成立后,就按照立法机构的统一部署,着手起草医疗保障法。2021 年 6 月,国家医保局发布《医疗保障法(征求意见稿)》(以下简称《医保法(意见稿)》),向全社会公开征求意见。《医保法(意见稿)》共 8 章 70 条,"总则"部分除了常规性阐明立法宗旨、适用范围、管理体制、基本原则外,特别将国家建立的医疗保障制度体系界定为"以基本医疗保险为主体,医疗救助为托底,补充医疗保险、商业健康保险、慈善医疗救助等相互衔接、共同发展",大大扩展了社会保险法的规范领域。6 个专章分别对医疗保障的筹资和待遇、基金管理、医药服务、公共管理服务、监督管理、法律责任作出较详细的规定,其中多处与现行法规或政策有所突破。

(1)筹资和待遇。在"第一节 基本医疗保险"中,一是明确"包括职工基本医疗保险和城乡居民基本医疗保险",替代了《社会保险法》第二十四、第二十五条对新农合、城居医保的分别规定,是制度整合的体现。二是把"应当"参加职工基本医保的对象定为"国家机关、企业、事业单位、社会组织、有雇工的个体工商户等用人单位及其职工",即"法定强制";同时鼓励灵活就业人员参加职工基本医保,比《社会保险法》第二十三条的规定更加明确和积极。三是明确参保人员待遇享受起始时间按国家和省级地方规定执行,职工医保关系转续后个人缴费年限可以累计,是将实践中的有效政策提升为法律规范。四是将生育保险纳入职工基本医保规范，是两项制度合并实施的结果；还专门规定"未参加生育保险的妇女发生的生育医疗费用，通过参加基本医疗保险予以解决"。在"第二节　多层次医疗保障"中，除了医疗救助、补充医疗保险外，还包括鼓励发展商业健康保险、鼓励社会慈善捐赠支持医疗保障事业发展，特别是把"国家建立和发展长期护理保险，解决失能人员的基本护理保障需求"写入法律草案，这些都是现行法律未曾覆盖的领域。

（2）基金管理。医疗保障基金执行国家规定的财务会计制度、存入财政专用账户、加强预算管理、专款专用、接受社会监督等内容，都是现行法律规范覆盖的；有所创新的，一是设立全国医疗保障风险调剂金。《社会保险法》规定包括基本医疗保险在内的"其他社会保险逐步实行省级统筹"，《医保法（意见稿）》提出全国调剂金，试图在省级统筹基础上进一步"建立全国医疗保障风险管控机制"。二是"基金在保证安全的前提下，按照国务院规定投资运营实现保值增值"。国家对各项基本社会保险基金的现行政策只允许基本养老保险基金市场化投资运营，《医保法（意见稿）》提出了新议题。

（3）医药服务。与医疗保障密切相关的规范包括建立公立医疗机构药品和医用耗材集中采购制度，公立医疗机构提供的基本医疗服务的定价规则，医疗保障服务协议管理办法，医药机构的相关职责等。

（4）公共管理服务。包括建立健全全国统一的医疗保障经办管理体系，医保经办机构的内部管理制度和对定点医药机构的服务协议管理，医保基金支付标准、支付方式和结算制度，全国统一的医疗保障信息系统建设等。

（5）监督管理。强化和细化了《社会保险法》第十章"社会保险监督"的有关规范——人大、政府、主管部门的监督职权，行政监督的规则等，补充的新机制是"医疗保障行政部门应当建立健全定点医药机构、人员、医药价格和集中招标采购的医疗保障信用评价体系，根据信用评价等级分级分类管理"。

（6）法律责任。基本重申了现行法律法规，并有两方面发展：一是比《社会保险法》第十一章的规则更加细化，列出了各种情形的具体处罚标准；二是比《医疗保障基金使用监督管理条例》第四章的规则更宽泛，包含了对集中招标采购中违法行为的惩罚。

《医疗保障法》虽然尚在起草和听取民意阶段，但广泛征求社会各界意见，本身就是对医保制度和政策的深度宣传，是我国法治医保建设实际进程的体现。

第三节　建设安全医保

"十四五"医保规划阐述建设安全医保的目标是：基金运行更加安全稳健，信息安全管理持续强化，防范和化解因病致贫返贫长效机制基本建立，医疗保障安全网更加密实。

医疗保障信息安全管理和建立防范、化解因病致贫长效机制，将分别在本章第四节和第十三章第五节记述，本节重点介绍党的十九大之后五年强化医保基金监管、确保运行安全的举措和成效。

根据 2014 年 4 月全国人大常委会关于《中华人民共和国刑法》第266 条的解释，对骗取医疗保险等社会保险金或其他社会保障待遇的，按诈骗公私财物罪量刑（见第六章第四节）。此后，医保基金监督工作不断重拳出击，边打击违法欺诈行为，边完善运行管理规则。

2018 年国家医保局组建后，当年 9 月就与有关部门联合开展打击欺诈骗取医疗保障基金专项行动。2018 年 11 月，又与财政部联合印发《欺诈骗取医疗保障基金行为举报奖励暂行办法》，对涉及定点医疗机构及其工作人员、定点零售药店及其工作人员、参保人员、医疗保障经办机构工作人员的欺诈骗保行为及其他欺诈骗取医疗保障基金的行为，规定了举报途径、办理程序和奖励条件及标准，把动员群众监督落到了实处。

2019 年 2 月，国家医保局印发《关于做好 2019 年医疗保障基金监管工作的通知》，提出监督检查全覆盖、开展以打击欺诈骗保为重点的专项治理、建立飞行检查工作机制、完善举报制度、全面推进智能监控、强化协议管理、促进部门联动综合监管、推进行业自律等诚信体系建设、加快基金监管法治建设等措施。2019 年 4 月，又就制定《医疗保障基金使用监管条例》向全社会公开征求意见，也宣示了严格监管医保基金的坚定决心。同年，国家医保局在全国组织了医保基金监管"两试点一示范"工作。"两试点"，一是基金监管方式创新试点，确定了河北全省及其他省份的城市共 26 个地区为试点；二是基金监管信用体系建设试点，确定北京市及其他省份的城市共 17 个地区为试点。"一示范"即医保智能监控示范点，确定天津市、上海市、海南省、宁夏回族自治区及其他省份的城市共 32 个地区为示范地区。国家医保局计划用 2 年时间开展试点、示范工作，力求形成可借鉴、可复制、可推广的经验、模式和标准，推动医疗保障基金监管工作取得新突破。2021 年 7 月至 8 月，国家医保局对"两试点一示范"的 75 个地区进行了评估，肯定了各地取得的进展，许多先进做法和经验为下一步推广运用奠定了坚实基础。

2020 年 7 月，国务院办公厅发布《关于推进医疗保障基金监管制度体系改革的指导意见》，提出的主要目标是"到 2025 年，基本建成医保基金监管制度体系和执法体系，形成以法治为保障，信用管理为基础，多形式检查、大数据监管为依托，党委领导、政府监管、社会监督、行业自律、个人守信相结合的全方位监管格局，实现医保基金监管法治化、专业化、规范化、常态化，并在实践中不断发展完善"，明确提出："建立由医疗保障部门牵头、有关部门参加的基金监管工作机制，统筹协调基金监管重大行动、重大案件查处等工作。制定权责清单，明确医保基金监管职责。"在推进医保基金监管制度体系改革方面提出重点建立完善六项制度。一是建立健全监督检查制度：建立和完善多形式检查制度；建立部门联动机制，形成监管合力；引入第三方力量参与医保基金监管，建立和完善政府购买服务制度等。二是全面建立智能监控制度：加快推进医保标准化和信息化建设；建立和完善医保智能监控系统，加强大数据应用；推进异地就医、购药即时结算，实现结算数据全部上线。三是建立和完善举报奖励制度：建立并不断完善医疗保障违法违规违约行为举报奖励制度；畅通投诉举报渠道，规范受理、检查、处理、反馈等工作流程和机制；完善举报奖励标准，促进群众和社会各方积极参与监督。

四是建立信用管理制度：建立医药机构和参保人员医保信用记录、信用评价制度和积分管理制度；加强和规范医疗保障领域守信联合激励对象和失信联合惩戒对象名单管理工作。五是建立综合监管制度：建立并完善部门间相互配合、协同监管的综合监管制度，推进信息共享和互联互通，建立健全打击欺诈骗保行刑衔接工作机制。六是完善社会监督制度：建立信息披露制度和医保基金社会监督员制度；邀请新闻媒体参与飞行检查、明察暗访等工作；发布打击欺诈骗保成果及典型案件。此外，还确定了五个方面保障措施：强化监管法治及规范保障，加强监督检查能力保障，加大对欺诈骗保行为的惩处力度，统筹推进医保支付方式、基金预算管理和风险预警、待遇清单管理等相关医疗保障制度改革，协同推进公立医院综合改革、药品和医用耗材价格形成机制等医药服务体系改革。

《关于推进医疗保障基金监督制度体系改革的指导意见》中，"强化医保基金监管法治及规范保障"的首要举措是"制定医疗保障基金使用监督管理条例及其配套办法"，很快成为现实。2021年2月，国务院发布《医疗保障基金使用监督管理条例》（见本章第二节）。2021年6月，国家医保局发布《医疗保障行政处罚程序暂行规定》，以"维护医疗保障基金安全，保护公民、法人和其他组织的合法权益"为宗旨，分别对医疗保障行政处罚的管辖和适用、普通程序、简易程序、执行与结案等作出详细规定，使医疗保障领域行政处罚有了明确的规范程序。2021年1月，国家医保局、财政部又发布了《国家医疗保障待遇清单（2020版）》（见本章第二节）。

2022年3月，国家医保局发布《医疗保障基金智能审核和监控知识库、规则库管理办法（试行）》，以进一步健全医保基金监管体系，提升监管效能，促进基金有效使用。医保基金智能审核和监控知识库、规则库（以下简称"两库"）是医保部门依据有关法律、法规、规定以及相关行业标准、规范等，依托全国统一的医疗保障信息平台，运用信息化手段，利用大数据实时动态监控医保基金全过程使用情况，并根据监控结果进行协议管理和行政监管的监督管理方式。其中知识库是医保基金智能审核和监控所需知识和依据的集合；规则库是基于知识库判断监管对象相关行为合法合规合理性的逻辑、参数指标、参考阈值以及判断等级等的集合。这一管理办法对"两库"建设、动态调整、使用管理作出具体规定，使医保基金安全监管有了更有力的信息化工具。

实施上述一系列法令、制度、规范，在医疗保障基金监管方面采取了大规模、持续性措施和行动，取得了阶段性成效。2022 年，全国医保系统共检查定点医药机构 76.7 万家，处理违法违规机构 39.8 万家，其中解除医保服务协议 3189 家，行政处罚 12029 家，移交司法机关 657 家；处理参保人员 39253 人，其中，暂停医保卡结算 5489 人，移交司法机关 2025 人；共追回医保资金 188.4 亿元。同年，国家医保局组织飞行检查 24 组次，检查 23 个省份的定点医疗机构 48 家、医保经办机构 23 家，查出涉嫌违法违规资金 9.8 亿元。在被检查医药机构中通过协议处理追回资金 138.7 亿元，其中拒付及追回资金 116.0 亿元，收取违约金 18.9 亿元，拒付或追回资金涉及定点医药机构 14.2 万家。[①]

2022 年，全国基本医疗保险基金总收入 30922 亿元，总支出 24597 亿元，累计结存 42640 亿元，分别比 2017 年增长 72%、71% 和 120%。[②]基金规模增大为全民医保提供了更坚固支撑，同时也面对新的风险。2021 年 2 月，习近平总书记在十九届中央政治局第二十八次集体学习时严肃指出："要以零容忍态度严厉打击欺诈骗保、套保或挪用贪占各类社会保障资金的违法行为，守护好人民群众的每一分'养老钱'、'保命钱'和每一笔救助款、慈善款。""十四五"规划明确要求"健全医保基金监管机制"。医保基金安全运行监管永无止境，永在路上。

第四节　建设智慧医保

"十四五"规划要求"扎实推进医保标准化、信息化建设，提升经办

---

　　①②　国家医疗保障局. 2022 年全国医疗保障事业发展统计公报［EB/OL］. （2023－07－10）. http://www.nhsa.gov.cn/art/2023/7/10/art_7_10995.html.

服务水平"。"十四五"医保规划阐述建设智慧医保的目标是：医疗保障信息化水平显著提升，全国统一的医疗保障信息平台全面建成，"互联网＋医疗健康"医保服务不断完善，医保大数据和智能监控全面应用，医保电子凭证普遍推广，就医结算更加便捷。2018年4月，国务院办公厅印发《关于促进"互联网＋医疗健康"发展的意见》，其中要求推进"互联网＋"医疗保障结算服务，主要任务包括加快医疗保障信息系统对接整合，实现医疗保障数据与相关部门数据联通共享，逐步拓展在线支付功能，推进"一站式"结算；继续扩大联网定点医疗机构范围，逐步将更多基层医疗机构纳入异地就医直接结算，进一步做好外出务工人员和广大"双创"人员跨省异地住院费用直接结算；大力推行医保智能审核和实时监控，将临床路径、合理用药、支付政策等规则嵌入医院信息系统，严格医疗行为和费用监管。党的十九大之后五年，智慧医保建设成就集中体现在医保管理服务信息化、便利就医结算、智能监控三个方面，智能监控的进展见本章第三节，本节重点介绍前两方面。

一、医保管理服务信息化水平显著提升

2019年1月，国家医保局发布《关于医疗保障信息化工作的指导意见》，提出全面开展全国一体化医疗保障信息化平台建设，到"十三五"期末，初步建成标准统一、数据汇聚、规范协同的"内部管理、业务管理、生产经办、数据分析"四类系统组成的国家医疗保障信息化支撑体系，分别对系统建设目标、建设标准、国家平台建设内容、地方平台建设模式和内容作出规划及建设步骤安排。这一《指导意见》顺应网络安全和信息化发展趋势，加强了全国医保信息化顶层设计，有利于指导各地统筹推进信息化建设，从而加快形成自上而下医保信息化"一盘棋"格局，发挥信息化对医疗保障事业的支撑作用。2019年8月，针对"互联网＋"医疗服务模式的大量出现、线下已有医疗服务向线上延展的实际情况，国家医保局发布《关于完善"互联网＋"医疗服务价格和医保支付政策的指导意见》，确定将"互联网＋"医疗服务价格纳入现行医疗

服务价格的政策体系统一管理；符合条件的"互联网＋"医疗服务按照线上线下公平的原则配套医保支付政策，并根据服务特点完善协议管理、结算流程和有关指标，将医保服务价格管理和支付政策从线下形态延伸到线上形态。2019 年 9 月，国家医保局又印发了《医疗保障信息平台云计算平台规范》《医疗保障信息平台应用系统技术架构规范》《医疗保障信息平台用户界面规范》三部标准规范，指导和规范各地医疗保障信息化建设。

2020 年 6 月，习近平总书记在中央全面深化改革委员会第十四次会议上指出，要高度重视新一代信息技术在医药卫生领域的应用，重塑医药卫生管理和服务模式，优化资源配置，提升服务效率。落实中央要求，2020 年 10 月，国家医疗保障局印发《关于积极推进"互联网＋"医疗服务医保支付工作的指导意见》，具体部署了做好"互联网＋"医疗服务医保协议管理、完善"互联网＋"医疗服务医保支付政策、优化"互联网＋"医疗服务医保经办管理服务、强化"互联网＋"医疗服务监管措施四方面工作。2020 年 12 月，国家卫生健康委印发《关于深入推进"互联网＋医疗健康""五个一"服务行动的通知》，其中也提出"推进'一站式'结算服务，完善'互联网＋'医疗在线支付工作"，卫生和医保两个主管部门在信息化领域加强协同配合。与此同时，国家医保局又印发《关于坚持传统服务方式与智能化服务创新并行优化医疗保障服务工作的实施意见》，指导各地改进传统服务方式，同步促进智能技术在老年人等群众中的普及使用，提高医疗保障服务适老化程度，着力解决参保登记不便捷、老年人等群体线上服务不适用、手工报销不方便、异地就医备案不便利、服务意识和能力有待进一步提升等问题。

在医保信息化领域，医保电子凭证具有重要作用。它是基于医保基础信息库为全体参保人员生成的医保身份识别电子介质，由国家医保信息平台统一签发，参保人可通过电子凭证享受各类在线医疗保障服务，包括医保业务办理、医保账户查询、医保就诊和购药支付等。2019 年 11 月，国家医保局组织的全国医保电子凭证首发仪式在山东济南举行，同步在上海市和河北、吉林、黑龙江、福建、山东、广东六省的部分城市陆续开通使用。截至 2020 年 11 月，医保电子凭证累计全渠道用户量超过 3 亿人，29 个省份在医院药店开通使用，接入定点医疗机构超过 2.6 万家，定点药店超过 7 万家。① 另外，人力资源社会保障部发行的社会保障卡截至 2021 年末全国持卡人数已达 13.52 亿人，其中领用电子社保卡超过 5 亿人，有 16 个省份的 138 个地市实现了电子社保卡就医购药。② 2022 年初，人力资源社会保障部与国家医保局信息系统"总对总"通道正式开通，支持电子社保卡和医保电子凭证在就医购药领域并行使用。这是两个主管部门协同配合、便利参保群众的又一范例。

2021 年 9 月至 2022 年 9 月，国家医保局举办了首届"智慧医保解决方案大赛"。这次大赛以"科技赋能 守护民生"为主题，聚焦探索挖掘医保工作的堵点、痛点、难点问题，按照智慧医保的思维模式，运用大数据、云计算、互联网、人工智能等技术手段提出解决方案，让新技术在医保领域发挥更大作用，提高医保治理和公共服务能力。

本次大赛对推动医保事业发展具有积极意义：一是集社会各界才智，为医保改革储备工作思路。二是推动医保与科技融合，进一步加快新技术引入医保行业，助推医保服务、管理和监督。三是推动医保宣传工作进一步提质增效，更好地展现医保工作成果和创新为民，让社会各界全面立体了解、关注医保工作，激发社会各界关注参与医保创新实践的兴趣和热情。

二、完善流动人口医疗保障安排

2020 年第七次全国人口普查数据显示，全国人户分离人口约为 4.93 亿人，其中流动人口 3.76 亿人，与 10 年前的"六人普"相比，分别增

---

① 国家医疗保障局. 医保电子凭证全渠道用户量超过 3 亿［EB/OL］. (2020 - 11 - 25). https://www.nhsa.gov.cn/art/2020/11/25/art_14_4011.html.

② 国家医疗保障局. 全国社保卡持卡人已超十三亿——一卡在手，这些事都可以办了［EB/OL］. (2022 - 03 - 03). https://www.gov.cn/xinwen/2022 - 03/03/content_5676589.htm.

加88.52%和69.73%；流动人口中，跨省流动人口为1.25亿人，省内流动人口为2.51亿人。① 全民医保体系面对庞大的流动人口，需要有更加适应人口流动需要、保障流动人员医保权益的制度安排。党的十九大之后，随着全国统一的医疗保障信息平台建设深入推进及医保电子凭证的广泛推广，全国医疗保障系统逐步实现了全国参保信息实时查询功能，为更加精准制定政策、精细化提供服务提供技术支撑，使异地就医医保费用直接结算和基本医疗保险关系转移接续工作得以深入推进。

（一）完善跨省异地就医住院费用结算

2016年上线的国家异地就医结算系统总体运行平稳，越来越多群众享受到直接结算便利（见第六章第三节）。截至2018年上半年国家医保局组建时，经国家平台结算的人次达到48.6万（含新农合3.5万人次），是2017年全年的2.4倍。② 国家医保局成立后，针对外出农民工和外来就业创业人员（以下简称"两类人员"）因流动性大、难以出具相关材料而跨省异地就医备案难的问题，采取了"三个一批"措施，即简化备案纳入一批——包括取消需就医地经办机构和定点医疗机构提供的证明盖章等；补充证明纳入一批——对拟赴就医地工作的两类人员，在办理备案时改事前审查制为承诺补充制，即允许两类人员先在参保地备案，并承诺在就医地取得相关材料后及时补充，确保两类人员离开参保地前能及时备案；便捷服务帮助一批——加快推广电话、传真、网络、App等多种备案及查询方式，逐步实现备案服务不见面、零跑腿。"三个一批"大大提高了两类人员跨省异地就医的备案率。同时，将两类人员集中的就医地基层医疗机构接入国家平台，并确保所有县级行政区至少有一家跨省定点医疗机构，实现县级行政区全覆盖；并督导2017年跨省住院患者超过500人次的定点医疗机构，2018年底前全部

---

① 国家统计局. 第七次全国人口普查公报［EB/OL］.（2021－05－11）. http：//www. gov. cn/guoqing/2021－05/13/content_5606149. htm.

② 王秉阳，王宾. 国家医保局：推进基本医保跨省异地就医住院费用直接结算工作［EB/OL］.（2018－08－24）. http：//www. gov. cn/xinwen/2018－08/24/content_5316368. htm.

接入国家平台。

2019年5月，落实2019年《政府工作报告》提出的"抓紧落实和完善跨省异地就医直接结算政策，尽快使异地就医患者在所有定点医院能持卡看病、即时结算，切实便利流动人口和随迁老人"的要求，国家医保局、财政部印发《关于切实做好2019年跨省异地就医住院费用直接结算工作的通知》，指导各地加强宣传培训，提高政策流程知晓度；建立工作台账，稳步扩大跨省定点医院覆盖范围；规范便捷服务，不断提高跨省异地就医备案效率；明确时限，确保结算资金按时足额拨付；完善结算系统，保障各项业务平稳高效运行；加强组织领导，不断提高群众获得感。文件特别附发了"全国基本医保定点医院接入工作台账"和"全国备案管理便捷服务工作台账"作为督促工作落实的凭证。

截至2021年底，全国各级医保经办机构基本全部接入国家医保异地结算平台。2022年，住院费用跨省联网定点医疗机构数量为6.27万家；当年住院费用跨省直接结算568.79万人次（见图11-1），为参保群众减少垫付762.33亿元（见图11-2）。[①]

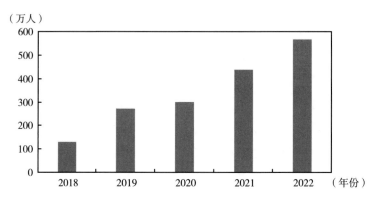

图11-1　2018~2022年全国住院费用跨省异地就医直接结算人次

资料来源：根据相关年份《全国医疗保障事业发展统计公报》、全国医疗保障跨省异地就医直接结算公共服务信息发布数据整理。本章下图同。

[①] 国家医疗保障局. 2022年全国医疗保障事业发展统计公报［EB/OL］.（2023-07-10）. http://www.nhsa.gov.cn/art/2023/7/10/art_7_10995.html.

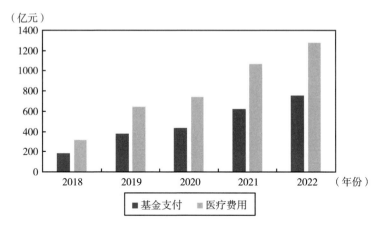

（亿元）

图 11－2　2018～2022 年全国住院费用跨省异地就医直接结算基金支付情况

（二）推进跨省异地就医门诊费用结算

在跨省异地住院费用即时结算逐步落实的基础上，为更好满足异地居住就医参保群众的需求，门诊费用跨省直接结算工作也开始稳妥有序推进。2020 年 9 月，国家医保局、财政部联合印发《关于推进门诊费用跨省直接结算试点工作的通知》，决定在京津冀 3 省市、长三角 4 省市、西南 5 省区共 12 个省（区、市）进行门诊费用跨省直接结算试点，试点内容主要是统一异地就医转出流程、规范异地就医结算流程和待遇政策、门诊慢特病资格认定和医保管理服务、切实加强就医地监管、强化异地就医资金管理、打造便民高效的异地就医结算服务。截至 2020 年底，12 个先行试点省份开通门诊费用跨省直接结算的联网定点医疗机构 1.02 万家，联网定点药店 1.18 万家，门诊费用跨省累计直接结算 302 万人次，涉及医疗总费用 7.46 亿元，医保基金支付 4.29 亿元。①

2021 年初，试点的 11 个省（区、市）的统筹地区以及贵州省本级和黔西南布依族苗族自治州全部接入国家异地就医结算系统并联通普通门诊费用跨省直接结算服务。2021 年《政府工作报告》作出推进门诊费用

---

① 国家医疗保障局. 2020 年医疗保障事业发展统计快报［EB/OL］.（2021－03－08）. http：//www.gov.cn/xinwen/2021－03/08/content_5591551.htm.

跨省直接结算的部署。2021 年 5 月，国家医保局、财政部印发《关于加快推进门诊费用跨省直接结算工作的通知》，确定了两年的推进目标：2021 年底前，各省份 60% 以上的县至少有 1 家普通门诊费用跨省联网医疗机构，各统筹地区基本实现普通门诊费用跨省直接结算；对于高血压、糖尿病、恶性肿瘤门诊放化疗、尿毒症透析、器官移植术后抗排异治疗 5 个群众需求大、各地普遍开展的门诊慢特病，每个省份至少有 1 个统筹地区实现相关治疗费用跨省直接结算；2022 年底前，每个县至少有 1 家定点医疗机构能够提供包括门诊费用在内的医疗费用跨省直接结算服务；基本实现上述 5 个主要门诊慢特病的相关治疗费用跨省直接结算统筹地区全覆盖，推进其他门诊慢特病的相关治疗费用跨省直接结算或线上零星报销。《关于加快推进门诊费用跨省直接结算工作的通知》部署了七项重点工作：扩大普通门诊费用跨省直接结算覆盖范围；积极推进门诊慢特病相关治疗费用跨省直接结算；全力推进定点医药机构联网工作；持续优化异地就医备案线上服务；确保跨省直接结算信息系统升级改造到位并平稳运行；强化跨省异地就医结算业务协同高效；加强异地就医费用跨省直接结算预付金和清算资金管理。

2021 年 9 月，国家医保局办公室、财政部办公厅又专门印发《关于开展门诊慢特病相关治疗费用跨省直接结算试点工作的通知》，决定在加快推进普通门诊医疗费用跨省直接结算基础上开展门诊慢特病相关治疗费用跨省直接结算试点工作，要求 2021 年底前每个省份至少选择一个统筹地区开展门诊慢特病相关治疗费用跨省直接结算试点，可以提供高血压、糖尿病、恶性肿瘤门诊放化疗、尿毒症透析、器官移植术后抗排异治疗 5 个门诊慢特病相关治疗费用跨省直接结算。试点内容包括规范跨省直接结算政策、统一就医结算规则、完善信息系统建设、落实就医监管职责、做好资金预付和清算。通过试点，关注群众需求和切身利益，以期有效解决门诊慢特病跨省直接结算政策、经办管理和信息化等方面堵点、难点问题，形成可复制可推广的经验。截至 2022 年 8 月底，全国有 280 个医保统筹地区已启动高血压、糖尿病、恶性肿瘤门诊放化疗、尿毒症透析、器官移植术后抗排异治疗 5 种门诊慢特病相关治疗费用跨省直接结算工作。

政策实施以来，门诊费用跨省直接结算试点工作稳妥推进。截至 2022 年底，全国开通门诊费用跨省直接结算的联网定点医疗机构 8.87 万家，联网定点零售药店 22.62 万家，门诊费用跨省累计直接结算 3243.56 万人次（见图 11－3），医保基金支付 46.85 亿元（见图 11－4）。① 全国所有统筹地区实现了普通门诊费用跨省直接结算和异地就医备案跨省通办，进一步增强了参保群众的获得感、幸福感、安全感。

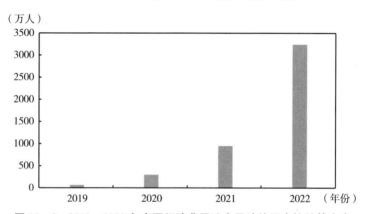

图 11－3 2019～2022 年全国门诊费用跨省异地就医直接结算人次

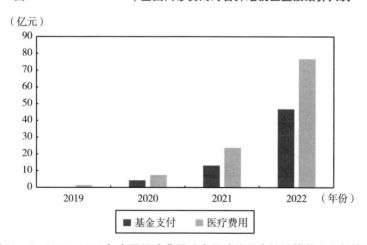

图 11－4 2019～2022 年全国门诊费用跨省异地就医直接结算基金支付情况

① 国家医疗保障局. 2022 年全国医疗保障事业发展统计公报［EB/OL］.（2023－07－10）. http：//www. nhsa. gov. cn/art/2023/7/10/art_7_10995. html.

2022 年 6 月，国家医保局、财政部印发《关于进一步做好基本医疗保险跨省异地就医直接结算工作的通知》，提出了到 2025 年的新目标：跨省异地就医直接结算制度体系和经办管理服务体系更加健全，全国统一的医保信息平台支撑作用持续强化，国家异地就医结算能力显著提升；住院费用跨省直接结算率提高到 70% 以上，普通门诊跨省联网定点医药机构数量实现翻一番，群众需求大、各地普遍开展的门诊慢特病相关治疗费用逐步纳入跨省直接结算范围，异地就医备案规范便捷，基本实现医保报销线上线下都能跨省通办。主要工作部署：在完善跨省异地就医直接结算政策方面，统一住院、普通门诊和门诊慢特病费用跨省直接结算基金支付政策，明确异地就医备案人员范围，规范异地就医备案有效期限，允许补办异地就医备案和无第三方责任外伤参保人员享受跨省异地就医直接结算服务，支持跨省异地长期居住人员可以在备案地和参保地双向享受医保待遇，合理确定跨省临时外出就医人员报销政策；在规范跨省异地就医直接结算管理服务方面，规范异地就医备案流程，方便符合条件的参保人员跨省转诊就医，规范参保人员持医保电子凭证、社会保障卡就医，规范跨省直接结算流程，实行就医地统一管理，强化异地就医业务协同管理；在强化跨省异地就医资金管理方面，跨省异地就医费用医保基金支付部分在地区间实行先预付后清算，跨省异地就医费用清算按照国家统一清分，省、市两级清算的方式，按月全额清算，还规定了跨省异地就医资金相关管理事项；在提升医保信息化标准化支撑力度方面，持续深化全国统一的医保信息平台全业务全流程应用，推进系统优化完善，加强系统运维管理和安全保障；在加强跨省异地就医直接结算基金监管方面，也提出了要求，并附发了《基本医疗保险跨省异地就医直接结算经办规程》，使基本医保跨省异地就医直接结算工作进入规范化轨道。

（三）规范基本医疗保险关系转移接续

基本医保参保人员跨统筹地区流动就业、居住后的医保关系转移接续，关系到其医保权益连续和累加，是医保政策"适应流动性"的重要体现。2009 年人力资源社会保障部就制定颁布了《流动就业人员基本医疗保障关系转移接续暂行办法》，2015 年人力资源社会保障部、国家发改委、财政部、国家卫计委联合印发了《关于做好进城落户农民参加基本医疗保险和关系转移接续工作的办法》，2016 年人力资源社会保障部制定了《流动就业人员基本医疗保险关系转移接续业务经办规程》，指导各地做好流动就业人员和进城落户农民的基本医保关系转续工作，积累了初步经验。

2020 年《中共中央 国务院关于深化医疗保障制度改革的意见》要求"适应人口流动需要，做好各类人群参保和医保关系跨地区转移接续"。在总结前期实践经验基础上，国家医保局于 2021 年 11 月颁布了《基本医疗保险关系转移接续暂行办法》，主要适用于职工医保参保人员（不含退休人员）和居民医保参保人员因跨统筹地区就业、户籍或常住地变动的情形，实行统一规范、跨省通办。主要规范以下方面：一是范围对象，分为职工医保制度内转移接续、居民医保制度内转移接续、职工医保和居民医保跨制度转移接续三类，分别规定了申请转续的条件；二是转移接续申请，规定了申请主体、方式和校验规则前置的原则；三是转移接续手续办理，规定了转出地和转入地经办机构的办理流程及时限；四是待遇衔接，规定了转续人员依据参保时间、中断缴费时间长短差异而执行不同的待遇等待期，以及职工医保参保人员在转续前后缴费年限累计计算的政策。此外，还附发了"参保人员或用人单位申请基本医疗保险关系转移接续流程图""转出地和转入地经办机构办理基本医疗保险关系转移接续手续流程图""参保人员基本医疗保险信息表"三个附件，具有很强的操作性。与此前的有关政策规范相比，在三个方面优化了流程：一是参保人申请转移接续，材料流转方式由信函邮寄转变为线上推送，提高办理效率；二是取消了当事人填写《申请表》以及转出地出具《参保凭证》和转入地出具《联系函》两个办理环节，办理时限由原先的45 个工作日缩短至不超过 15 个工作日，并鼓励各地进一步压缩办理时限；三是参保人员或用人单位可通过国家医保服务平台进入地方网厅全程查询业务办理进度。

第五节 建设协同医保

"十四五"医保规划阐述建设协同医保的目标是：医疗保障和医药服务高质量协同发展，医保支付机制更加管用高效，以市场为主导的医药价格和采购机制更加完善，医疗服务价格调整更加灵敏有度。进入新时代，对医保支付方式进行了持续深化改革（见第六章第四节）；党的十九大之后，重点放到推进 DRG/DIP 支付方式改革。

疾病诊断相关分组（Diagnosis Related Groups，DRG）是一种相似或者相近病例组合分类方法，根据病人的年龄、性别、住院天数、临床诊断天数、临床诊断、病症、手术、疾病严重程度、合并症与并发症及转归等因素把病人分入若干个诊断相关组，在分级上进行科学测算，给予定额预付款。基于大数据的病种分值付费（Diagnosis - Intervention Packet，DIP）与 DRG 类似，也是一种疾病组合分类技术，直接以主要诊断和关联手术操作的自然组合形成病种，以各病种次均住院费用的比价关系形成病种分值。

一、开展 DRG/DIP 支付方式试点

2017 年 6 月印发的《国务院办公厅关于进一步深化基本医疗保险支付方式改革的指导意见》，是中央政府第一次专门就医保支付方式改革印发文件，其中，DRG 和 DIP 是该指导意见中提出的两大支付热点。2019 年 5 月，国家医保局、财政部、国家卫生健康委、国家中医药局发布《关于印发按疾病诊断相关分组付费国家试点城市名单的通知》，确定将 30 个城市作为 DRG 付费国家试点城市。当年 10 月，国务院医保办印发《疾病诊断相关分组（DRG）付费国家试点技术规范和分组方案》，规定了国家医疗保障 DRG 分组与付费技术规范和国家医疗保障 DRG（CHS - DRG）分组方案，切实推进国家试点工作。2020 年 10 月，国家医保局办

公室印发《区域点数法总额预算和按病种分值付费试点工作方案》，并于 11 月确定了这项工作的试点城市名单，同时制定《国家医疗保障按病种分值付费（DIP）技术规范》和 DIP 病种目录库（1.0 版），确定在 71 个城市开展 DIP 付费国家试点工作。

试点基本达到预期的效果，所有试点城市全部进入实际付费，并推动医保管理机制的深刻转变，包括医保付费从按项目付费向价值付费转变、从最终买单向主动作为转变、从单纯的手工审核向大数据运用转变、从粗放的供给侧管理向精细的供给侧管理转变等。[1]

二、实施 DRG/DIP 支付方式改革三年行动计划

为加快推进 DRG/DIP 支付方式改革全覆盖，国家医保局制定了《DRG/DIP 支付方式改革三年行动计划》，于 2021 年 11 月印发。该计划确定了加快建立管用高效的医保支付机制的目标：从 2022 年到 2024 年，全面完成 DRG/DIP 付费方式改革任务，推动医保高质量发展；到 2024 年底，全国所有统筹地区全部开展 DRG/DIP 付费方式改革工作，先期启动试点地区不断巩固改革成果；到 2025 年底，DRG/DIP 支付方式覆盖所有符合条件的开展住院服务的医疗机构，基本实现病种、医保基金全覆盖，推动 DRG/DIP 支付方式改革实现从局部向全面、从部分到全体、从粗放式向精细化纵深发展。具体要求如下。

（1）统筹地区全面覆盖。在 2019～2021 年试点基础上，按 2022 年、2023 年、2024 年三年进度安排。以省（自治区、直辖市）为单位，分别启动不少于 40%、30%、30% 的统筹地区开展 DRG/DIP 支付方式改革并实际付费。鼓励以省（自治区、直辖市）为单位提前完成统筹地区全覆盖任务。

（2）医疗机构全面覆盖。统筹地区启动 DRG/DIP 付费改革工作后，

---

① 彭韵佳. 国家医保局正式启动 DRG/DIP 支付方式改革三年行动计划［EB/OL］.（2021 - 12 - 21）. https://www.gov.cn/xinwen/2021 - 12/21/content_5663865.htm.

按三年安排实现符合条件的开展住院服务的医疗机构全面覆盖，每年进度应分别不低于40%、30%、30%，2024年启动地区须于两年内完成。

（3）病种全面覆盖（原则上达到90%）。统筹地区启动DRG/DIP付费改革工作后，按三年安排实现DRG/DIP付费医疗机构病种全面覆盖，每年进度应分别不低于70%、80%、90%，2024年启动地区须于两年内完成。鼓励入组率达到90%以上。

（4）医保基金全面覆盖（原则上达到70%）。统筹地区启动DRG/DIP付费改革工作后，按三年安排实现DRG/DIP付费医保基金支出占统筹区内住院医保基金支出达到70%，每年进度应分别不低于30%、50%、70%，2024年启动地区须于两年内完成。鼓励超过70%的基金总额预算覆盖率。

此外，该计划还在建立机制、基础建设、协同改革等方面提出相应要求，以期分阶段、抓重点、阶梯式推进改革工作。

医保支付改革是健全医保支付机制和利益调控机制的重要抓手。以探索建立DRG/DIP付费体系为突破口，推进医保支付方式改革向纵深推进，有利于提高医保基金使用效能，用有限的医保基金为参保人购买更高质量的医疗服务，同时激励医疗机构和医生主动规范医疗服务行为，提升控制成本的内生动力，促进分级诊疗，让医保和医疗"相向而行"。"十四五"期间，CHS－DRG/DIP支付方式改革三年行动计划将如期完成，相关技术标准将逐步成熟规范，形成一套适应CHS－DRG/DIP变化的医疗机构运营机制，并打造一支素质过硬的医保专业化队伍，在此基础上不断推进改革向纵深发展。

第六节　医保相关领域改革发展

一、生育保险和职工基本医疗保险合并实施

按照中央统一部署，2017年开展了生育保险和职工基本医疗保险合

并实施的试点（见第六章第五节）。2019 年 3 月，国务院办公厅印发《关于全面推进生育保险和职工基本医疗保险合并实施的意见》，表明经过两年试点，在全国范围全面推进"合并实施"的条件已经成熟。该文件总结归纳试点经验，确定了六项主要政策。

（1）统一参保登记。参加职工基本医保的在职职工同步参加生育保险。

（2）统一基金征缴和管理。生育保险基金并入职工基本医保基金统一征缴，统筹层次一致。用人单位按两项制度的缴费比例之和确定新的职工基本医保费率，个人不缴纳生育保险费。新的职工基本医保基金不再单列生育保险基金收入，但在统筹基金待遇支出中设置生育待遇支出项目，即"统收分支"。

（3）统一医疗服务管理。两项制度实行统一定点医疗服务管理，签订相关医疗服务协议时要将生育医疗服务有关要求和指标增加到协议内容中，并执行统一的基本医保、工伤保险、生育保险药品目录以及基本医保诊疗项目和医疗服务设施范围。将生育医疗费用纳入医保支付方式改革范围，推动住院分娩等医疗费用按病种、产前检查按人头等方式付费。

（4）统一经办和信息服务。两项保险合并实施后，由基本医保经办机构统一经办管理，充分利用医保信息平台，实行信息系统一体化运行。

（5）确保生育保险待遇不变。明确生育保险待遇包括生育医疗费用和生育津贴，所需资金均从新的职工基本医保基金中支付。生育津贴支付期限按照《女职工劳动保护特别规定》等法律法规规定的产假期限执行。这一政策解决了生育津贴列支渠道和支付规则问题，保证了政策的延续性，保障了职工的法定权益。

（6）确保制度可持续。要求各地研判人口形势对生育保险支出的影响，增强风险防范意识和制度保障能力；坚持从保障基本权益做起，合理引导预期；跟踪分析基金运行情况和支出结构，完善生育保险监测指标；建立生育保险费率动态调整机制。

按照"四统一两确保"的方针政策，各地加快推进两项制度合并实施。表 11 – 5 显示了合并实施后的积极效应。

表 11 – 5 　　　　　　　 2017 ~ 2022 年生育保险发展情况

年份	生育保险参保人数（万人）	职工医保参保人数（万人）	生育人数/医保参保人数（%）	享受待遇人数（万人）	人均待遇（元）
2017	19300	22281	86.6	1113	—
2018	20434	23308	87.7	984	—
2019	21417	24224	88.4	1136	20311
2020	23567	25429	92.7	1167	21973
2021	23752	26106	91.0	1321	22261
2022	24621	26604	92.5	1769	—

　　资料来源：2017 年数据引自《2017 年度人力资源和社会保障事业发展统计公报》；2018 年及之后数据引自相关年份《全国医疗保障事业发展统计公报》。

　　一是统一参保登记有利于扩大生育保险覆盖面。2022 年生育保险参保人数比 2017 年增加 5300 多万人，增幅 27.6%，比同期职工医保的参保职工人数增幅高 8.2 个百分点，使前者相当于后者的比例从 86.6% 提高到 92.5%，有效促进了应保尽保。二是通过整合制度及管理资源，增强了基金统筹共济能力，形成了更大的"蓄水池"，提升了管理综合效能，降低管理运行成本。三是实现了"确保生育待遇不变"的目标，在享受待遇人数增加较多情况下，待遇水平逐年有所提高。同时也可以观察到，国家生育政策调整后，享受生育保险待遇的人数增长过快，2021 年增幅 13.2%，2022 年更高达 34%，必须按照相关文件要求，坚持尽力而为、量力而行的原则，防范风险转嫁，建立适应我国经济发展水平、优化保险管理资源、实现两项保险长期稳定可持续发展的制度体系和运行机制。

二、扩大长期护理保险试点

　　2016 年启动的 15 个城市（含两个重点联系省）长期护理保险制度试

点，到2017年底已覆盖3800万人（见第六章第六节）。2018年9月，全国政协领导的中国经社理事会组成养老护理专题调研组，对部分试点城市进行调研，发现各地在实践中都有不同程度创新。如在覆盖范围上，有的城市不仅包含职工，还扩大到城乡居民；在筹资渠道上，除了从基本医保统筹基金中"平移"一部分外，有的从医保个人账户中也划拨一部分，有的实行个人少量定额缴费，有的还给予一定财政补贴，探索多元筹资办法；在服务供给形式上，有的采取专业机构集中照护，更多的是通过社区"为老服务中心"或"长者照护中心"为失能老人提供日间照料或上门服务；在基金给付上，各地都注重向居家服务倾斜，有的采取完全实物援助（购买服务）方式，有的则采取现金补贴与实物援助相结合。这些经验虽还只是初步的，但总结推广后将造福数以千万计老年人的前景大可期待。

2019年《政府工作报告》中提出："扩大长期护理保险制度试点，让老年人拥有幸福的晚年，后来人就有可期的未来。"同年11月，党中央、国务院印发了《国家积极应对人口老龄化中长期规划》，其中明确提出"建立多层次长期照护保障制度"。

贯彻落实中央部署，2020年9月，国家医保局、财政部印发《关于扩大长期护理保险制度试点的指导意见》，确定原有试点城市和吉林、山东两个重点联系省份继续开展试点，其他未开展试点的省份可新增1个城市开展试点；扩大试点的工作目标是探索建立以互助共济方式筹集资金、为长期失能人员的基本生活照料和与之密切相关的医疗护理提供服务或资金保障的社会保险制度；力争在"十四五"期间，基本形成适应我国经济发展水平和老龄化发展趋势的长期护理保险制度政策框架，推动建立健全满足群众多元需求的多层次长期护理保障制度。《指导意见》特别强调了"坚持独立运行，着眼于建立独立险种，独立设计、独立推进"的原则，昭示了制度发展方向，是对原来试点政策的提升。《指导意见》对长期护理保险的资金筹集、待遇支付、管理服务机制等方面作出了更细化的规定，并附发了原有和新增的试点城市（重点联系省）的名单，共49个，规定于2020年内启动实施，试点期限2年。

2021 年 9 月，国务院办公厅印发《"十四五"全民医疗保障规划》，在"健全多层次医疗保障制度体系"的主要任务中提出"稳步建立长期护理保险制度"。要求从职工基本医疗保险参保人群起步，重点解决重度失能人员基本护理保障需求；探索建立互助共济、责任共担的多渠道筹资机制；建立公平适度的待遇保障机制；制定全国统一的长期护理保险失能等级评估标准；做好与经济困难的高龄、失能老年人补贴及重度残疾人护理补贴等政策的衔接，健全长期护理保险经办服务体系；完善管理服务机制，引入社会力量参与长期护理保险经办服务，鼓励商业保险机构开发商业长期护理保险产品。

到 2022 年，各试点城市（重点联系省）参加长期护理保险人数共 16990.2 万人，享受待遇人数 120.8 万人。2022 年基金收入 240.8 亿元，基金支出 104.4 亿元。长期护理保险定点服务机构 7679 个，护理服务人员 33.1 万人。①

党的十九大之后五年，在全民医保基本实现的基础上，参保人员从基本医保制度中受益的人次规模逐年扩大，保障水平逐年提高。按照党中央决策部署，各级政府、各有关部门和社会各界合力推进"五个医保"建设，全民医保的公平性、规范性、安全性、高效性、协同性大大增强，为全体人民带来越来越多的福祉。

---

① 国家医疗保障局. 2022 年全国医疗保障事业发展统计公报［EB/OL］.（2023 – 07 – 10）. http：//www.nhsa.gov.cn/art/2023/7/10/art_7_10995.html.

第
十
二
章

2017~2022 年其他社会保障制度的改革发展

第一节　完善工伤保险制度

党的十九大要求完善工伤保险制度。此后五年，工伤保险领域继续以高危行业为重点扩大覆盖面，同时在完善制度方面推出了促进工伤预防、对新业态从业人员开展职业伤害保障试点、加快基金省级统筹、将公务员纳入工伤保险管理等重大举措。

一、制定实施工伤预防五年行动计划

党的十九大召开前的 2017 年 8 月，人力资源社会保障部、财政部、国家卫计委、国家安全监管总局四部门曾制定印发《工伤预防费使用管理暂行办法》，将工伤预防费提取标准明确为基金征缴收入的 3%，使用范围限于工伤预防的宣传和培训费用，明确了预算程序——确定重点领域和开展项目、编制实施方案和绩效目标并向社会公开，确定原则上由行业协会和大中型企业或委托第三方机构实施的组织方式，标志着工伤预防工作在全国范围全面推开。

2020 年 12 月，落实习近平总书记"始终坚持人民至上、生命至上"的重要指示精神，为切实做好"十四五"时期工伤预防工作，更好发挥

工伤保险积极功能，人力资源社会保障部会同工信部、财政部、住建部、交通运输部、国家卫生健康委、应急管理部、全国总工会研究制定了《工伤预防五年行动计划（2021—2025年）》，提出把工伤预防作为工伤保险优先事项，采取一切适当的手段组织推进。《工伤预防五年行动计划（2021—2025年）》提出了三项工作目标：一是工伤事故发生率明显下降，重点行业5年降低20%左右；二是工作场所劳动条件不断改善，切实降低尘肺病等职业病的发生率；三是工伤预防意识和能力明显提升，实现从"要我预防"到"我要预防""我会预防"的转变。《工伤预防五年行动计划（2021—2025年）》确定了九项主要任务：牢固树立预防优先的工作理念；建立完善工伤预防联防联控机制；瞄住盯紧工伤预防重点行业；全面加强工伤预防宣传；深入推进工伤预防培训；科学进行工伤保险费率浮动；大力开展互联网＋工伤预防；积极推进工伤预防专业化、职业化建设；切实加强对工伤预防工作的考核监督。

在《工伤预防五年行动计划（2021—2025年）》指导下，具体工作举措有序展开。2021年，人力资源社会保障部确定了北京、上海、天津、深圳等40个工伤预防重点联系城市，加强对联系城市指导和督促，及时掌握工作进展情况，力求发挥示范带动效应。2021年12月，针对危险化学品领域工伤预防工作的特殊性，人力资源社会保障部会同应急管理部印发《关于实施危险化学品企业工伤预防能力提升培训工程的通知》，确定实施为期3年的专项培训工程，具体规定了培训的对象、方式、时长和机构，以切实提升危险化学品行业企业职工工伤预防意识和能力。2022年，借鉴危化行业培训工程的做法，研究进一步扩大范围的专项行动文件，提升重点行业企业职工工伤预防意识和能力。

一系列举措取得了较好的效果，主要体现在五个方面。一是政策体系更加完善。各省级地区结合各自实际情况印发本地区工伤预防五年行动计划，出台了具体实施方案。二是体制机制更加协调。各地加强上下联动、部门合作，实行"横到边、纵到底"工作模式，明确各部门责任，建立完善人社部门、应急管理部门、卫生健康部门和行业主管部门建立的联防联控机制。各相关部门和地方在其职责范围内积极发挥作用，覆盖预防工作全链条、各方面，为做好预防工作提供机制保障。三是重点行业、人群更加聚焦。明确了危险化学品、矿山、建筑施工、交通运输、机械制造五类重点行业，对企业分管负责人、安全管理部门主要负责人和一线班组长三类重点人群实行工伤预防培训全覆盖，牵住工伤预防工作的"牛鼻子"。四是专业化、职业化建设更加深入。在工伤预防工作中，除了政府部门全力推进外，支持或探索有条件、有能力的第三方专业技术服务机构、行业协会参与工伤预防工作，引导有能力的大中型企业发挥示范作用，同时鼓励各地探索工伤预防工作模式。五是宣传内容和形式更加多样。各地抓住重点时段、重大事件开展针对性宣传，充分发挥主流媒体和新媒体作用，不断丰富宣传形式。各地还开展走进特色行业、重点企业、重点社区的工伤预防宣传活动。

制定实施《工伤预防五年行动计划（2021—2025 年）》，目标明确，重点突出，措施切实，是一次持续性发力的实践行动。但工伤保险制度中预防为主的理念还需要长期的培育过程，高水平的工伤预防工作仍在探索的路上。

二、开展职业伤害保障试点

进入新时代以来，我国就业方式多样化格局愈发明显，超过 2 亿名劳动者以灵活就业方式就业。特别是随着数字经济快速发展，商业模式快速迭代，新就业形态不断涌现。据有关机构调查，2020 年我国通过网络平台提供服务的新就业形态就业人数已达 8400 万人。这些人员在劳动关系、工作岗位、工作时间、收入方式等方面都呈现出许多新的特征。尤其是外卖员、网约车司机、即时配送员等网约劳动者人数众多，常年在户外道路上奔波，劳动强度大，职业安全风险程度高，但他们与网络平台企业不存在劳动关系，难以被现行的工伤保险制度覆盖，其职业伤害保障不平衡不充分的问题日渐突出。

针对这一矛盾，一些地方开展了灵活就业人员职业伤害保障的探索，如江苏省南通市和苏州市吴江区，浙江省湖州市、衢州市和金华市，山东省潍坊市，江西省九江市等。比较典型的做法有两种，一种是直接纳入工伤保险，另一种是在政府主导下用商业保险予以适当保障。地方的主动探索，为完善适应灵活就业人员特别是新就业形态就业人员的职业伤害保障政策措施积累了初步实践经验。

2019年7月，人力资源社会保障部提出新建职业伤害保障制度的设想。2019年12月，国务院印发《关于进一步做好稳就业工作的意见》，在支持灵活就业和新就业形态的相关举措中，明确"启动新就业形态人员职业伤害保障试点"。

2021年7月，人力资源社会保障部等八部门联合印发《关于维护新就业形态劳动者劳动保障权益的指导意见》，其中提出"以出行、外卖、即时配送、同城货运等行业的平台企业为重点，组织开展平台灵活就业人员职业伤害保障试点"。2021年12月，经国务院同意，人力资源社会保障部等10部门联合印发《关于开展新就业形态就业人员职业伤害保障试点工作的通知》，决定以上述4个行业为重点，开展为期两年的职业伤害保障试点，优先解决新就业形态就业人员职业伤害保障问题。试点任务是探索完善职业伤害保障覆盖群体、参保缴费、保障情形、待遇支付等政策；以政府主导、社会力量承办相结合为基本模式，探索职业伤害保障管理服务规范和运行机制；以构建多层次保障体系为基本方向，支持发展与职业伤害保障相衔接的商业保险。试点选择了7家规模较大的平台企业——曹操出行、美团、饿了么、达达、闪送、货拉拉、快狗打车，要求试点企业在北京、上海、江苏、广东、海南、重庆、四川7省（市）执行平台订单任务的全部试点行业新就业形态就业人员都参加试点，不断积累实践数据和政策经验，逐步健全新就业形态就业人员参加社会保险制度。

该通知附发的《新就业形态就业人员职业伤害保障办法（试行）》，明确了职业伤害保障制度的基本政策框架。其中具有显著创新性的：一是在参保登记和缴费上，规定以平台为主体，由平台企业为新就业形态就业人员按单计费、按月缴费，覆盖执行平台订单任务的全部新就业形态就业人员，而不拘泥于传统的按工资总额一定比例计缴；二是在保障情形上，主要是参照《工伤保险条例》有关规定，并结合平台用工特点作了相应调整优化，明确了新就业形态就业人员在执行平台订单任务期间，因履行平台服务内容而遭受的事故伤害、暴力等意外伤害或者发生事故下落不明等 6 种情形；三是在待遇项目和待遇水平上，主要分为医疗待遇、伤残待遇和死亡待遇三大类，并根据平台企业用工特点和新就业形态就业人员实际收入，优化部分待遇项目，合理确定待遇标准，总体上与工伤保险待遇水平保持一致；四是在基金管理上，将职业伤害保障资金纳入工伤保险基金统一管理，但单独设立职业伤害保障收入科目、支出科目，充分利用试点省市工伤保险基金结余，增强制度抵御收不抵支风险能力，保障试点平稳有序推进。

2022 年 3 月，人力资源社会保障部办公厅印发《关于组织试点省份开展新就业形态就业人员职业伤害保障信息系统建设工作的通知》，依托"金保工程"组织建设全国集中的职业伤害保障信息平台，通过与试点平台企业和试点省份对接，支持业务经办服务衔接和信息归集流转。7 月 1 日，该全国信息平台上线运行，各试点平台企业和试点省份同步接入上线。在人力资源社会保障部统筹协调和各部门通力合作下，试点省市加强组织领导，普遍与试点平台企业建立了定期沟通机制，试点工作平稳有序。根据人力资源社会保障部 2024 年第二季度新闻发布会公布的数据，截至 2024 年 6 月底，共有 886.6 万人纳入职业伤害保障范围，保障了新就业形态就业人员职业伤害权益，同时也分散了平台企业经济风险，对促进新业态规范健康发展发挥了积极作用。这一试点，在丰富工伤保险制度内涵的同时，也为其他社会保险制度更好解决新业态从业人员的权益维护问题探索了路径。

新就业形态就业人员职业伤害保障试点时间虽然还不长，却已带来一些新启示。一是新就业形态呼唤制度创新。灵活就业在国际劳工界通常称为"非标准就业"，这一群体的社会保险制度安排是近年来各国都面临的难题。我国试点的职业伤害保险，在工伤保险社会统筹的基本理念和框架下，借鉴建筑施工企业农民工参保的成功经验，进行了一系列政策创新，使这一历史最悠久的社会保险制度具有了更强的时代适应性。

二是包容性发展。传统的工伤保险制度与创新的职业伤害保障制度并非彼此对立、相互排斥的，而是并行不悖，都是为了更好地保障劳动者的基本权益。至于适用何种制度模式，应具体情况具体分析。如2021年6月交通运输部、人力资源社会保障部等七部门联合印发《关于做好快递员群体合法权益保障工作的意见》，同年12月人力资源社会保障部办公厅、国家邮政局办公厅又联合印发《关于推进基层快递网点优先参加工伤保险工作的通知》，明确"用工灵活、流动性大的基层快递网点可优先办理参加工伤保险"；"不具备用人单位主体资格的基层快递网点，由该网点所属的具备快递业务经营许可资质和用人单位主体资格的企业法人代为办理优先参保，原则上在快递业务经营许可地办理参保，承担工伤保险用人单位责任"。多措并举，有利于提高工伤保险—职业伤害保障制度的可及性，造福更广泛的劳动者群体。

三、推进工伤保险基金省级统筹

《社会保险法》和《工伤保险条例》都规定工伤保险"基金逐步实行省级统筹"。2017年人力资源社会保障部、财政部报经国务院同意，印发《关于工伤保险基金省级统筹的指导意见》，提出"五统一"的标准，推进省级统筹（见第七章第一节），但各地执行进度参差不齐。2019年1月中央脱贫攻坚专项巡视发现"部分地区农民工工伤保险目前只能做到市级统筹"，于是明确将其列为需要整改的问题。2019年9月，人力资源社会保障部办公厅印发《关于加快推进工伤保险基金省级统筹工作的通知》，对各省级地区提出5个"进一步"——进一步提高政治站位，进一步明确政策要求，进一步优化管理服务，进一步加快工作进度，进一步加强组织领导。

2020年10月，党的十九届五中全会建议提出"推动基本医疗保险、失业保险、工伤保险省级统筹"，工伤保险省级统筹成为党中央决策部署。2020年底，31个省、自治区、直辖市和新疆生产建设兵团均已出台工伤保险省级统筹文件，在制度上全面实现省级统筹，其中12个省级地区和新疆生产建设兵团实行基金全省统收统支模式，19 个地区采取基金省级调剂金模式。

2021 年 2 月，习近平总书记在十九届中央政治局第二十八次集体学习上的讲话中强调"推动工伤保险省级统筹"。2021 年 3 月，《中华人民共和国国民经济和社会发展第十四个五年规划和 2035 年远景目标纲要》也要求"推进工伤保险向职业劳动者广覆盖，实现省级统筹"。2021 年 5 月，人力资源社会保障部办公厅在《关于进一步加强工伤保险基金管理有关工作的通知》中要求各地"统筹推进适应工伤保险省级统筹的省级集中社会保险信息系统建设"。2021 年 6 月，人力资源社会保障部《关于印发人力资源和社会保障事业发展"十四五"规划的通知》提出"推动工伤保险基金省级统筹全面实现统收统支目标。"

2022 年 10 月，党的二十大再次强调"推动基本医疗保险、失业保险、工伤保险省级统筹"。贯彻落实中央部署，2022 年 12 月，人力资源社会保障部、财政部、国家税务总局印发《关于进一步推进完善工伤保险省级统筹制度的通知》，提出原则上在 2024 年 1 月 1 日前全面实现工伤保险基金省级统收统支。到 2022 年底，工伤保险在全国 30 个省份建成了省级集中信息系统。各级人社系统进一步加快工作推进力度，2023 年 12 月 29 日，31 个省（自治区、直辖市）和新疆生产建设兵团均已实施或印发省级统筹实施方案，全面实现自 2024 年 1 月 1 日起基金省级统收统支的目标，总体实现政策标准和管理服务"六统一"。

提高基金统筹层次是在更大范围分散风险的重要路径，也是推进社会保险制度更加公平规范的必然要求。工伤保险基金统筹经历了县市级统筹、少数地区探索省级统筹，两种模式并存的省级统筹等发展阶段，现在进入全面实行统收统支模式省级统筹的新阶段，这是工伤保险高质量、可持续发展的重要标志之一。表 12 - 1 显示了 2017～2022 年全国工伤保险基金收支结余情况，其中 2020 年应对新冠疫情实行阶段性免减缓缴社会保险费的措施，当年工伤保险基金收支出现"倒挂"，政策施行期满后恢复正常。

表 12 – 1　　　　　2017～2022 年工伤保险基金收支结存情况　　　　单位：亿元

年份	基金收入	基金支出	基金结存	其中：储备金
2017	854	662	1607	270
2018	913	742	1785	294
2019	819	817	1783	262
2020	486	820	1449	174
2021	952	990	1411	164
2022	1053	1025	1440	127

资料来源：相关年份《人力资源和社会保障事业发展统计公报》。

四、颁布实施公务员工伤保险管理办法

改革开放后，适应社会主义市场经济体制要求，社会化的工伤保险制度首先在企业实行，通过单位缴费、基金统筹来分散经济风险，党的十八大之后，依据社会保险法和《工伤保险条例》，工伤认定、医疗康复、伤残鉴定、待遇给付等政策、标准逐渐规范，并将制度覆盖范围扩大到各类事业单位、社会团体、民办非企业单位等组织及其职工和有雇工的个体工商户及其雇工（见第七章第一节）；唯有公务员和参公管理单位的工作人员仍延续着计划经济体制下的抚恤保障模式（见第一章第一节）。两种制度并行，产生了管理体制、财务渠道、待遇水平、办理程序等方面的摩擦。

为解决这个矛盾，一些地区开始改革探索，截至 2020 年，全国已有 23 个省份将本地公务员和参公管理人员纳入工伤保险统筹，积累了实践经验。2019 年，国家修订《公务员法》，明确规定"公务员依法参加社会保险，按照国家规定享受保险待遇"，为解决这一矛盾提供了法律依据。此外，职工基本医疗保险制度改革自起始就覆盖公务员和参公人员，执行效果良好；2015 年后改革机关事业单位职工基本养老保险制度，把原来的"双轨制"整合为统一制度。这两大社会保险制度全面覆盖，为公务员等群体纳入社会化的工伤保险制度提供了良好示范。

在总结地方经验基础上，2021 年 12 月，经国务院同意，人力资源社

会保障部、中组部、财政部、退役军人部、国家税务总局联合印发《公务员工伤保险管理办法》，确定从 2022 年 1 月 1 日起，各级机关及其公务员、参公管理的机关（单位）及其工作人员参加工伤保险，各项政策、标准、程序原则上执行《工伤保险条例》及相关规定，同时针对这一群体的特殊性，作出一些专门规定，例如：费率按照一类行业基准费率确定；待遇项目中排除了不符合享受条件的两类情形；单位缴费所需资金列入本级部门预算，缴纳后纳入工伤保险基金统一管理，不单独列支。这一群体参加工伤保险实行属地化管理，中央在京机关及事业单位则参加中央本级的工伤保险统筹。为此，在人力资源社会保障部中央国家机关养老保险管理中心设立工伤保险管理部门，单独开立工伤保险基金专门账户。

在实际执行中，有关部门注意相关政策的衔接。如在原来的公务员因公伤亡的福利保障制度中，有专门的死亡抚恤待遇。《公务员法》规定："公务员因公牺牲或者病故的，其亲属享受国家规定的抚恤和优待。"《工伤保险条例》虽然也有工亡待遇项目，但标准低于《公务员法》规定的待遇。针对这一"落差"，2022 年 5 月，人力资源社会保障部、中组部、财政部、退役军人事务部联合发布《关于做好公务员工伤保险与抚恤政策衔接有关工作的通知》，明确：工亡公务员之符合条件的近亲属按规定享受一次性工亡补助金、丧葬补助金、供养亲属抚恤金等工伤保险待遇；同时符合国家规定的抚恤待遇的，应享受的抚恤待遇高出上述工伤保险待遇部分，由原渠道按规定予以补足。

《公务员工伤保险管理办法》的制定实施，将国家机关和参照公务员法管理的事业单位及其工作人员延续了近 70 年的单位保障模式改为社会保险模式，各项政策、标准、程序与企事业单位基本统一起来，基金统筹管理，全面保障了这一群体的工伤权益，分散了机关单位的工伤风险，同时使工伤保险制度实现了"法定人群全覆盖"，这是我国工伤保险发展史上的一个标志性事件。

表 12－2 显示，党的十九大以来，工伤保险覆盖人数继续逐年增加，2022 年比 2017 年增长 28%，五年来新开工工程建设项目工伤保险参保率始终保持在 98% 以上的高位。

表 12 – 2 　　　　　　　　　　 2017~2022 年工伤保险基本情况

年份	参保人数（万人）	新开工工程建设项目 参保率（%）	享受工伤保险待遇 人数（万人）
2017	22724	—	193
2018	23874	99.0	199
2019	25478	99.0	194
2020	26763	98.0	188
2021	28287	99.0	206
2022	29117	99.6	204

资料来源：相关年份《人力资源和社会保障事业发展统计公报》。

第二节　完善失业保险制度

　　党的十九大提出完善失业保险制度。此后五年，失业保险领域在更好保障失业人员基本生活并适当扩大保障范围的基础上，在援企稳岗、支持技能培训、推进省级统筹等方面采取了重大举措，对保稳定、防失业、促就业发挥了积极作用。

一、切实保障失业人员基本生活

　　保障失业人员的基本生活是失业保险制度的基本功能，国家法规对基金支付的条件、标准和期限有明确规定。表 12 – 3 显示，党的十九大至党的二十大的五年，失业保险全国参保人数继续增长 26.7%，共计为 2650 多万失业人员发放了失业保险金等待遇，保障水平持续提高，有力维护了社会稳定，也为失业人员再就业提供了基础条件。五年间，失业保险基金收支发生了较大波动：执行连续降低失业保险费政策和应对新冠疫情期间阶段性免减缓缴三项社保费政策（见第十三章第四节），2020 年失业保险基金收入大幅下滑；2019 年之后基金支出大幅增长，主要是扩大支付范围和划拨 1000 多亿元资金专项用于技能提升（见下文）；反映在基金累计结存上，2019年之后持续下降，但发挥了失业保险制度保就业、防失业的政策效力，基金备付水平也保持在安全阈值。

表12-3　　　　　　　2017～2022年失业保险基本情况

年份	参保人数 （万人）	年底享受 人数 （万人）	全年享受 人数 （万人）	人均享受 金额 （元/月）	基金收入 （亿元）	基金支出 （亿元）	累计结存 （亿元）
2017	18784	220	458	1111	1113	894	5552
2018	19643	223	452	1266	1171	915	5817
2019	20543	228	461	1393	1284	1333	4625
2020	21689	270	515	1506	952	2103	3354
2021	22958	259	608	1585	1460	1500	3313
2022	23807	297	616	1711	1596	2018	2891

资料来源：《中国的社会保障》（中国劳动社会保障出版社2019年版）；《中国人力资源和社会保障年鉴·2023（工作卷）》。

（1）保障扩围。2019年12月，针对国内外风险挑战增多，稳就业压力加大的情况，国务院印发《关于进一步做好稳就业工作的意见》，要求更好发挥失业保险保障基本生活的作用。2020年初，突如其来的新冠疫情严重冲击我国劳动力市场，大龄失业人员、领取失业保险金期满仍未就业的失业人员、不符合领取失业保险金条件的参保失业人员、失业农民工等群体面临很大的生活保障挑战。2020年5月，经国务院同意，人力资源社会保障部、财政部印发《关于扩大失业保险保障范围的通知》，加大对这些脆弱群体的保障力度，突破性的政策包括：延长"大龄失业人员"领取失业保险金期限，对领取失业保险金期满仍未就业且距法定退休年龄不足1年的失业人员，可继续发放失业保险金至法定退休年龄；阶段性实施"失业补助金"政策，在规定期间，领取失业保险金期满仍未就业的失业人员、不符合领取失业保险金条件的参保失业人员，可以申领6个月的失业补助金；实施阶段性扩大失业农民工保障范围、阶段性提高价格临时补贴标准、畅通失业保险待遇申领渠道等政策。这些举措被称为"失业保险保障扩围政策"，延续执行至2022年底，并于2022

年建立了通过信息推送畅通待遇申领渠道的机制，对于在新冠疫情期间保障失业人员基本生活、维护社会稳定发挥了重要作用。①

（2）施行价格补贴。2021年11月，国家发展改革委、人力资源社会保障部等六部门印发《关于进一步健全社会救助和保障标准与物价上涨挂钩联动机制的通知》，确定对包括领取失业保险金人员在内的困难群体施行价格补贴联动机制，即居民消费价格指数（CPI）单月同比涨幅达到3.5%或CPI中的食品价格单月同比涨幅达到6%时，地方政府可发放价格临时补贴；对领取失业保险金的人员，临时价格补贴从失业保险基金中列支。2022年8月，六部门印发《关于阶段性调整价格补贴联动机制　加大对困难群众物价补贴力度的通知》，确定2022年9月至2023年3月阶段性调整价格补贴联动机制：一是扩大享受范围，将领取失业补助金人员和低保边缘人口两类群体，阶段性新增纳入价格补贴联动机制保障范围，并允许有条件的地方进一步扩大保障范围；二是降低联动机制启动"门槛"，从CPI单月同比涨幅达到3.5%阶段性调整为3.0%，已经适当降低的地方可结合当地实际情况阶段性进一步降低启动条件；三是明确资金渠道，领取失业保险金人员和领取失业补助金人员的增支资金，从失业保险基金中列支。2021年和2022年，全国失业保险基金共计为1259.2万人次领取失业保险金人员和领取失业补助金人员支付价格补贴1.4亿元。

（3）畅通待遇申领渠道。2022年6月，人力资源社会保障部印发《关于扎实做好失业保险待遇发放工作的通知》，提出要建立失业保险待遇申领渠道信息推送机制、根据新冠疫情形势变化建立失业保险待遇直发模式、健全审核结果及时反馈机制、持续提升失业保险经办服务便捷性等工作内容。特别指出，要确保落实申领失业保险金同步办理失业登记或发放后办理失业登记，申领失业补助金无须办理失业登记；不得要求失业人员先培训再领金，不能以不参加培训为由停发失业保险待遇；对失业人员领金期间从事灵活就业的，不得停发失业保险待遇。这些措施有助于切实保障好参保失业人员基本生活。

---

① 郑伟. 关注"缺失的中间层"[J]. 中国社会保障，2023（2）：45.

二、援企稳岗，主动预防失业

利用失业保险基金援企稳岗的政策，从党的十八大之后就开始实施（见第七章第二节）。党的十九大之后，人力资源社会保障部在全国范围组织实施为期 3 年（2018～2020 年）的失业保险援企稳岗"护航行动"，目标是实现援企稳岗政策的两个全覆盖——符合条件的统筹地区和符合申领条件的主体。国家的支持政策和部门的专项行动，促进了各地加快落实稳岗补贴政策。

2018 年 11 月，国务院印发《关于做好当前和今后一个时期促进就业工作的若干意见》，要求加大稳岗支持力度：对不裁员或少裁员的参保企业，失业保险基金稳岗返还比例从不超过 50% 统一为 50%；2019 年 1 月 1 日至 12 月 31 日，对面临暂时性生产经营困难且恢复有望、坚持不裁员或少裁员的参保企业，返还标准可按 6 个月的当地月人均失业保险金和参保职工人数确定，或按 6 个月的企业及其职工应缴纳社会保险费 50% 的标准确定。

2019 年 3 月，人力资源社会保障部等四部门发布《关于失业保险支持企业稳定就业岗位的通知》，提出了加大稳岗支持力度、放宽技术技能提升补贴申领条件、加大对深度贫困地区的倾斜支持力度、发放价格临时补贴等工作内容，以维护就业局势总体稳定。

2020 年 5 月，人力资源社会保障部、财政部印发《关于实施企业稳岗扩岗专项支持计划的通知》，进一步加大稳岗返还力度。对参保中小微企业不裁员、少裁员的，2020 年底前返还标准最高可提至企业及其职工上年度缴纳失业保险费的 100%。

2021 年 5 月，人力资源社会保障部等五部门印发《关于延续实施部分减负稳岗扩就业政策措施的通知》，将普惠性失业保险稳岗返还政策的实施期继续延长至 2021 年底，具体规定申请稳岗返还的 30 人（含）以下参保企业少裁员标准为裁员率不高于参保职工总数 20%；返还比例分类施行——大型企业不超过实际缴费的 30%，中小微企业不超过 60%；

还将实施范围扩大到社会团体、基金会、社会服务机构、律师事务所、会计师事务所和以单位形式参保的个体经济组织。2021年全国发放稳岗返还惠及职工9234万人①。

2022年4月，人力资源社会保障部等三部门发布《关于做好失业保险稳岗位提技能防失业工作的通知》，将稳岗返还政策继续期延长至2022年底，并进一步向中小微企业倾斜——返还比例从最高60%提至90%。2022年5月，国务院印发《扎实稳住经济的一揽子政策措施》，将大型企业稳岗返还比例由30%提高到50%。

2018～2022年，全国失业保险基金向企业发放援企稳岗资金，累计惠及职工5亿多人次。

此外，面对高校毕业生（本科和研究生）首次突破1000万人、青年就业压力持续增大的局势，为鼓励企业积极吸纳大学生就业，2022年7月，人力资源社会保障部办公厅、教育部办公厅、财政部办公厅联合印发《关于加快落实一次性扩岗补助政策有关工作的通知》，基本政策是：对招用毕业时间为2022年1月至12月且取得普通高等学校毕业证书的普通高校毕业生，签订劳动合同，并为其缴纳失业保险费1个月以上的企业，可以按每招用1人不超过1500元的标准发放一次性扩岗补助；所需资金从失业保险基金列支②。这项政策进一步发挥了失业保险助企扩岗作用。

专栏 12 - 1

陕西拓宽失业保险助企扩岗政策受益范围

陕西省人力资源和社会保障厅、陕西省教育厅、陕西省财政厅联合印发《关于拓宽失业保险助企扩岗政策受益范围的通知》，拓宽一次性扩岗补助政策受益范围，政策执行至2022年12月31日。《通知》明

---

① 人力资源和社会保障部. 2021年度人力资源和社会保障事业发展统计公报 ［EB/OL］. (2022 - 06 - 07). https://www.gov.cn/xinwen/2022 - 06/07/content_5694419.htm.

② 2023年6月，人力资源社会保障部、教育部、财政部发布《关于延续实施一次性扩岗补助政策有关工作的通知》，将扩岗补助政策延续执行到2023年底，并扩大了实行范围。

确，享受补助政策范围由企业招用2022年度普通高校毕业生拓宽至离校两年内未就业普通高校毕业生和2022年登记失业的16~24岁青年。各市（区）按月比对参保信息，对符合条件的企业按每招用1人补助1500元的标准，发放一次性扩岗补助。

一次性扩岗补助可采取"免申即享"，企业无须申请，由失业保险经办机构通过数据比对核验申领条件，将相关信息推送企业经确认无误后，一次性发放补助资金；也可采取自主申请的方式进行。

资料来源：陕西省人力资源社会保障厅．陕西：拓宽失业保险助企扩岗政策受益范围［EB/OL］．（2022-11-09）．http：//www.mohrss.gov.cn/SYrlzyhshbzb/dongtaixinwen/dfdt/202211/t20221109_489543.html.

在我国经济转型升级、产业结构调整中，在应对国际经贸关系复杂变化中，在新冠疫情对就业局势的严峻挑战面前，失业保险援企稳岗采取了基金定向、按比例"返还"的方法，突破了原来只是缓缴、减缴、补贴的局限，更加直观有效。由于是开拓创新，所以需要循序渐进，政策施行基本是阶段性的，在不断延长的执行期限中，扩大政策外延，丰富政策内涵。受益范围逐步扩大，政策"门槛"差异化降低，审核发放尽可能简化，并根据环境变化和形势需要适时调整返还比例，向中小微企业倾斜。这项政策执行总体平稳有序、效果显著，对稳定职工队伍、稳定社会、稳定人心发挥了重要作用。在全面建成社会主义现代化强国的进程中，我们还将面临诸多重大挑战，总结历史经验，不断充实政策储备的"工具箱"，有助于我们更加从容应对。

三、支持技能培训，积极促进就业

在失业保险基金中列支技能提升补贴是2017年国务院作出并实施的决策（见第七章第二节）。从2018年起，人力资源社会保障部在全国组织实施失业保险支持技能提升的"展翅行动"，行动名称意在为广大企业职工插上技能的翅膀，助他们在职业征途中"起飞"；行动目标是推动各地积极主动、全面规范地落实失业保险技能提升补贴政策，力争使符合条件的参保职工都能享受到该项补贴。2018 年 11 月，国务院发布《关于做好当前和今后一个时期促进就业工作的若干意见》，决定将企业职工申领技术技能提升补贴的条件由参加失业保险 3 年以上放宽至参保 1 年以上，执行期为 2019、2020 两年。后来，此项政策执行期延续到 2024 年底。

2019 年 4 月 30 日，国务院常务会议作出重大决策——使用 1000 亿元失业保险基金结余实施职业技能提升行动，提高劳动者素质和就业创业能力。2019 年 5 月，国务院办公厅印发《职业技能提升行动方案(2019—2021 年)》，设定目标任务：2019～2021 年共开展各类补贴性职业技能培训 5000 万人次以上，到 2021 年底技能劳动者占就业人员总量的比例达到 25% 以上，高技能人才占技能劳动者的比例达到 30% 以上。为此，从失业保险基金结余中拿出 1000 亿元，在社会保障基金财政专户中单独建立"职业技能提升行动专账"，用于职工等人员职业技能培训，实行分账核算、专款专用。2019 年 12 月，国务院印发《关于进一步做好稳就业工作的意见》，要求落实完善职业技能提升行动政策措施，组织失业人员参加技能培训或创业培训，按规定给予职业培训补贴和生活费补贴。

2019～2021 年，全国从失业保险基金结余中实际拿出 1119 亿元列入"职业技能提升行动专账"，确保 3 年 7500 万人次培训任务完成。2022 年再拿出 4% 基金结余用于职业技能培训。

2018～2022 年，全国失业保险基金共向 771 万人次发放了技能提升补贴（见表 12－4）。

表 12－4　　2018～2022 年失业保险防失业、促就业、保生活措施实行情况

年份	援企稳岗惠及人数 （万人）	技能补贴惠及人数 （万人）	代缴医保费 （亿元）
2018	6445	60	92
2019	7290	122	98
2020	15595	172	97

续表

年份	援企稳岗惠及人数 （万人）	技能补贴惠及人数 （万人）	代缴医保费 （亿元）
2021	9234	179	129
2022	15089	238	152
合计	53653	771	568

资料来源：相关年份《人力资源和社会保障事业发展统计公报》。

2017 年开始实施由失业保险基金列支的"技能提升补贴"政策，尔后组织为期 3 年的"展翅行动"；2019 年后又从失业保险基金中划转 1000 多亿元进入"职业技能提升行动专账"，直接用于大规模培训。这两项重大举措使失业保险防失业促就业的积极功能作用得以更好发挥，促进和帮助广大参保职工提高职业技能，增强就业稳定性，从源头上减少失业，助力维护就业局势稳定，助力建设一支知识型、技能型、创新型劳动者大军，为经济社会发展提供有力人才支撑。

四、推进失业保险基金省级统筹

根据《社会保险法》《失业保险条例》等法律法规相关规定要求，人力资源社会保障部、财政部、国家税务总局于 2019 年 9 月发布《关于失业保险基金省级统筹的指导意见》，对失业保险基金省级统筹作出分别指导——直辖市实行全市统筹；省、自治区人民政府决定实行省级统筹的，人社部门要在省（自治区）内统一失业保险参保范围和参保对象、费率政策、缴费基数核定办法、待遇标准确定办法、经办流程和信息系统；未实行省级统筹的，要提高到市级统筹。实行省级统筹的省（自治区），有条件的可以实行基金统收统支管理；暂不具备条件的要进一步完善省级调剂金制度，逐步提高筹集比例，用于调剂解决统筹地区失业保险基金支出缺口，保证各统筹地区各项失业保险待遇按时足额发放。

2022 年 4 月，按照党的十九届五中全会建议和"十四五"规划"推进失业保险、工伤保险向职业劳动者广覆盖，实现省级统筹"的部署，人力资源社会保障部、财政部、国家税务总局印发《关于加快推进失业保险省级统筹有关工作的通知》，要求各省（自治区、直辖市）和新疆生产建设兵团于 2023 年底前在失业保险政策、基金收支管理、基金预算管理、经办服务管理、信息系统等方面做到全省规范和统一，实现失业保险政策全省统一为核心，以基金省级统收统支为基础、以基金预算管理为约束、以经办法务管理和信息系统为依托、以基金监督为保障，均衡省内基金负担、增强互助共济能力、保障政策有序实施的省级统筹制度。《通知》明确，推进失业保险省级统筹，不涉及调整失业保险费率、待遇等政策，不涉及改变现行征缴管理体制和基金管理部门职责，不增加企业和职工缴费负担，不影响失业保险待遇水平。

到党的二十大召开前的 2022 年 9 月，全国有 12 个省份已实现失业保险基金省级统筹，还有 7 个省份已印发实施方案正在推进；到 2023 年底，全国各地基本实现省级统筹。

推进失业保险省级统筹，改变了运行 20 多年的市县统筹格局，有利于提高基金使用效率，增强基金保障能力，进一步夯实了失业保险制度高质量可持续发展的基础。

党的十九大之后的五年，在失业保险领域，还制定实施了失业保险关系跨省转移接续的政策，规范接续办法，畅通申领渠道，保障流动人员失业保险权益。在此五年间，人力资源社会保障部曾组织修订《失业保险条例》并向社会公开征求意见。这项工作起到了系统总结实践经验、广泛宣传失业保险制度的作用，为完善失业保险法规作了必要准备。

第三节　社会救助、社会福利和社会优抚的改革发展

一、对社会救助作出顶层设计

党的十九大之前，社会救助框架基本确立，但是与新时代困难群众对美好生活的向往相比，社会救助发展不平衡不充分的问题仍然较为突

出。比如，一些救助政策和保障措施只覆盖特困人员、低保对象；制度之间协调联动不够，救助资源分散，救助信息不能互通共享，兜底保障安全网不够严密；救助方式和供给主体单一，难以满足困难群众多样化救助需求；一些地方投入不足，基层经办服务能力薄弱，等等。这些问题影响了困难群众的获得感、幸福感、安全感，是当前基本民生兜底保障工作的短板和弱项。党的十九大提出统筹城乡社会救助体系，完善最低生活保障制度；党的十九届四中全会要求统筹完善社会救助制度，注重加强普惠性、基础性、兜底性民生建设，保障群众基本生活，这为新时代改革完善社会救助制度指明了方向。

在此背景下，2020 年 8 月，中共中央办公厅、国务院办公厅印发《关于改革完善社会救助制度的意见》（以下简称《意见》），明确了之后一个时期社会救助事业发展的总体目标、重点任务和保障措施。

《意见》提出的总体目标是，用 2 年左右时间，健全分层分类、城乡统筹的中国特色社会救助体系，在制度更加成熟、更加定型上取得明显成效；社会救助法制健全完备，体制机制高效顺畅，服务管理便民惠民，兜底保障功能有效发挥，城乡困难群众都能得到及时救助；到 2035 年，实现社会救助事业高质量发展，改革发展成果更多更公平惠及困难群众，民生兜底保障安全网密实牢靠，总体适应基本实现社会主义现代化的宏伟目标。

《意见》以统筹救助资源、增强兜底功能、提升服务能力为重点，在政策设计和制度安排上有不少创新举措。《意见》指出，要构建综合救助格局，加快以基本生活救助、专项社会救助、急难社会救助为主体，社会力量参与为补充，建立健全分层分类的救助制度体系，实现精准救助、高效救助、温暖救助、智慧救助。《意见》还指出，以打造多层次分类救助体系，根据困难群众的困难程度和致困原因将社会救助划分为三个救助圈：绝对贫困人口、相对贫困人口和其他困难群众，并根据实际需要分别给予相应的救助，以化解当前"低保捆绑"所带来的"悬崖效应"。除此外，该《意见》还对改革低保等现行社会救助制度、强化急难社会救助兜底保障功能、发展服务类社会救助、深化社会救助"放管服"改革和强化社会救助政策落实的保障措施进行了说明。总体来看,《意见》对改革完善社会救助制度作出了顶层设计和系统部署。

2014 年,国务院颁布《社会救助暂行办法》,对八大类救助制度作出统一规范,对于促进我国社会救助事业发展起到积极作用(见第七章第三节)。但毕竟立法层级较低,又是暂行规定,其覆盖的范围和领域、规范的权威性不能完全满足新时代社会救助工作的需要。为更好贯彻落实党中央决策部署,促进社会救助制度走向成熟定型,民政部、财政部在总结经验基础上组织起草了《中华人民共和国社会救助法(草案征求意见稿)》,并于 2020 年 9 月向社会公布征求各界意见。这份法律草案征求意见稿对社会救助制度和管理体制、救助对象类型、救助内容和形式、救助程序以及社会力量参与、监督管理、法律责任分别作出规定,预示着新时代我国社会救助制度将迈上更高层的法治化台阶。

表 12 - 5 显示,党的十九大之后五年,随着打赢脱贫攻坚战,我国城乡低保对象的户数和人数都明显减少,但保障水平持续提高。相比 2017年,2022 年城市低保对象人数减少近一半,财政支出城市低保资金减少约 1/4,而平均保障标准提高近 40%;农村低保对象人数减少近 700 万人,财政支出农村低保资金反而增加 400 多亿元,使平均保障标准提高62%,缩小了与城市的差距。

表 12 - 5　　　　　　　2017 ~ 2022 年城乡低保发展情况

年份	城市低保				农村低保			
	享受户数（万户）	享受人数（万人）	使用资金（亿元）	标准（元/人·月）	享受户数（万户）	享受人数（万人）	使用资金（亿元）	标准（元/人·年）
2017	742	1261	641	540	2249	4045	1052	4301
2018	605	1007	575	580	1902	3519	1057	4833
2019	525	861	520	624	1892	3455	1127	5336
2020	489	805	537	678	1985	3621	1426	5962
2021	455	738	484	711	1945	3475	1349	6362
2022	424	682	483	752	1897	3350	1464	6985

注:2022 年民政部统计公报中保费标准为月人均数据,本表为便于年度比对,换算为年人均值。

资料来源:《2017 年社会服务发展统计公报》和相关年份《民政事业发展统计公报》。

表 12 - 6 显示，相比 2017 年，2022 年全国城乡特困供养人员总数略有减少，而财政支出特困供养资金成倍增长，表明供养保障水平显著提高；临时救助人次和资金投入都有增加。

表 12 - 6 　　　　2017～2022 年特困救助供养和临时救助情况

| 年份 | 特困救助供养 | | | | 临时救助 | | |
| | 农村 | | 城市 | | | | |
	人数（万人）	资金投入（亿元）	人数（万人）	资金投入（亿元）	人数（万人次）	资金投入（亿元）	人均享受（元/人次）
2017	467	269	25	21	970	108	1110
2018	455	307	28	30	1108	131	1179
2019	439	346	30	37	993	141	1421
2020	466	424	31	45	1381	166	1200
2021	437	429	33	50	1199	138	1155
2022	435	477	35	56	1100	120	1091

资料来源：《2017 年社会服务发展统计公报》和相关年份《民政事业发展统计公报》。

二、发展社会福利制度

党的十九大之后，社会福利制度持续发展。在党和国家重大规划和政策引领下，我国养老服务体系、残疾人保障和妇女儿童发展事业取得一系列新成就（见表 12 - 7）。

表 12 - 7 　　　　　党的十九大之后社会福利发展情况

项目	2017 年	2022 年
享受高龄补贴的老年人数（万人）	2682.2	4143.0
困难残疾人享受生活补贴人数（万人）	1019.2	1178.5
重度残疾人享受护理补贴人数（万人）	1053.7	1545.4
筹集彩票公益金总额（亿元）	631.1	461.0

资料来源：民政部《2017 年社会服务发展统计公报》和《2022 年民政事业发展统计公报》。

老龄事业方面，2019 年和 2021 年，中共中央、国务院先后发布《国家积极应对人口老龄化中长期规划》和《关于加强新时代老龄工作的意见》，将应对老龄化上升为国家战略，强调要加强新时代老龄工作，提升广大老年人的获得感、幸福感、安全感。2021年底，国务院发布《"十四五"国家老龄事业发展和养老服务体系规划》，提出建立健全养老服务政策体系、发挥公办养老机构兜底保障作用、加快发展农村养老服务的兜底性养老服务网。

此外，国务院于2021年陆续发布《"十四五"残疾人保障和发展规划》《中国妇女发展纲要（2021—2030）》《中国儿童发展纲要（2021—2030）》，持续推进残疾人保障事业、妇女和儿童发展事业。

三、完善社会优抚法治建设和军人医疗待遇保障

党的十九大提出，维护军人军属合法权益，让军人成为全社会尊崇的职业。党的十九大之后，退役军人优抚安置工作进入新的发展时期，党和政府不断推出新的政策举措，着力提升广大退役军人的获得感、荣誉感和幸福感。

《退役军人保障法》出台。在社会各界共同参与、共同推动下，我国第一部关于退役军人的专门法律——《中华人民共和国退役军人保障法》于2020年11月出台，自2021年1月1日起施行。该法律包括总则、移交接收、退役安置、教育培训、就业创业、抚恤优待、褒扬激励、服务管理、法律责任、附则，共计10章、85条。该法律确立"四梁八柱"，优化救济机制，促进退役军人保障法律法规体系化；健全监督机制，强化法律责任，增强权益保障法治化建设水平；确保政策衔接，明确过渡范围，突出配套政策法规有效衔接；拓宽保障方式，增强荣誉激励，提升退役军人服务保障质量。自此，退役军人保障形成了以《宪法》为核心、以《退役军人保障法》为主干、以《军人抚恤优待条例》等为主体、以地方政府法规和规章为辅助的权益保障法律体系，推动我国退役军人服务保障迈上新台阶。

《军人地位和权益保障法》出台。2021年6月10日，十三届全国人

大常委会第二十九次会议表决通过《中华人民共和国军人地位和权益保障法》，自2021年8月1日起施行。该法律包括总则、军人地位、荣誉维护、待遇保障、抚恤优待、法律责任、附则，共计7章、71条，主要包括"六个规范"：规范军人地位和权益保障的基本原则和落实责任；规范军人法律地位；规范军人荣誉维护制度；规范军人待遇保障制度；规范军人抚恤优待制度；规范权益救济和问责制度。该法律是军人地位和权益保障的基础性、综合性法律，是深化国防和军队改革的重要成果。其出台是贯彻落实党中央决策部署的实际举措，是实现党在新时代强军目标的重要支撑，也是强化全民国防意识的重要途径。

完善军人及军队相关人员医疗待遇保障。经中央军委批准，军委办公厅印发《军人及军队相关人员医疗待遇保障暂行规定》，于2022年1月1日正式施行，共八章四十三条，主要内容有四个方面：一是提高基层官兵及其家属医疗保障水平。明确驻高原、海岛等远离军队医疗机构单位的军人及其随队生活的配偶、18周岁以下子女，可以就近就便到驻地公立医疗机构就医。二是提升官兵普惠医疗保障质量。健全军内无障碍医疗保障机制，全面实行门急诊就医全军医院和派驻门诊医疗机构"一卡通"，优化住院转诊路径；提高药品和医用耗材保障水平，药品范围统一按照驻地省级职工医保政策标准执行，医用耗材在规定限额内的部分予以免费；完善跨军地就医机制，明确因急性伤病、外出患病、疑难危重疾病等情况可就近就便到具备救治能力的地方公立医疗机构就医。三是扩大官兵家属军队医疗保障范围。实现官兵家属在军队医疗机构就医免费或者优惠，18周岁以下子女和持军人保障卡的军人配偶直接减免费用；持社会保障卡的军人配偶和烈士、因公牺牲军人的父母，经医保结算并扣除完全自费部分后，剩余医疗费用予以免收；军官、军士的父母和配偶父母，经医保结算并扣除完全自费部分后，门急诊和住院费用予以优惠。四是规范军队医疗保障工作制度。按照集约高效原则，明确军队应保障的诊疗项目、药品和医用耗材范围，建立考核激励和责任追究机制，进一步明确单位和个人应承担的责任义务。

保障残疾退役军人医疗待遇。2022年1月，退役军人事务部等六部门联合印发《残疾退役军人医疗保障办法》，切实保障残疾退役军人的医疗待遇。此前，相关政策规定较为分散，一级至六级残疾退役军人的医疗保障工作主要依据《一至六级残疾军人医疗保障办法》执行，七级至十级残疾退役军人的医疗保障工作主要依据《优抚对象医疗保障办法》执行。本次《残疾退役军人医疗保障办法》在上述两个文件的基础上，将残疾退役军人医疗保障政策调整重塑，健全完善"保险＋救助＋补助＋优待"的医疗保障体系，以更好保障残疾退役军人合法权益。医疗保险方面，《残疾退役军人医疗保障办法》规定一级至六级残疾退役军人按照属地原则参加职工基本医疗保险，七级至十级残疾退役军人按照属地原则相应参加职工基本医疗保险、城乡居民基本医疗保险，鼓励残疾退役军人参加其他形式的补充医疗保险。医疗救助方面，《残疾退役军人医疗保障办法》规定未就业的七级至十级残疾退役军人，可按规定参加城乡居民基本医疗保险，其中纳入低保、特困人员救助供养范围的残疾退役军人，由其户籍所在地医疗保障部门通过医疗救助基金等对其参加居民基本医疗保险的个人缴费部分给予补贴；未参加基本医疗保障制度的，以及参加基本医疗保障制度但个人医疗费用负担较重的残疾退役军人，按规定享受城乡医疗救助和优抚对象医疗补助政策。医疗补助方面，《残疾退役军人医疗保障办法》规定残疾退役军人在按规定享受基本医疗保障待遇的基础上，享受优抚对象医疗补助；未参加基本医疗保障制度的，以及参加基本医疗保障制度但个人医疗费用负担较重的残疾退役军人，按规定享受城乡医疗救助和优抚对象医疗补助政策。医疗优待方面，《残疾退役军人医疗保障办法》规定残疾退役军人到医疗机构就医时按规定享受优先挂号、取药、缴费、检查、住院服务，优先享受家庭医生签约和健康教育、慢性病管理等基本公共卫生服务；在优抚医院享受优惠体检和优先就诊、检查、住院等服务，并免除普通门诊挂号费；在军队医疗机构就医，凭残疾军人证与同职级现役军人享受同等水平的挂号、就诊、检查、治疗、取药、入院全流程优先，以及就诊场所、病房条件等优待，并免除门急诊挂号费。除此以外，《残疾退役军人医疗保障办法》还对因战因公致残的残疾退役军人旧伤复发的医疗费用保障细则予以说明。

党的十九大之后五年，在社会保险领域，按照中央"完善失业、工伤保险制度"的部署，两项制度各自推出重大改革举措，覆盖面进一步扩大，保障范围拓展，保障水平逐步提高；在民政工作领域，城乡低保、特困救助和社会福利都获得显著发展，兜住了民生底线；在社会优抚领域，以党的十九届三中全会决定组建退役军人事务部为标志，涉军保障工作进入一个新阶段，开创了新格局。

第十三章

2017～2022 年社会保障领域改革发展的综合举措

第一节　全面实施全民参保计划

2015 年党的十八届五中全会提出"实施全民参保计划",人力资源社会保障部据此组织试点,并在全国启动这一计划,到 2017 年已经取得明显进展(见第八章第一节)。党的十九大将这一部署提升为"全面实施全民参保计划",进一步加大了力度。2018 年 11 月,人力资源社会保障部和国家医保局联合印发《关于全面实施全民参保计划的指导意见》,围绕"基本实现法定人员全覆盖"的目标,在全国范围内推进全面实施工作。党的十九大之后五年,全民参保计划全面实施,各项社会保险的覆盖面都有显著扩大,本节重点介绍针对有关特定群体的社保政策创新与落实。

一、解决部分退役士兵社会保险问题

2019 年 4 月 28 日,中共中央办公厅、国务院办公厅印发《关于解决部分退役士兵社会保险问题的意见》。针对一些军队退役士兵入伍时未参加城镇职工基本养老、基本医疗保险的情形,规定允许参保,并将入伍时间视为首次参保时间,军龄视同为缴费年限;针对一些军队退役士兵参保后缴费中断的情形,规定允许按不超过本人军龄的年限补缴,并免收滞纳金;补缴社保费的资金按规定由单位和个人分担,补缴费的工资

基数按当地职工平均工资的 60% 予以确定。这些政策虽然只适用于"以政府安排工作方式退出现役的退役士兵"这个不大的群体，却反映出社保政策覆盖力求不"落下"一个人的出发点，因而可以看作是全面实施全民参保计划的又一项最新举措。

二、支持港澳台居民在内地（大陆）参加社会保险

随着全民参保计划的全面实施，社会保险覆盖面越来越大。同时一些地区也反映，在内地（大陆）就业或长期居留的港澳台居民逐渐增多，一部分人也有参保的意愿，但是否应纳入参保范围，用人单位是否应履行缴费义务，政策不够明朗。

经过几年实践探索、总结经验，人力资源社会保障部、国家医保局于 2019 年 11 月公布《香港澳门台湾居民在内地（大陆）参加社会保险暂行办法》，自 2020 年 1 月 1 日起施行，其关键性政策可以概括为"一二三"。（1）一视同仁。明确在内地（大陆）就业、居住和就读的港澳台居民依法参加社会保险时，在参保项目条件，待遇领取资格、支付方式以及财政补贴标准等方面与内地（大陆）居民履行同样义务、享受同等权利。这在参保项目、条件，待遇领取资格、支付方式，甚至财政补贴标准等方面都得到鲜明体现。（2）覆盖两类群体。职工社保制度强制性覆盖就业群体——规定用人单位招用港澳台居民"应当依法"参加职工各项社保；居民社保制度覆盖非就业群体——未就业的港澳台居民"可以"按居住地规定参加城乡居民养老和医保；而对在内地大陆从事个体经营或灵活就业的港澳台居民，则有选择性——"可以"按照当地规定参加职工基本养老和医疗保险。（3）针对三个特殊性。第一，针对有些港澳台居民没有居民身份号码，专门规定由社保机构按照国家规定编制其社会保障号码，实现社保确权。第二，针对港澳台居民在境内外流动的不确定性，特别规定在其达到领取养老金条件前离境并经本人书面申请终止社保关系的，可以将其个人账户储存额一次性支付。第三，对参加职工养老保险的港澳台居民跨省流动就业的，总体执行现行统一政

策；对养老金领取地的确认作了灵活规定。这三点有别于对内地（大陆）居民的规定，表明了政策考量的细致周密，也符合在内地（大陆）就业、生活的港澳台居民的实际需求。这个政策动向表明了一个基本立场：国家积极维护在内地（大陆）就业、居住和就读的港澳台居民依法参加社会保险和享受社会保险待遇的权益，依法加强社会保险管理。

《香港澳门台湾居民在内地（大陆）参加社会保险暂行办法》施行后，港澳台居民和就业者集中的地区出台了相关落实措施。如广东省为积极推进粤港澳社保交融，2021 年出台了《"湾区社保服务通"实施方案》和《港澳台居民在广东省参加养老、工伤和失业保险办事指南》等文件，以支持大湾区建设和相关政策的落实。

截至 2022 年底，港澳台在内地（大陆）就业人员参加职工养老、失业、工伤保险人数均超过 10 万人。

三、实现长江流域退捕渔民基本养老保险应保尽保

长江流域禁捕是贯彻落实习近平总书记关于"共抓大保护、不搞大开发"的重要指示精神，保护长江母亲河和加强生态文明建设的重要举措。为保障退捕渔民的生活，2020 年 7 月国务院办公厅印发《关于切实做好长江流域禁捕有关工作的通知》，要求切实维护退捕渔民的社会保障权益，将符合条件的退捕渔民按规定纳入相应的社会保障制度，做到应保尽保。2020 年 9 月，人力资源社会保障部在安徽省合肥市召开长江流域退捕渔民养老保险工作推进会，部署推动退捕渔民参保工作。2020 年 11 月，人力资源社会保障部、财政部、农业农村部印发《关于切实做好长江流域退捕渔民养老保险工作的通知》，要求沿江各地全面落实养老保险政策，优化养老保险经办服务，及时引导退捕渔民按规定参加基本养老保险，切实做到应保尽保；全面落实养老保险缴费补贴政策，有条件的地区探索参照被征地农民社会保障政策，给予参加城乡居民基本养老保险和以灵活就业人员身份参加企业职工基本养老保险的退捕渔民等额养老保险补贴，补贴标准可依据本省城乡居民基本养老保险最高缴费档次或灵活就业人

员基本养老保险最低缴费基数的一定比例确定；对外省户籍的退捕渔民，由禁捕地安排补贴资金，户籍地配合做好养老保险经办服务。

为精准施策，人力资源社会保障部专门开发了长江退捕渔民实名制动态帮扶信息系统，相关省份定期比对渔民的参保和补贴状况，每周调度情况、实时抓取数据、逐一核实更新个人信息，落实参保和补贴政策。到2020年底，通过落实养老保险缴费补贴和政府代缴城乡居保最低保费等方式，对符合参保条件的17.2万名退捕渔民全部实现基本养老保险应保尽保。

2022年6月，人力资源社会保障部、国家发展改革委、民政部、财政部、农业农村部联合印发《关于进一步做好长江流域重点水域退捕渔民安置保障工作的通知》，要求各有关地区聚焦重点难点，全面梳理检查，进一步深化细化工作措施，巩固拓展安置保障成果。强调兜牢社会保障底线，落实退捕渔民养老保险缴费补贴政策，及时足额支付养老保险待遇。对缴费困难群体按规定代缴部分或全部最低标准城乡居民养老保险费。

四、维护新就业形态劳动者劳动保障权益

党的十九大以来，我国平台经济迅速发展，依托互联网平台就业的网约配送员、网约车驾驶员、货车司机、互联网营销师等新就业形态劳动者数量大幅增加，创造了大量就业机会；与此同时，由于平台企业与其签约劳动者之间的劳动关系模糊，如何维护劳动者包括社会保障在内的劳动保障权益面临新情况、新问题。2021年7月，人力资源社会保障部等八部门联合印发《关于维护新就业形态劳动者劳动保障权益的指导意见》，在推动新就业形态劳动者参与社会保障相关制度、补齐劳动者权益保障短板方面重点推出三项举措。

一是完善基本养老保险、医疗保险相关政策。要求各地放开灵活就业人员在就业地参加基本养老、基本医疗保险的户籍限制，个别超大型城市难以一步实现的也要积极创造条件逐步放开。组织未参加职工基本养老、基本医疗保险的灵活就业人员，按规定参加城乡居民基本养老、基本医疗保险，做到应保尽保。督促企业依法参加社会保险。企业要引

导和支持不完全符合确立劳动关系情形的新就业形态劳动者根据自身情况参加相应的社会保险。

二是优化社会保险经办。探索适合新就业形态的社保经办服务模式，在参保缴费、权益查询、待遇领取和结算等方面提供更加便捷的服务，做好社保关系转移接续工作，提高经办服务水平，更好保障参保人员公平享受各项社会保险待遇。

三是强化职业伤害保障。以出行、外卖、即时配送、同城货运等行业的平台企业为重点，组织开展新就业形态就业人员职业伤害保障试点，平台企业应当按规定参加。采取政府主导、信息化引领和社会力量承办相结合的方式，建立健全职业伤害保障管理服务规范和运行机制。鼓励平台企业通过购买人身意外、雇主责任等商业保险，提升平台灵活就业人员保障水平（实施情况见第十二章第一节）。

覆盖率标志着制度的可及性，是评价各项社会保障计划最基本的指标。进入中国特色社会主义新时代后，我国提出了全民参保计划，党的十九大又提出全面实施全民参保计划，各级政府动员社会各方面资源和力量，快速扩大社会保险覆盖面，在较短的时间内建成了世界上规模最大的社会保障体系，使改革发展成果更多更公平惠及全体人民。

第二节　完善社会保险基金监管

党的十八大之后，我国社会保障基金监督管理在强化法律威慑、严格行政监督、推动社会监督等方面出台实施多项重大举措（见第八章第三节）；党的十九大之后，在此基础上进一步严密防控社保制度运行和基金管理风险，提升社保基金行政监督水平，规范市场投资运营管控。

一、提高社会保险基金管理和制度运行风险防控水平

2018 年 7 月，人力资源社会保障部印发《关于加强社会保险基金管理风险防控工作的意见》，提出政策、经办、信息、监督四位一体防控机

制，坚持问题导向，突出高风险业务防控，查找风险隐患，堵塞管理漏洞；重点推进全面取消社银人工报盘、全面取消现金业务、全面取消业务手工办理（"三个全面取消"），推进制度完善和信息系统建设，推动风险防控措施"进程序、进系统"。

当年，人力资源社会保障部采取了四项具体举措：一是加强大案要案督办，先后督促河北、安徽、江苏、吉林、湖南等地办理社保大案；二是集中开展法纪教育，在各级社保行政部门和经办机构张贴专门设计印制海报，宣传社保基金是老百姓养命钱、贪污社保基金要从重处罚，引导群众遵纪守法并监督社保基金安全；三是开展案件警示教育，梳理2015 年以来的社保基金典型案件，从风险点、政策规定、案发原因、防控措施等方面深入分析，编辑成册，印发各地，以案释法，以案示警；四是在《中国社会保障》杂志开展社保基金"风险防控·实招硬招"征文活动，组织各级社保机构和社会各界关于防控基金风险的大讨论，广泛汲取群众智慧和基层经验。

2020 年 4 月，人力资源社会保障部印发修订后的《社会保险基金要情报告制度》，由2006 年的 14 条扩展为 24 条，进一步完善基金要情报告机制，及时掌握基金安全情况，强化基金安全评估和形势研判，提高基金管理风险防控和治理能力：一是进一步明确基金要情的定义和报告内容范围，细化了要情分类；二是进一步健全责任制，强化了省级人社行政部门管理职责和报告责任，明确了各级社保经办机构发现要情报告的要求；三是进一步完善要情报告账表管理体系，形成了以要情台账为日常管理基础，与重大要情报告表和年度要情情况表内容指标内在统一、有机衔接的记录规则，提高了标准化水平；四是进一步强化重大要情报告全程管理，明确了要情发现、进展和终结报告的要求、程序、时限，突出抓好重大要情报告的跟踪管理，强化重大风险的应对与防控；五是进一步完善要情情况定期汇总分析报告机制，将省级要情情况定期报告从一年两次调整为一年一次，力求减轻地方负担，增强工作实效。2020 年，督促多个省份完成发现问题的整改，追回违规基金；并通过分析重大要情，梳理出基金管理 15 项风险点，印发各地警示风险和提出具体应对措施，推进监督关口前移。加强数字化监管制度建设，把社会保险业务生产数据、联网数据、统计数据全面纳入数据质量稽核范围。

2022 年 1 月，人力资源社会保障部办公厅印发《关于强化社会保险信息系统风险防控能力的通知》，在分析总结各地社保基金案件暴露出的系统短板及调研检查发现的管理不规范等问题基础上，提出了 13 个方面 46 项具体工作措施，进一步指导各地强化系统风险防控能力建设，堵塞系统风险漏洞，通过系统落实"三个全面取消"，实现全流程进系统、全规则入系统、全数据存系统的全闭环规范管理，切实提升"技防"水平。同年，将 2021 年建设的包含 26 条规则的"稽核规则库"扩展为 39 条规则，进一步提升了社保数据稽核的水平。经过几年努力，汇集全国 6000 多个社保经办机构相关信息，建成了覆盖部、省、市、县四级社保机构的全国稽核系统，实现了各级社保经办机构纵向互通、横向互联，疑点数据可以一键下发、瞬间送达，提高了数据传输安全性和稽核工作时效性。

二、加强和规范社会保险基金行政和社会监督

2021 年，针对被查处的湖南省衡南县人社局农保中心贪污社保基金"窝案"等重大案件，人力资源社会保障部自 2021 年 5 月起，组织全系统开展"社保基金管理问题专项整治"工作，聚焦高风险业务、高风险环节、高风险岗位，政策、经办、信息、监督部门相互配合，各级人社部门协同联动，全国实现自查全覆盖，全面排查养老保险待遇发放管理薄弱环节，堵塞基金管理漏洞。部省两级组织开展了基于城乡居保信息系统生产库的疑点数据筛查核查，对社保经办机构抽查比例达到 70% 以上。2021 年 12 月，人力资源社会保障部召开全国社保基金安全警示教育动员会议，通报 4 起重大典型案件，在全系统部署开展社保基金安全警示教育月活动，编印社保基金管理职务犯罪案件警示录。

2022 年，人力资源社会保障部在全国开展"社会保险基金管理提升年行动"，部署了开展疑点核查、规范审核审批、加强经办内控、健全系统功能、完善监督机制、加强教育警示等 6 个方面 17 项具体任务，明确

100 项评估标准，组织部分省份开展交叉互查，并对浙江、福建、湖北、云南等省开展了实地督查，深化"社会保险基金管理问题专项整治"成果。2022 年 2 月，人力资源社会保障部发布《社会保险基金行政监督办法》，自 2022 年 3 月 18 日施行，同时废止原《社会保险基金行政监督办法》，以进一步加强社会保险基金行政监督，保障社会保险基金安全。《社会保险基金行政监督办法》共 6 章 42 条，明确了社会保险基金行政监督的工作体系——人社部门以同级监督为主，上级对下级负有指导监督责任；人社部门涉及社会保险基金行政监督的内部协同机制以及与公安等部门的外部协同机制；鼓励支持社会监督。界定了监督职责——分别列出人社部门对社保基金相关事务、对社保经办机构、对社保服务机构、对与社保基金收支管理直接相关的单位实施监督的重要事项。确定了监督权限——包括获取资料、询问证人、技术手段查找问题、对违法违规行为予以制止并责令改正等。规范了监督实施——包括现场检查和非现场检查的程序，对检查发现的问题运用多种手段分类处理，履行保密义务、要情报告等。规定了各类主体违规违法行为的法律责任。

2022 年 7 月，人力资源社会保障部、财政部发布的《社会保险基金监督举报奖励暂行办法》是推进社会监督的实际举措，明确基金监督举报范围、受理、办理等事项，设立举报奖励资金。《社会保险基金监督举报奖励暂行办法》从 2023 年开始实施，各级社保基金监督举报电话统一纳入人社部门"12333"等平台，一些地区设立举报信箱、电子邮箱等，方便群众举报。一些地区建立社会监督员制度，在工伤保险等领域实施行业自治，加强自我管理、自我约束，有力保障了人民群众在社保基金管理领域的监督权，拓宽了违规违法线索来源，提升了监督效能。

2022 年 8 月，人力资源社会保障部召开全国社会保险基金安全警示教育大会，分析研判社保基金安全形势，通报 10 起重大典型案件。2022 年 9 月，再次开展的"警示教育月"活动，覆盖范围涉及各级人社部门及社保机构直至乡镇（街道）社保工作人员、村（社区）协管人员等，全国共有 30 多万人参加。在深入开展社保基金要情分析基础上，再次编印《社保基金管理职务犯罪案件警示录》。

三、完善多层次养老保险基金市场化投资运营监管

加强对基本养老保险基金市场化投资的监管。按照党中央决策部署，从 2016 年起基本养老保险基金结存开始市场化投资后，有关部门制定了一系列政策文件，规范投资运营，防范安全风险。2017 年 12 月，人力资源社会保障部办公厅印发《关于基本养老保险基金投资养老金产品有关问题的通知》；2018 年 9 月，人力资源社会保障部、财政部印发《关于加快推进城乡居民基本养老保险基金委托投资工作的通知》；2019 年 8 月，人力资源社会保障部办公厅、财政部办公厅制发《基本养老保险基金委托投资业务规程》；2020 年 5 月和 2021 年 7 月，人力资源社会保障部、财政部又分别对做好年度基本养老保险基金委托投资工作提出要求（见第十章第三节）。

加强对企业年金、职业年金投资运营的监管。2020 年 12 月，人力资源社会保障部印发《关于调整年金基金投资范围的通知》，对年金基金可投资品种新增了国债期货、资产支持证券、同业存单等，并将基础设施债权投资计划扩展为债权投资计划（即新增不动产债券投资计划）；同时，对政策性和开发性银行债券、永续债、非公开定向债务融资工具、私募公司债等之前界限不清晰的品种予以明确，纳入年金投资范围。另外，此次将一些已不适应投资要求的品种调整出投资范围。一是剔除万能保险产品和投资连结保险产品，主要由于底层资产不透明，投资收益预期一般，年金基金主动配置的意愿不高；二是调出保证收益类和保本浮动收益类商业银行理财产品，主要由于银行理财产品穿透管理难度较大，底层资产容易超年金投资范围而产生合规风险，而且整体规范还不到位；三是剔除特定资产管理计划，主要由于该类品种的市场容量进一步缩小，原规定的特定资产管理计划优先级无法再为企业年金基金提供稳定的固定收益。

此次调整年金基金投资范围有充足的现实考虑。一是适应金融市场发展的需要。我国金融市场发展变化迅速，新的投资品种和投资工具不断涌现，特别是资金管理新规出台后，金融监管部门密集提出系列规范要求，现有政策已不满足年金基金投资实践的需求。二是整合年金基金

投资政策的需要。企业年金和职业年金基金现行投资政策的主要差异在于职业年金的投资范围中不包括投资万能保险和投资连结保险。2018 年，人力资源社会保障部暂停了企业年金基金投资这两类保险产品，统一年金基金投资政策已具备实施基础。为便于年金管理机构统一管理运营企业（职业）年金和无差别投资运作养老金产品，有必要整合并统一调整年金基金的投资范围、比例和管理要求等政策。三是规范年金基金投资行为的需要。需明确年金基金投资应满足嵌套穿透管理要求，明确计划层面的投资比例限制，明确实际操作中部分投资品种的投资要求等，进一步加强年金基金监管，防范年金基金合规风险。这次调整投资范围对促进年金市场健康发展、更好实现年金基金资产保值增值起到了积极作用。①

党的十九大之后五年，医疗保障基金监督管理的法治化建设和实施力度也得到显著加强（见第十一章）。

第三节　社会保险经办管理的信息化建设

一、"金保工程"二期建设取得成果

由人社部门牵头、民政部门和卫生健康部门参与共同建设的国家政务信息化工程建设重大项目——"电子政务社会保障工程社会保险信息系统分工程"（以下简称"金保工程"）二期项目，自 2016 年 6 月启动实施以来顺利推进。2018 年，在全国全民参保登记数据库中，各地上传的实际有效人员基础信息达 13.61 亿条，参保（分险种）信息达 33 亿条；养老保险参保状态比对查询服务系统全年响应查询要求 2100 万人次，异地退休管理系统上传各地协助认证通知近 20 万笔，社保关系转移系统全

---

① 人力资源社会保障部. 人社部社会保险基金监管局主要负责人就《关于调整年金基金投资范围的通知》及配套政策释义答记者问 [EB/OL].（2020 – 12 – 31）. http://www.gov.cn/zhengce/2020 – 12/31/content_5575677. htm.

年办理养老、医疗跨省转续业务 51 万多笔，初步显示了正在建设的"金保工程"二期对社会保障工作新需求的有力支撑。2021 年，全国通过该系统跨省转移接续基本养老保险关系共 207 万人次，我国养老保险体系真正形成了网状结构，更好地保障了全体参保人的权益。截至 2022 年底，养老、失业、工伤保险联网监测数据上报量分别达到 10.62 亿人次、2.92 亿人次、3.29 亿人次。

依托"金保工程"二期建设，全国基本实现了社会保险信息系统省级集中，并建成、运行了养老保险全国统筹系统（2021 年 12 月）、职业伤害保障信息平台（2022 年 7 月）、个人养老金信息平台（2022 年 11 月）等全国集中的信息系统，对社会保险的规范化、精细化管理和科学研判与决策提供了有力技术支撑。

与此同时，12333 咨询服务电话为社会公众提供更加高效、便捷、准确的公共服务。2017 年全国 12333 热线电话接听总量达 1.1 亿人次。此后，多个地区启用了 12333 统一标识，并应用在网站、移动应用、短信、微信公众号等渠道，"12333"成为一个广泛服务群众的知名公共品牌。在抗击新冠疫情期间，12333 电话服务机构积极主动作为，通过服务创新和技术创新，坚持提供电话人工服务，基本满足了群众对新冠疫情防控和复工复产人社政策的咨询需要；同时积极探索开展远程服务工作，确保面对新冠疫情等突发事件人工电话服务不间断，增强人力资源社会保障系统"不见面"服务能力，在新冠疫情防控中发挥了重要作用。2022年全国 12333 热线来电总量超过 1.3 亿人次，多地逐步与 12345 政务服务热线归并优化和服务衔接。①

二、社保卡功能升级

在全国统一的社会保障卡发卡量于 2017 年 5 月突破 10 亿张的基础

---

① 中华人民共和国人力资源和社会保障部. 中国人力资源和社会保障年鉴·2023：工作卷［M］. 北京：中国劳动社会保障出版社、中国人事出版社，2023.

上，2018年1月突破11亿张，2018年11月突破12亿张，2019年10月突破13亿张；同时建立了中央级持卡人员基础信息库，所有持卡人的基本信息实现了入库管理。①② 社保卡已普遍开通人社领域95项应用，支持各地就医购药，部分地市通过社保卡发放惠民惠农补贴资金；同步推进社保卡加载老年人、残疾人服务，发放助学补助、职工工资，办理公积金等功能。

跟随信息技术的发展，2017年开发了第三代社会保障卡，即在"二代卡"加载金融功能的基础上增加了"非接触"功能，更加方便持卡人的使用。2018年4月22日，全国第一张电子社保卡也在福州市举行的首届数字中国建设成果展览会上签发，并在青岛、成都等地开展试点。

截至2022年底，全国社会保障卡持卡人数达13.68亿人，覆盖96.8%人口；其中三代卡持卡人数达2.67亿，7.15亿持卡人同时领用电子社保卡。③ 各地已基本实现人社领域95项社会保障卡应用，实现了凭证用卡、缴费凭卡、待遇进卡、结算持卡的"一卡通"应用，正在拓展其他民生领域应用，并在长三角、川渝、海南等地积极推进区域内居民服务"一卡通"应用。

专栏 13 -1

广东江门社保卡"一窗通办"

为解决群众办卡用卡过程中的难点问题，近年来，广东省江门市人社局通过"业务协同，系统互联"的方式，为群众提供社保卡申领、快速制卡、各项待遇发放和生活扣费账号变更等"一窗通办"便民服务。

---

① 中华人民共和国中央人民政府. 我国社会保障卡持卡人数突破10亿［EB/OL］.（2017 - 05 - 26）. https：//www. gov. cn/xinwen/2017 - 05/26/content_5196822. htm.

② 中华人民共和国中央人民政府. 我国社会保障卡持卡人数超过13亿人［EB/OL］.（2019 - 12 - 20）. https：//www. gov. cn/xinwen/2019 - 12/20/content_5462737. htm.

③ 人力资源社会保障部. 看数据说成就 ｜ 2022年底全国13.68亿人持有社保卡［EB/OL］.（2023 - 02 - 17）. https：//www. mohrss. gov. cn/SYrlzyhshbzb/zhuanti/jinbaogongcheng/jbgc-shehuibaozhangka/jbgcshbzkmeitijujiao/202302/t20230220_495409. html.

> **业务协同，部门联动聚合服务。**牵头协调社保、税务、银行等部门，在广发银行江门分行试点设立社保卡"一窗通办"便民服务专窗。群众申领或补换社保卡后，只需在一个窗口即可在激活社保卡的同时办理企业职工养老金、城乡居民基本养老金发放和医保、电费、水费等公共事业扣费业务的账号变更业务。在总结试点工作经验基础上，社保卡"一窗通办"便民服务推广至全市758个社保卡合作银行网点，实现社保卡合作银行网点全覆盖。
>
> **互联系统，优化流程提升效能。**为进一步提升服务效率，搭建"换卡一站式服务平台"，打破部门间数据壁垒，建立以银行为入口、网络为中转、各部门自动接收的信息服务体系。通过业务流程再造，将各部门不同的账号变更协议缩减为一份申请表，群众只需在服务点窗口填写"一张表"，相关业务材料将通过系统自动发送到对应民生服务部门，由专人跟进办理，业务办理进度通过短信及时通知群众。系统上线以来，已为群众办理3129笔账号变更业务。
>
> **创新模式，便民服务上门到家。**为解决高龄、残疾等行动不便的特殊人群办卡换卡和变更账号问题，突破原来必须要到银行网点办卡激活的限制，推出移动"一窗通办"服务，实现"预约上门，即办即取"。2021年，已有2200余人享受"零跑腿"便民服务。
>
> 资料来源：中国组织人事报．广东江门：社保卡"一窗通办"真便民［EB/OL］．（2022－04－25）．https://www.mohrss.gov.cn/SYrlzyhshbzb/dongtaixinwen/dfdt/202204/t20220425_445105.html.

三、经办管理服务水平提升

党的十九大之后，社会保险经办服务水平不断提高，在流程简化、信息证明、规章制定、平台建设等方面都取得新进展。

优化社保经办流程。多年前，大多数地区是分险种、按所有制类别来办理社保事务。随着信息化的发展，这样的机构设置和流程安排已大大落后于实际需要，各地开始按照信息化思维来再造流程，将数百项具体业务重新梳理，通过信息系统模拟人的行为方式进行归类、排序，把工作人员的专责制改为综合柜员制，使原来的一笔业务由多个窗口办理变为一个窗口一站办结，大大缩短了办理时间，便利了办事群众。许多地区还把过去多个经办机构合并为一，进一步做到了进一个门、办多件事。

全面取消集中生存认证。世纪之交把企业发放退休费并管理本单位退休人员的体制改为养老金社会化发放、退休人员社会化管理后，如何认证领取养老金人员的生存状态，防止冒领诈骗行为，始终是困扰社保机构和待遇领取者双方的一个难题，在退休人员异地居住情形渐多的背景下，问题更显突出。先后采取过每年集中一段时间要求领取者到社保机构填表、异地居住者提供近期照片或有居住地社保机构入户协查等办法，效果都不太好，还容易引起群众反感。移动信息技术发展后，一些地区采用了智能手机视频等方法，情况有所改善，但仍需领取者提供初始图像、指纹等资料。随着政府公共管理部门信息共享机制的建立，这一方式得以彻底改变。2018 年 7 月，人力资源社会保障部宣布，全面取消集中生存认证，通过部端中央数据库与民政、公安、卫生等部门的信息比对，处理绝大部分人员的信息，存疑信息及时发往各地查证。这一"让数据多跑路，让群众少跑腿"的举措，切实解决了老百姓办理公共事务的一个难点，也反映出信息化给社保工作带来的新变化。

起草社会保险经办服务条例。为了规范社会保险经办，优化社会保险服务，保障社会保险基金安全，维护用人单位和个人的合法权益，根据《中华人民共和国社会保险法》和其他有关法律规定，人力资源社会保障部研究起草了《社会保险经办管理服务条例（征求意见稿）》并于2021 年 8 月公开征求意见，主要内容包括了优化办事流程、精简证明材料和加强社会保险基金风险防控三个方面，以促进经办管理服务水平进一步提高。之后，该条例草案作了修订，《社会保险经办条例》经 2023 年 7 月 21 日国务院第 11 次常务会议通过，自 2023 年 12 月 1 日起施行。

平台服务事项更加全面。党的十九大提出"建立全国统一的社会保险公共服务平台"。2019 年 9 月 15 日，国家社会保险公共服务平台正式上线，面向参保人和参保单位提供全国性、跨地区的社会保险公共服务，服务事项覆盖养老、工伤、失业各个险种，包含办理类、查询类等多种业务类型。2019 年 9 月 24 日，人力资源社会保障部印发《关于建立全国统一的社会保险公共服务平台的指导意见》，主要对地方参与建设全国统一的社会保险公共服务平台进行指导，地方平台包括实体窗口和信息平台，国家社会保险公共服务平台作为全国统一的社会保险公共服务平台的总枢纽，旨在提升社会保险公共服务均等化和便捷化水平。截至 2022 年底，国家社会保险公共服务平台已开通 83 项全国性、跨地区的社会保险公共服务，访问量逐年提升，累计超过 43.47 亿服务人次。①

第四节　社会保险费综合管理

一、社会保险费征管职责划转交接

按照党的十九届三中全会《关于深化党和国家机构改革的决定》的决策部署，原来由人社部门所属社保经办机构承担的各项社会保险费征收职能开始移交税务部门。2018 年 8 月，国家税务总局、财政部、人力资源社会保障部、国家卫健委、国家医保局五部门在京联合召开社会保险费和非税收入征管职责划转工作动员部署视频会议，国家税务总局要求当年 12 月 10 日前完成社会保险费征管职责划转交接工作，自 2019 年 1 月 1 日起由税务部门统一征收各项社会保险费。人力资源社会保障部强调各级人社部门要紧密结合实际，制定本地区社保费征收职责划转的具体方案；加强与税务等部门密切协作，通过联合集中办公、联合开展业务培训等方式，建立常态化的沟通协调机制，及时交流解决职责划转过程中遇到的重要问题；要从方便群众办事和优化协同高效的角度出发，

---

① 中华人民共和国人力资源和社会保障部. 中国人力资源和社会保障年鉴·2023：工作卷[M]. 北京：中国劳动社会保障出版社、中国人事出版社，2023.

厘清部门职责边界，充分发挥好各自优势，确保顺利完成好改革任务。

针对经济社会发展面临的新情况新问题，2018 年 11 月习近平总书记主持召开民营企业座谈会，征求对经济发展形势和民营经济发展的意见和建议。他在讲话中指出：要根据实际情况，降低社保缴费名义费率，稳定缴费方式，确保企业社保缴费实际负担有实质性下降。既要以最严格的标准防范逃避税，又要避免因为不当征税导致正常运行的企业停摆。

根据中央指示，国务院办公厅在 2019 年 4 月发布的《降低社会保险费率综合方案》中，明确"稳步推进社保费征收体制改革"的方针，具体提出四方面要求。一是企业职工基本养老保险和企业职工其他险种缴费，原则上暂按现行征收体制继续征收，稳定缴费方式，"成熟一省、移交一省"；机关事业单位社保费和城乡居民社保费征管职责如期划转。二是人社、税务、财政、医保部门要抓紧推进信息共享平台建设等各项工作，切实加强信息共享，确保征收工作有序衔接。三是妥善处理好企业历史欠费问题，在征收体制改革过程中不得自行对企业历史欠费进行集中清缴，不得采取任何增加小微企业实际缴费负担的做法，避免造成企业生产经营困难。四是合理调整 2019 年社保基金收入预算。

按照这些新要求，有关部门和各地区移交社保费征管职责的工作更加稳慎，着力搞好政策和管理环节的衔接，防止加重企业负担。2020 年为抗击新冠疫情，国家实施阶段性免减缓缴社保费政策，征管职责移交遇到新的困难和课题。进入"十四五"时期后，各地的移交工作陆续完成。

二、进一步降低社会保险费率

党中央、国务院高度重视降低社保费率、减轻企业缴费负担工作，党的十八届五中全会首次明确提出"适当降低社会保险费率"。2015～2017 年，全国先后五次降低或阶段性降低社保费率，涉及企业职工基本养老保险、失业保险、工伤保险和生育保险（见表 13－1）。

表 13 - 1 2015～2017 年降费举措

时间	降费率项目及降幅	执行期
2015 年 2 月	失业保险费率：由 3% 降为 2%	2015 年 3 月 1 日起
2015 年 7 月	调整工伤保险费率政策：约下浮 30%	2015 年 10 月 1 日起
	生育保险费率：由 1% 降为 0.5%（结余多的地区）	
2016 年 4 月	企业职保单位费率：降为 19%（结余多的地区）	当年 5 月 1 日至年底
	失业保险费率：由 2% 降为 1%～1.5%	2 年
2017 年 2 月	阶段性降低失业保险费率：由 1.5% 降为 1%	至 2025 年底

党的十九大之后的 2018 年 4 月，根据经济发展、就业局势和降费后基金运行情况，人力资源社会保障部、财政部印发《关于继续阶段性降低社会保险费率的通知》，确定从 2018 年 5 月 1 日起进一步采取三项降费率措施：第一，企业职工养老保险单位缴费比例高于 19% 的省份，基金累计结余可支付月数高于 9 个月的，可阶段性执行 19% 的单位缴费比例。第二，失业保险费率阶段性降至 1% 的政策执行期限，延长至 2019 年 4 月底。第三，工伤保险基金累计结余较多的统筹地区，阶段性（暂执行至 2019 年 4 月底）降低费率 20%（结余基金可支付 18～23 个月）和 50%（结余基金可支付 24 个月以上），全国工伤保险当年实际平均费率降至 0.6% 以下。

2019 年采取了更全面和更大力度的举措。2019 年 4 月 1 日，国务院办公厅发布《降低社会保险费率综合方案》，确定将降低失业保险、工伤保险费率政策的执行期延长至 2020 年 4 月底，同时出台了两项前所未有的重大政策：一是明确从当年 5 月 1 日起降低城镇职工基本养老保险的单位（包括企业和机关事业单位）缴费比例——高于 16% 的省份可降至 16%，目前低于 16% 的要研究提出过渡办法。这是首次在全国范围统一、大幅度、长期性调低（个别省份逐步调高）基本养老保险单位费率，比 2018 年阶段性轻微降费率的政策更有力度，既有利于减轻单位、特别是企业的负担，又有利于统一标准，为职工养老保险基金施行中央调剂制度乃至全国统筹创造更好条件。二是调整社保缴费基数政策。规定各省以本省非私营单位和私营单位平均工资加权计算的全口径平均工资来核定企业社保缴费基数上下限，个体工商户和灵活就业人员参加企业职工基本养老保险可以在此工资口径的 60%～300% 选择适当的缴费基数。这一政策调整的主要考虑是，全口径城镇单位就业人员平均工资，比原政策规定的非私营单位在岗职工平均工资，能够更合理地反映参保人员实际平均工资水平，以此来核定个人缴费基数上下限，工资水平较低的职工缴费基数可相应降低，缴费负担减轻。部分企业，特别是部分小微企业或劳动密集型企业，不少职工按照缴费基数下限缴费，企业缴费负担也可进一步减轻，能更多受益。① 此外，《降低社会保险费率综合方案》还就加快推进养老保险省级统筹、提高养老保险基金中央调剂比例、稳步推进社保费征收体制改革、建立工作协调机制提出了要求。2019 年 4 月 28 日，人力资源社会保障部、财政部、国家税务总局、国家医保局联合发布《关于贯彻落实〈降低社会保险费率综合方案〉的通知》，要求加强各部门协作配合，科学做好降费核算工作，全面开展宣传工作，逐级抓实培训工作；要求各地从本地实际出发，注重动态跟踪，认真排查风险点，制定相关预案，把工作做实做细，确保社保待遇不受影响、养老金足额发放，维护参保人合法权益，保持社会稳定。

《降低社会保险费率综合方案》的贯彻落实工作很快在各地展开：各省份都从 5 月 1 日起将现行职工养老保险费率降至 16%；其中广东、浙江两省将高于 16% 的机关事业单位费率降至 16%，而现行企业养老保险费率低于 16%，将分年逐步提升至 16%。同时，各省级地区均将缴费工资基数调整为包含全口径城镇单位就业人员的平均工资，多数省份从 5 月 1 日起施行，也有一些前溯到 1 月 1 日起施行。综合降低社会保险费率的政策在社会上引起热烈反响。4 月上旬，全国各种媒体发表相关报道 4.7 万余篇，阅读量超过 2 亿人次，网民参与评论 13 万人次。人力资源社会保障部、国家税务总局还举办了省级工作人员专题培训班，指导地方逐级抓实降费率的培训工作。当年，各项社会保险降费率合计为企业和个体参保人员减负 4252 亿元，2020 年又减负 2836 亿元。经过党中央

---

① 四部门有关负责人就《降低社会保险费率综合方案》答记者问［EB/OL］.（2019 - 04 - 10）. https：//www.gov.cn/zhengce/2019 - 04/10/content_5381172. htm.

先后七次降低社会保险费率，职工五项社会保险费率总水平从41%降至33.95%。[①] 2019年以后，失业、工伤保险降费率政策多次延期，其中失业保险降费率政策明确延续执行至2025年底。

这一轮集中调整社保费率，是建立在我国社保制度多年来综合性、持续深化改革基础之上的。在人口老龄化加剧背景下，职工养老保险能够大幅降低费率，得益于全面实施"全民参保计划"扩大了参保缴费群体；同时由于按中央决策完善了统账结合制度，提高了基金统筹层次，使基金收支管理和调剂使用能力加强，减轻了当期支付压力。失业保险能够降低费率2/3，根本原因是我国坚持就业优先战略，促进就业政策成效显著，有效控制了城镇失业率。工伤保险降费率也得益于我国安全生产状况逐渐好转，工伤事故发生数多年保持稳定，同时把过去较为粗放的三档费率调整为更加精细的八档费率，并健全了浮动机制。生育保险降费率，既有我国计划生育国策见效、职工生育保险基金支出有限的原因，也是中央决策生育保险与职工基本医保合并实施、提高基金使用效率的结果。

确保各项待遇按时足额支付是社会保险工作的"底线"。在连年降费率过程中，全国各地坚守住了这条"底线"，为了保证社保基金收支总体平衡，采取了循序渐进的策略——如分期降低、逐步到位，阶段性降费率、逐年延续等；并针对不同社保项目的特点和各地不同基金结余状况施行了有差别的政策，在完成降费率目标的同时，维护了参保群众的利益，保持了制度运行的稳定。

第五节　脱贫攻坚战中发挥社会保障功能

一、社会保障扶贫减贫

社会保障是抵御社会成员经济风险、防贫减贫的重要制度安排。党

[①] 李心萍. 我国社会保险单位费率降至23.45% [EB/OL]. (2022 – 08 – 26). http://cpc. people. com. cn/n1/2022/0826/c64387 – 32511862. html.

的十八大提出"坚决打赢脱贫攻坚战"的目标、作出"确保到 2020 年我国现行标准下农村贫困人口全部脱贫"的庄严承诺后，脱贫攻坚战取得决定性进展，六千多万贫困人口稳定脱贫，贫困发生率从 10.2% 下降到 4% 以下。"十三五"脱贫攻坚规划提出，要确保完成农村贫困人口到 2020 年如期脱贫，贫困县全部摘帽，须使建档立卡贫困人口中 5000 万人左右通过产业扶持、转移就业、易地搬迁、教育支持、医疗救助等措施实现脱贫，其余完全或部分丧失劳动能力的贫困人口实行社保政策完成脱贫。为贯彻落实"十三五"脱贫攻坚规划，人力资源社会保障部、财政部、国务院扶贫办于 2017 年 8 月发布《关于切实做好社会保险扶贫工作的意见》，明确了社会保险扶贫目标任务，完善了社会保险扶贫政策，强化了社会保险扶贫保障措施。

党的十九大强调"坚决打赢脱贫攻坚战"，在继续坚持"精准扶贫"的前提下进一步提出了"精准脱贫"，作为决胜全面建成小康社会奋斗目标、2020 年前必须打赢的三大攻坚战之一。据此，社保工作继续挺进到精准扶贫、精准脱贫的前沿阵地，充分发挥现行社保政策功能并补充完善扶贫专项政策，提升社会保险经办服务水平，支持帮助建档立卡贫困人口、低保对象、特困人员等困难群体及其他社会成员参加社会保险，基本实现法定人员全覆盖，逐步提高社会保险待遇水平，助力参保贫困人员精准脱贫，同时避免其他参保人员因年老、疾病、工伤、失业等原因陷入贫困，为打赢脱贫攻坚战贡献力量。

养老保险方面。对建档立卡的贫困人口、低保对象、特困人员等困难群体参加城乡居保，地方政府为其代缴部分或全部最低标准的养老保险费，自 2017 年代缴政策实施至 2020 年底，全国共为 1.19 亿困难人员代缴城乡居保费 129 亿元，基本实现了建档立卡贫困人员应保尽保。各地在提高最低缴费档次时保留了现行最低标准，使贫困人员能够始终参保，符合条件后享受相应待遇。到 2020 年底，全国超过 3014 万贫困老年居民按月领取基本养老保险待遇，其中建档立卡贫困老人 1735 万人。此外，国家分别于 2018 年和 2020 年两次统一提高城乡居保基础养老金最低标准，各地也依据实际不同程度地增加了基础养老金。到 2020 年底，全国城乡居保基本养老金水平达到170元，按此计算，一对农村老年夫妇全年可有4000多元现金收入，这对中西部地区的农村贫困家庭来说，在很大程度上改善了生活，使更多农村老年人脱离了贫困线。①

医疗保障方面。对贫困人员参加城乡居民基本医保，其个人缴费部分由地方政府给予财政补贴；在大病医疗保险制度中，对贫困人员实行了降低起付线、提高支付比例和封顶线的政策；将基本医保、大病保险和医疗救助衔接起来，实行一站式统一即时结算，减轻贫困人员的垫资压力；部分地区农村贫困人口医疗费用实际报销比例提高到80%~90%，成为医保领域落实打赢脱贫攻坚战部署的一个实招。同时，将参加城乡居民基本医保的非就业妇女符合条件的住院分娩医疗费用纳入基金支付范围。许多地区还通过政府适当投入、社会慈善捐助等渠道筹集专项资金，为患有重特大疾病的贫困人员提供经济援助。

失业保险方面。2018年，人力资源社会保障部、财政部专门印发《关于使用失业保险基金支持脱贫攻坚的通知》，针对深度贫困地区，将失业保险金标准一步上调至最低工资标准的90%，同时将稳岗补贴标准提高到上年度实际缴纳失业保险费总额的60%，将技能提升补贴的申领条件由累计参保缴费满3年放宽至满1年；并允许吸纳建档立卡贫困人员的深度贫困地区事业单位享受稳岗补贴和技能提升补贴。全国23个有深度贫困地区的省份全部出台实施办法，落实了这四项新的支持政策。

工伤保险方面。对用工方式灵活、流动性强、建档立卡农村贫困劳动力相对集中的行业，借鉴建筑业经验，探索按项目参加工伤保险的办法。对工伤尘肺病患者将疗效可靠的治疗药物列入工伤保险药品目录，并将符合诊疗规范的治疗技术和手段纳入工伤保险基金支付范围。

低保救助方面。实行农村低保制度与扶贫开发政策有效衔接，实现了政策衔接——将低保、扶贫、医疗救助、临时救助、慈善救助、困难

---

① 中华人民共和国中央人民政府.人力资源社会保障部新闻发布会介绍2020年人力资源和社会保障工作进展情况［EB/OL］.（2021-01-27）.https://www.gov.cn/xinwen/2021-01/27/content_5582857.htm.

残疾人生活补贴和重度残疾人护理补贴等项制度紧密衔接；对象衔接——完善农村低保家庭贫困状况评估指标体系，综合评估家庭贫困程度，完善相应核查机制；标准衔接——确保所有地方农村低保标准逐步达到国家扶贫标准；管理衔接——相关部门及时交换信息，对农村低保对象和建档立卡贫困人口实施动态管理。这些举措改变了各部门自管一摊的格局，使兜底性保障政策与精准脱贫融为一体。

负责社会保障的各级相关部门与扶贫部门实行信息网络连接、数据共享，极大提高了社保政策扶贫的精准性。例如，人力资源社会保障部与国务院扶贫办建立社保扶贫信息共享机制，定期将国务院扶贫办提供的建档立卡贫困人员信息与基本养老保险联网数据和全民参保数据进行比对，截至2020年底，先后开展了3.2亿人次的数据比对，核实完成率100%，为精准参保提供数据支持。

2021年2月，习近平总书记在全国脱贫攻坚总结大会上庄严宣告："我国脱贫攻坚战取得了全面胜利，现行标准下9899万农村贫困人口全部脱贫，832个贫困县全部摘帽，12.8万个贫困村全部出列，区域性整体贫困得到解决，完成了消除绝对贫困的艰巨任务。"

二、社会保障助力巩固脱贫成果、促进乡村振兴

"消除绝对贫困"并不意味着我国贫困问题已经得到根本解决。2020年12月3日，中共中央政治局常委会专题听取脱贫攻坚总结评估汇报时，习近平总书记指出，我国发展不平衡不充分的问题仍然突出，巩固拓展脱贫攻坚的任务依然艰巨。社保领域的扶贫工作已全面展开，也取得了阶段性成果，但面临的矛盾和问题仍然很多。特别是在其他致贫诱因逐步消解后，因病致贫返贫的现象可能更加突出，需要长期持续的努力。

2020年12月，中共中央、国务院印发《关于实现巩固拓展脱贫攻坚成果同乡村振兴有效衔接的意见》，要求主要帮扶政策总体稳定。2021年8月，人力资源社会保障部等六部门印发《关于巩固社会保险扶贫成果助力全面实施乡村振兴战略的通知》，以持续做好脱贫人口、困难群体社会

保险帮扶，促进社会保险高质量可持续性发展。主要措施包括减轻困难群体参保缴费负担、推进社会保险法定人员全覆盖、提高社会保险待遇水平、提升基金安全性和可持续性、加强社会保险经办服务能力。

养老保险方面，2021年和2022年全年分别为2354万名、2687万名困难人员代缴城乡居民基本养老保险费，困难人员基本养老保险参保率保持在99%以上，进一步巩固了困难人员基本养老保险应保尽保成果。①②

医疗保障方面，为筑牢民生保障底线、巩固拓展医疗保障脱贫攻坚成果，国家卫生健康委等部门于2021年2月发布《关于巩固拓展健康扶贫成果同乡村振兴有效衔接的实施意见》，以深化县域综合医改，补齐脱贫地区卫生健康服务体系短板弱项，聚焦重点地区、重点人群、重点疾病，完善国民健康促进政策，巩固拓展健康扶贫成果，进一步提升乡村卫生健康服务能力和群众健康水平；2021年4月，国家医保局又联合其他六部门发布《关于巩固拓展医疗保障脱贫攻坚成果有效衔接乡村振兴战略的实施意见》，以健全多层次医疗保障体系，确保农村低收入人口应保尽保、增强基本医疗保险保障功能、提高大病保险保障能力、夯实医疗救助托底保障，提升医疗保障公共管理服务水平，助力乡村振兴战略全面推进，扎实推动共同富裕。2021年11月，国务院办公厅发布《关于健全重特大疾病医疗保险和救助制度的意见》，强化基本医保、大病保险、医疗救助综合保障，进一步减轻困难群众和大病患者医疗费用负担，建立健全防范和化解因病致贫返贫长效机制。据统计，2021年25个原承担医保脱贫攻坚任务的省份共资助8519.72万人参加基本医疗保险，支出176.69亿元，人均资助207.40元；基本医疗保险、大病保险、医疗救助三重制度累计惠及农村低收入人口就医1.23亿人次，减轻医疗费用负担

---

① 人力资源和社会保障部.2021年度人力资源和社会保障事业发展统计公报［EB/OL］.（2022－06－07）.https：//www.gov.cn/xinwen/2022－06/07/content_5694419.htm.

② 人力资源和社会保障部.2022年度人力资源和社会保障事业发展统计公报［EB/OL］.（2023－06－20）.https：//www.mohrss.gov.cn/SYrlzyhshbzb/zwgk/szrs/tjgb/202306/t20230620_501761.html.

1189.63亿元。①

在巩固脱贫成果、促进乡村振兴的历程中，社会保障工作领域主动作为，完善政策、优化管理、经办服务精准到人，作出了重要贡献。减贫防贫是社会保障最基本、最显著的功能。在全面建成社会主义现代化强国的进程中，社会保障制度保基本民生、兜防贫底线的作用应当、也必然得到更充分的发挥。

专栏13-2

贵州重点帮扶县巩固拓展脱贫攻坚成果

贵州省人社厅会同省乡村振兴局印发《关于加强国家乡村振兴重点帮扶县人力资源社会保障帮扶工作的意见》，从技能帮扶、人事人才帮扶和东西部人社协作等方面，进一步倾斜支持重点帮扶县巩固拓展脱贫攻坚成果，补齐区域短板。

强化技能帮扶。实施重点帮扶县职业技能提升工程，提升重点帮扶县技工教育和职业培训供给能力。加大农业农村领域技能培训支持力度，依托重点帮扶县优势农业产业中的龙头企业、农村专业合作社等自行组织职工、社员开展短平快农业种植养殖培训。支持技工院校加强涉农专业建设、开展涉农职业培训，积极开展乡村创业带头人创业培训、创业青年培训等，按规定给予创业培训补贴。

加大人才人事帮扶力度，增强发展内生动力。创新乡村产业人才支持政策，吸引优秀高校毕业生到县域内工作。聚焦基层专业技术人才队伍建设薄弱环节，激发重点帮扶县专业技术人才创新创业活力。加大智力支持和人才服务力度，积极协调省内外相关领域专家人才，为乡村振兴柔性引才搭建人才交流合作平台。配合有关部门建立城市医生、教师、科技、文化等人才定期服务乡村制度，支持和激励符合条件的事业单位科研人员到乡村和涉农企业创新创业。

---

① 国家医疗保障局. 2021年医疗保障事业发展统计快报［EB/OL］.（2022-03-23）. https：//www.gov.cn/guoqing/2022-03/23/content_5680879.htm.

加强东西部人社协作。为强化就业协作，重点帮扶县与对口帮扶地区在就业、技工教育和技能培训、人才引智等方面加强工作联动，加大资金、资源、项目投入。延续、深化、拓展东西部协作，将进一步强化两地技能培训合作和人才交流，保持劳务协作的连续性，提升群众就业稳定性。

资料来源：中国组织人事报. 贵州：支持重点帮扶县巩固拓展脱贫攻坚成果接续推进振兴［EB/OL］.（2022－04－14）. https：//www.mohrss.gov.cn/SYrlzyh-shbzb/dongtaixinwen/dfdt/202204/t20220414_443416.html.

第六节　抗击新冠疫情中的社会保障举措

2020～2022年，新冠疫情在全球范围暴发和持续蔓延，对我国经济发展和社会运行造成严重冲击。3年间，我国社会保障体系迎接挑战，充分发挥"安全网""减震器"作用，为助力抗击新冠疫情和支持企业复工复产作出了重要贡献。

一、新冠疫情中的医疗保障工作

2020年1月20日，习近平总书记对新型冠状病毒感染的肺炎疫情作出重要指示，强调要把人民生命安全和身体健康放在第一位，坚决遏制疫情蔓延势头。

2020年1月22日，国家医保局、财政部、国家卫生健康委印发《关于做好新冠肺炎疫情医疗保障工作的通知》，明确提出了"两个确保"的要求：确保患者不因费用问题影响就医，确保收治医院不因支付政策影响救治。紧接着，1月27日又印发补充通知，要求切实保障疑似患者医疗费用，无论是本地的还是异地的患者都实行先救治后结算，在基本医保、大病保险、医疗救助等按规定支付后个人负担部分由财政给予补助；

异地就医医保支付的费用由就医地医保部门先行垫付，疫情结束后全国统一组织清算；动态调整医保的支付范围，将国家卫生健康委诊疗方案中涉及的药品和诊疗项目临时纳入医保支付，打消患者和医疗机构的顾虑。

2020 年 1 月 23 日，人力资源社会保障部、财政部、国家卫生健康委联合印发《关于因履行工作职责感染新型冠状病毒肺炎的医护及相关工作人员有关保障问题的通知》，确认此类人员应认定为工伤，依法享受工伤保险待遇。已参加工伤保险的上述工作人员发生的相关费用，由工伤保险基金和单位按工伤保险有关规定支付；未参加工伤保险的，由用人单位按照法定标准支付，财政补助单位因此发生的费用，由同级财政予以补助。

基本医疗保障为新冠病患救治工作提供了关键的财务保障和金融支持。据国家医保局数据，2020 年基本医疗保险基金向医疗机构预拨专项资金 194 亿元，全年累计结算新冠肺炎患者医疗费用 28.4 亿元，其中基本医疗保险基金支付 16.3 亿元，其余部分属于医疗救助范畴由财政资金兜底。在基金收支保持平衡的同时，扎实做好新冠肺炎救治医疗保障工作和新冠病毒疫苗及接种费用保障，截至 2021 年底，全国范围内新冠病毒疫苗累计接种 28.3 亿剂次。各地合理降低核酸检测费用，单人单检每人份价格降至不高于 40 元，多人混检每人份价格降至不高于 10 元，有效减轻群众和政府负担。

2022 年 3 月，国家医保局办公室印发《关于切实做好当前疫情防控医疗保障工作的通知》，将新冠抗原检测试剂及相应检测项目临时纳入基本医保医疗服务项目目录，并及时调整纳入医保支付范围的新冠治疗用药；实施"长期处方"、互联网诊疗等结算报销政策，减少参保患者到医疗机构就诊配药次数，切实降低疫情传播的安全风险。各级医疗保障部门综合考虑疫情防控需要和医保基金支付能力，及时调整优化医保相关政策，做好疫情防控医疗保障各项工作。

二、阶段性免减缓缴社保费

新冠疫情发生后，各地社保经办机构最先采取的应对举措，是按照人力资源社会保障部 2020 年 1 月 30 日发布的《关于切实做好新型冠状病毒感染的肺炎疫情防控期间社会保险经办工作的通知》精神，确保各项社会保险待遇按时足额发放，强化经办大厅通风、消毒、体温检测等防控措施，推行网上办事的"不见面"服务，开辟医护及相关工作人员工伤保障绿色通道，允许参保企业和个人延期办理参保登记、缴费等业务，防止新冠疫情扩散。

2020 年 2 月，一些企业受新冠疫情严重冲击出现资金紧张甚至停业等情况。经国务院同意，人力资源社会保障部、财政部、国家税务总局于 2020 年 2 月 20 日联合印发《关于阶段性减免企业社会保险费的通知》，确定各省可以根据受新冠疫情影响情况和基金承受能力，自当月起采取 3 项政策：一是免征中小微企业（疫情严重的湖北省可扩大到除机关事业单位外的各类参保单位）的基本养老保险、失业保险、工伤保险 3 项社保的单位缴费部分，免征期为 5 个月；二是对大型企业等其他参保单位（不含机关事业单位）3 项社会保险的单位缴费部分可减半征收，减征期限不超过 3 个月；三是受新冠疫情影响生产经营出现严重困难的企业，可申请缓缴社会保险费，缓缴期限原则上不超过 6 个月，缓缴期间免收滞纳金。2 月 21 日，国家医保局、财政部、国家税务总局也联合印发《阶段性减征职工基本医疗保险费的指导意见》，确定自 2 月起，各省可指导统筹地区根据基金运行情况和实际工作需要，在确保基金收支中长期平衡的前提下，对职工医保的单位缴费部分实行减半征收，减征期限不超过 5 个月。各地雷厉风行贯彻落实有史以来范围最广、力度最大的社会保险费免减缓政策。

2020 年 6 月，针对新冠疫情持续扩散和加剧趋势，经国务院同意，人力资源社会保障部、财政部、国家税务总局又及时印发《关于延长阶段性减免企业社会保险费政策实施期限等问题的通知》，把对中小微企业的免征政策、对困难企业的缓缴政策延长执行到年底，对大型企业减半征收政策延长执行到当年 6 月底，同时降低了缴费基数——2020 年社会保险个人缴费基数下限可继续执行 2019 年标准不上调。

这些政策含金量高、受益面广、落实及时，切实减轻了企业负担，支持了复工、复产和稳岗，得到企业高度认可。2020 年养老、失业、工伤三项社会保险共为企业减负 1.54 万亿元①，占整个减税降费的 2/3，失业保险稳岗返还 1042 亿元②；2020 年 2 月至 7 月，基本医疗保险为 975 万家参保单位累计减征 1649 亿元，其中为企业减征超 1500 亿元③。

面对突发疫情，商业保险也努力发挥抗风险、保稳定的功能。如 2020 年 2 月，宁波发布全国首个支持抗击疫情与企业复工复产的保险八条专项政策（"保八条"），涵盖对企业减费让利、帮扶企业复工复产、稳外贸、保物资供应、提高保险服务质效等内容；后来又在"保八条"基础上，推出专门帮扶小微企业的政策性复工防疫保险，为全市小微企业复工复产解除后顾之忧。宁波作为国家保险创新综合试验区，走在利用保险机制助力经济社会发展的前列。2020 年 3 月，银保监会办公厅发布《关于加强产业链协同复工复产金融服务的通知》，要求进一步加大包括保险在内的金融服务实体经济力度，推动产业链协同复工复产。

2021 年，各项社会保险费的免、减、缓缴政策到期，但国家把阶段性降低失业保险、工伤保险费率政策延续实施一年，至 2022 年 4 月 30 日。

2022 年，新冠疫情形势依旧严峻复杂，为助力稳就业保民生，经国务院同意，人力资源社会保障部等部门再次将阶段性降低失业保险、工伤保险费率政策延续实施一年，至 2023 年 4 月 30 日。同时，再次运用缓缴社保费的政策工具：2022 年 2 月，国家发展改革委等 14 部门印发《关于促进服务业领域困难行业恢复发展的若干政策》，允许失业保险、工伤保险基金结余较多的省份，对零售、餐饮、旅游 3 个行业的企业阶段性实施缓缴失业保险、工伤保险费政策，缓缴期限不超过一年，具体办法由省级人民政府确定。2022 年 4 月，人力资源社会保障部办公厅、国家税务总局办公厅印发《关于特困行业阶段性实施缓缴企业社会保险费政策的通知》，将上述阶段性缓缴政策的项目扩展为企业职工基本养老保

---

① 李婕. 2020 年社保全年减费 1.54 万亿元［EB/OL］.（2021－02－22）. https://www.ndrc.gov.cn/fggz/jyysr/jysrsbxf/202102/t20210222_1267595_ext.html.

② 中华人民共和国人力资源和社会保障部. 中国人力资源和社会保障年鉴·2021：工作卷［M］. 北京：中国劳动社会保障出版社、中国人事出版社，2021.

③ 国家医保局. 2020 年医疗保障事业发展统计快报［EB/OL］.（2021－03－08）. https://www.gov.cn/xinwen/2021－03/08/content_5591551.htm.

险、失业保险、工伤保险 3 项社保费；将适用范围扩大到餐饮、零售、旅游、民航、公路水路铁路运输 5 大行业的企业；缓缴期限上，企业职工基本养老保险为 2022 年 4 月至 6 月，失业保险、工伤保险为 2022 年 4 月至 2023 年 3 月，在此期间，企业可申请不同期限的缓缴，缓缴期间免收滞纳金，职工的各项社保待遇不受影响。

2022 年 5 月，国务院印发《扎实稳住经济的一揽子政策措施》，决定进一步放宽缓缴社保费政策：在确保各项社会保险待遇按时足额支付的前提下，对符合条件地区受新冠疫情影响生产经营出现暂时困难的所有中小微企业、以单位方式参保的个体工商户，阶段性缓缴 3 项社会保险单位缴费部分，缓缴期限到当年底；在对 5 个特困行业实施阶段性缓缴 3 项社保费政策的基础上，对受到新冠疫情严重冲击、行业内大面积出现企业生产经营困难、符合国家产业政策导向的其他特困行业，扩大实施缓缴政策，养老保险费缓缴期限阶段性延长到 2022 年底。人力资源社会保障部等四部门立即落实国务院部署，印发《关于扩大阶段性缓缴社会保险费政策实施范围等问题的通知》，确定以产业链供应链受新冠疫情影响较大、生产经营困难的制造业企业为重点，将阶段性缓缴 3 项社保费政策扩大到农副食品加工业、纺织业等 17 个行业的企业。2022 年 9 月，人力资源社会保障部办公厅等四部门又印发《关于进一步做好阶段性缓缴社会保险费政策实施工作有关问题的通知》，将缓缴政策实施范围扩大至本地区所有受新冠疫情影响较大、生产经营困难的中小微企业；企业 2022 年缓缴的社保费可于 2023 年底前采取分期或逐月等方式进行补缴。

2022 年，全国共计阶段性缓缴养老、失业、工伤 3 项社会保险费 1361 亿元。[①] 在叠加实施阶段性免减缓缴三项社保费政策和失业、工伤保险延续阶段性降费率政策中，各地区加强宣传，点对点服务，主动送政策上门，做到企业应知尽知；简化审批程序，优化服务渠道，大力推行网上办、不见面等服务，让企业"应享尽享""即申即享"，受到了各类企业的普遍欢迎。

---

① 中华人民共和国人力资源和社会保障部. 中国人力资源和社会保障年鉴·2023：工作卷 [M]. 北京：中国劳动社会保障出版社、中国人事出版社，2023.

我国社会保险制度改革以来，应对各种困难局面，曾经施行过缓缴和降费率、降缴费基数等措施，但从未免征过社保费。此次应对新冠疫情的严重冲击，中央果断决策，实施阶段性免、减、缓缴费一揽子举措，有效缓解了各类市场主体财务压力，帮助企业渡过难关，被称为"最实惠的援企政策"，为打赢疫情防控的人民战争、总体战、阻击战作出了积极贡献。

专栏 13-3

多地人社部门出台措施支持抗疫

上海市人社局出台《本市人社领域全力支持抗击疫情的若干政策措施》，围绕援企稳岗稳就业、关心关爱一线医务工作者及相关人员、维护劳动关系和谐稳定、优化人社服务 4 个方面，推出了 16 条有针对性的具体举措。

江苏省人社厅印发《关于积极应对疫情进一步做好保企业稳就业惠民生工作的通知》，包含了 12 条社保惠企、就业稳企、服务便企、兜底保障等方面的新政，聚焦受新冠疫情影响较大的地区和行业，针对企业反映强烈的市场阻隔、用工紧缺、负担较重等突出问题加大稳岗返还、社保缓缴等政策支持力度，缓解企业流动资金压力。在国家规定的政策权限内，充分吸收借鉴外省有效做法和基层成功经验。

吉林省作为实现企业职工基本养老保险、失业保险和工伤保险省级统筹的省份，规定待遇统发日为每月 25 日。2022 年 3 月，新冠疫情在吉林发生时，正值待遇发放准备期，吉林省社保局明确将新冠疫情防控和确保发放作为社保系统首要任务，充分发挥垂直管理优势，全省 695 万享待人员 115.83 亿元提前足额发放到位，做到不缺一险、不漏一地、不少一人。

资料来源：《上海：人社部门出台支持抗疫十六条政策措施》，https://www.mohrss.gov.cn/SYrlzyhshbzb/dongtaixinwen/dfdt/202203/t20220328_441382.html；

《江苏：出台"人社部门应对疫情 12 条"稳就业惠民生》，https://www.mohrss.gov.cn/SYrlzyhshbzb/dongtaixinwen/dfdt/202204/t20220424_445057.html；

《吉林：抓好疫情防控期间社保发放　不缺一险　不少一人》，https://www.mohrss.gov.cn/SYrlzyhshbzb/dongtaixinwen/dfdt/202204/t20220422_444766.html。

三、失业保险应对新冠疫情的独特举措

在三年抗疫中，失业保险除了继续降费率以及与其他社保同步施行免减缓缴政策之外，还采取了具有制度特点的有力举措。

经办服务全面推广"四免"模式。一是"免跑即领"，积极推行失业保险事务网上办。2020 年，国家社会保险公共服务平台开通失业保险待遇申领全国统一入口，所有地级市全部接入，两年多时间里累计申请量7100 万人次。电子社保卡、掌上 12333 App、各地人社部门官网官微也开通了申领渠道，随时随地都可以网上办。二是"免证即办"，全面推行"四取消四无须"。"四取消"即失业人员申领待遇，取消提供解除劳动关系、失业登记等证明材料，一律由后台数据查询核实；取消失业后 60 天内申领待遇的时限规定，可根据自身需求随时申领；取消参加培训等捆绑条件；取消现场签到等附加义务。"四无须"即失业人员仅凭身份证或社会保障卡即可申领待遇，无须提供失业证明，无须转移个人档案，无须现场签到，无须参加强制培训。三是"免登即发"。大力精简环节，规定失业人员申领失业保险金，可同步办理失业登记，对符合条件的可先发放失业保险金、后办理失业登记。四是"免申即享"，利用后台数据比对向符合条件的企业直接发放稳岗资金，从"企业申请"向"无须申请"转变。这些举措充分利用专业网络平台和大数据比对，在抗疫期间尽可能减少人群接触、避免交叉感染。

发放对象覆盖全部参保失业人员。应对突发新冠疫情造成失业增加的情况，2020 年实行失业保险保障扩围政策，增加覆盖了 3 类群体（见第十二章第二节），并延续执行到 2022 年。

助力企业纾困留工。2022 年，针对新冠疫情多点散发、多地频发的情况，为加大对受新冠疫情影响企业的稳岗支持力度，创新出台一次性留工培训补助救急救困政策；对中高风险地区的所有参保企业、未出现中高风险地区的 5 个特困行业的企业，按照每名参保职工 500 元的标准发放补贴，支持企业组织职工以工作代替培训，帮助其留住员工；社会团

体、基金会、社会服务机构、律师事务所、会计师事务所、以单位形式
参保的个体工商户参照实施。这项政策在失业保险基金备付期在 2 年以
上的统筹地区实施。2022 年，全国向 530.3 万户企业发放补助 304 亿元，
惠及职工 6338.6 万人。①

第七节　深化社会保障合作交流

一、与多国签订实施双边社保协定

党的十九大之前，我国与多国签订了双边社保协定（见第八章第四
节），2018 年后，我国又与多国签订双边社保协定并陆续生效实施（见
表 13－2）。

表 13－2　　党的十九大之后五年签署实施双边社保协定情况

签订国	社保协定签署日	行政协议签署日	正式生效日
卢森堡	2017 年 11 月 27 日	2017 年 11 月 27 日	2019 年 5 月 1 日
日本	2018 年 5 月 9 日	2019 年 4 月 8 日	2019 年 9 月 1 日
塞尔维亚	2018 年 6 月 8 日	2020 年 1 月 6 日	2021 年 2 月 1 日

双边社保协定约定双方在对方国家就业人员的社会保障权利与义务，
对双方互免缴费义务的项目指定主管机构（我国指定人力资源社会保障部
社保中心）出具相关证明。2019 年 9 月，国家社会保险公共服务平台开通
上线，我国据此实现双边社保协定参保证明网上申请和经办。2021 年 7 月，
人力资源社会保障部社保中心与中国人力资源和社会保障出版集团合作制
作了双边社保协定系列动漫宣传片，加强相关政策宣传。2012 年至 2022 年
10 月底，我国共向双边社保协定签署国审核出具相关参保证明 52069 份。

---

① 中华人民共和国人力资源和社会保障部．中国人力资源和社会保障年鉴·2023：工作卷
[M]．北京：中国劳动社会保障出版社、中国人事出版社，2023.

二、深化社会保障国际交流合作

2018 年 7 月，人力资源社会保障部与德国工伤保险同业总会签订第五期合作意向书；同时，在兰州召开中德工伤保险制度创新研讨会，会议研讨主题是适应数字化、智能化时代工伤保险制度的改革创新和发展。2018 年 10 月，第三届中法社会保障高层论坛在法国巴黎举办。受法方邀请，浙江省人社厅代表在会上介绍社保经办服务"最多跑一次"的成效和经验，得到与会者称赞。2018 年 12 月，中英年金制度比较研究项目正式启动，在北京举办了研讨会。

2019 年 12 月，中国、欧盟、国际劳工组织共同启动为期 3 年的"提升中国社保经办服务能力，实现全民社会保障"项目。人力资源社会保障部社保中心作为项目办公室，牵头开展了"以平台从业人员、农民工、妇女为侧重，评估中国非标准就业人员社会保障覆盖面""中国社保经办管理服务数字化转型""建立多层次的养老保障体系"3 项课题研究，召开 6 次国际研讨会，组织 4 期线上学习课程，形成 11 篇研究报告；组织编写养老保险精算培训师培训教材，并举办了 5 期人社系统精算人员线上培训课程和 5 期线上精算研讨会；发布《评估中国社会保障相关法律与第 102 号公约相适性及批约可行性报告》和 4 份主题简报。

2021 年 1 月，中英养老保险二三支柱税优政策比较研究项目正式启动，并于 2021 年 10 月在山东济南召开成果交流研讨会和研讨班。2021 年 7 月，人力资源社会保障部与法国养老金指导委员会、国家高等社会保障学院等就养老保险改革议题举办视频会。2021 年 11 月，人力资源社会保障部与英国工作和养老金部有关负责人视频交流，就积极应对人口老龄化、完善养老保险制度等议题进行探讨。

三、在国际舞台讲好中国社保故事

党的十九大之后，我国借助国际社会保障协会（ISSA）的舞台，深入研究国际案例、广泛借鉴他国经验教训，同时更加注重主动讲好中国社会保障改革与发展的故事，为国际社会保障事业贡献中国智慧。

2019 年 6 月，人力资源社会保障部与 ISSA 就加强社保领域合作交换意见，并签署了关于中国会员事宜的谅解备忘录。2019 年 10 月，我国代表团出席在比利时召开的世界社会保障论坛暨 ISSA 第 33 届全球大会，介绍我国在社保制度建设最新进展和防范化解社保基金风险隐患方面的做法。此外，我国代表团还在专场会上作题为《数字化转型推动社保经办管理服务模式深刻变革》主旨发言。

2022 年 2 月，人力资源社会保障部代表在线出席 ISSA 亚太地区社会保障论坛，并在主题为"亚太地区的社会保障：进步、挑战与举措"的全体会议上发言。2022 年 5 月，人力资源社会保障部代表参加第 16 届 ISSA 社会保障信息与通信技术国际会议，并在主题为"社保机构的数字化转型"的全体会议上发言。

党的十九大至党的二十大的五年，是极不寻常、极不平凡的五年。党中央统筹中华民族伟大复兴战略全局和世界百年未有之大变局，团结带领全国人民有效应对严峻复杂的国际形势和接踵而至的巨大风险挑战，以奋发有为的精神把新时代中国特色社会主义不断推向前进。这五年，社会保障领域贯彻落实党中央决策部署，坚持问题导向与目标导向相结合，深化改革，加快发展，攻克了许多长期没有解决的难题，办成了许多事关长远的大事要事，建成世界上规模最大的、基本完备的社会保障体系，取得举世瞩目的重大成就，不断增进亿万人民群众的福祉。

第四篇

党的二十大：
社会保障改革发展的新任务

第十四章

社会保障的成就、经验和中国式现代化的新要求

第一节　新时代十年社会保障的成就和经验

一、新时代十年社会保障的主要成就

党的十八大以来，现代化国家建设在理论上和实践上取得了进一步的创新和突破。党的十八大指出，建设中国特色社会主义，总任务是实现社会主义现代化和中华民族伟大复兴，并提出"两个一百年"奋斗目标。党的十九大提出，从十九大到二十大，是"两个一百年"奋斗目标的历史交汇期，我们既要全面建成小康社会、实现第一个百年奋斗目标，又要乘势而上开启全面建设社会主义现代化国家新征程，向第二个百年奋斗目标进军。党的二十大明确提出，从现在起，中国共产党的中心任务就是团结带领全国各族人民全面建成社会主义现代化强国、实现第二个百年奋斗目标，以中国式现代化全面推进中华民族伟大复兴。

进入中国特色社会主义新时代以来，党中央把社会保障体系建设摆上更加突出的位置，对我国社会保障体系建设作出顶层设计，改革的系统性、整体性、协同性进一步增强，我国社会保障体系建设进入了快车道。中央政治局会议、中央政治局常委会会议、中央全面深化改革委员会会议等会议多次研究审议改革和完善基本养老保险制度总体方案、深化医疗保障制度改革意见等重要文件。2021 年 2 月 26 日，中共中央政治

局就完善覆盖全民的社会保障体系进行第二十八次集体学习，习近平总书记在主持学习时强调："社会保障是保障和改善民生、维护社会公平、增进人民福祉的基本制度保障，是促进经济社会发展、实现广大人民群众共享改革发展成果的重要制度安排，是治国安邦的大问题。"① 这一论述深刻阐释了社会保障在社会维度、经济维度和政治维度上的重要功能，尤其是"治国安邦的大问题"的论断更是高屋建瓴地指明了社会保障在治国理政和建设社会主义现代化国家中的极端重要性。

　　在中国特色社会主义新时代，我们深入贯彻以人民为中心的发展思想，在"民生七有"（幼有所育、学有所教、劳有所得、病有所医、老有所养、住有所居、弱有所扶）上持续用力。在养老保险领域，我们统一城乡居民基本养老保险制度，实现机关事业单位和企业养老保险制度并轨，建立企业职工基本养老保险基金中央调剂制度，实施企业职工基本养老保险全国统筹。在医疗保险领域，我们整合城乡居民基本医疗保险制度，全面实施城乡居民大病保险，探索建立长期护理保险制度，组建国家医疗保障局。在社保综合领域，我们推进全民参保计划，降低社会保险费率，划转部分国有资本充实社保基金。② 当前，我国以社会保险为主体，包括社会救助、社会福利、社会优抚等制度的社会保障体系基本建成，形成了世界上规模最大的社会保障体系，人民群众获得感、幸福感、安全感更加充实、更有保障、更可持续。

　　新时代十年，社保覆盖范围持续扩大。十年间，基本养老、失业、工伤三项社会保险参保人数分别从 2012 年的 7.9 亿人、1.5 亿人、1.9 亿人，增加到 2022 年的 10.5 亿人、2.4 亿人、2.9 亿人。③ 近年来，基本医疗保险参保人数约 13.5 亿人，参保率稳定在 95% 以上。④ 2022 年，全

---

　　①② 习近平. 促进我国社会保障事业高质量发展、可持续发展 ［J］. 求是，2022（8）：4 - 10.

　　③ 人力资源社会保障部. 2012 年度人力资源和社会保障事业发展统计公报 ［EB/OL］.（2013 - 05 - 28）. https：//www. mohrss. gov. cn/SYrlzyhshbzb/dongtaixinwen/buneiyaowen/201305/t20130528_ 103939. html. 2022 年度人力资源和社会保障事业发展统计公报 ［EB/OL］.（2023 - 06 - 20）. ht-tps：//www. mohrss. gov. cn/xxgk2020/fdzdgknr/ghtj/tj/ndtj/202306/t20230620_ 501761. html.

　　④ 中共国家医疗保障局党组. 写好医疗保障高质量发展的时代答卷 ［J］. 求是，2022（8）：28 - 32.

国有682.4万人纳入城市最低生活保障，平均保障标准为每人每月752.3元；3349.6万人纳入农村最低生活保障，平均保障标准为每人每月582.1元；有434.5万人纳入农村特困人员救助供养，35.0万人纳入城市特困人员救助供养；全年共实施临时救助1100.1万人次，平均救助水平为1090.5元/人次。[①] 同时，34万事实无人抚养儿童被纳入制度保障范围，建立了农村留守老年人、妇女、儿童关爱服务制度，构建起未成年人保护体系。[②] 我国还建立了困难残疾人生活补贴制度，2022年惠及1178.5万人；建立了重度残疾人护理补贴制度，2022年惠及1545.4万人。[③]

新时代十年，社保保障水平逐步提高。2012年至2022年，企业退休人员月人均养老金从1686元增长到超过3000元，城乡居民月人均养老金从82元增长到196元，月人均失业保险金由707元提高到1700多元，月人均工伤保险伤残津贴由1864元提高到3800多元。[④] 近年来，职工医保、居民医保政策范围内住院费用支付比例分别为80%、70%左右。[⑤] 这十年，城市低保全国平均标准从每人每月330元提高到711元，农村低保全国平均标准从每人每月172元提高到530元，分别增长了1.2倍和2.1倍；特困人员救助供养基本生活标准达到或超过当地低保标准的1.3倍；集中和分散养育的孤儿平均保障标准分别达到每人每月1728元和每人每月1288元，比2012年分别增长了77.9%和83.1%。[⑥]

新时代十年，社保保障能力稳中有进。截至2022年末，基本养老、失业、工伤3项社会保险基金累计结余7.4万亿元，比2012年增长147%。

① 中华人民共和国民政部.2022年民政事业发展统计公报［EB/OL］.（2023 – 10 – 13）.https://www.mca.gov.cn/n156/n2679/c1662004999979995221/attr/306352.pdf.

② 李昌禹.兜牢民生底线 增进民生福祉（中国这十年·系列主题新闻发布）［N］.人民日报，2022 – 09 – 09.

③ 中华人民共和国民政部.2022年民政事业发展统计公报［EB/OL］.（2023 – 10 – 13）.https://www.mca.gov.cn/n156/n2679/c1662004999979995221/attr/306352.pdf.

④ 中共人力资源和社会保障部党组.进一步织密社会保障安全网［J］.求是，2022（8）：23 – 27.部分数据有更新.

⑤ 中共国家医疗保障局党组.写好医疗保障高质量发展的时代答卷［J］.求是，2022（8）：28 – 32.

⑥ 李昌禹.兜牢民生底线 增进民生福祉（中国这十年·系列主题新闻发布）［N］.人民日报，2022 – 09 – 09.

其中，城镇职工基本养老保险基金累计结余5.7万亿元，比2012年增长138%；城乡居民基本养老保险基金累计结余1.3万亿元，比2012年增长463%；失业保险基金累计结余2891亿元，与2012年基本持平；工伤保险基金累计结余1440亿元，比2012年增长67%。① 基本养老保险基金投资运营规模不断扩大，基金运行总体平稳。基本医保基金年收支均超2万亿元、惠及群众就医超40亿人次。② 全国社会保障基金战略储备超过2.6万亿元，中央层面划转国有资本充实社保基金总额超过1.68万亿元。③ 这十年，各级财政累计支出基本生活救助资金2.04万亿元，有力地保障了困难群众基本生活。④

二、中国特色社会保障的成功经验

习近平总书记在总结中国特色社会保障的成功经验时指出："世界各国发展水平、社会条件、文化特征不同，社会保障制度必然多种多样。我们注重学习借鉴国外社会保障有益经验，但不是照抄照搬、简单复制，而是立足国情、积极探索、大胆创新，成功建设了具有鲜明中国特色的社会保障体系。"⑤ 具体而言，建设中国特色社会保障体系包括五个方面的成功经验，这些成功经验可以概括为五个"度"。

一是"厚度"，即政治优势的厚度。"坚持发挥中国共产党领导和我国社会主义制度的政治优势，集中力量办大事，推动社会保障事业行稳致远。"建党100多年，新中国成立70多年，改革开放40多年，特别是

---

① 中华人民共和国人力资源和社会保障部.2022年度人力资源和社会保障事业发展统计公报［EB/OL］.（2023 - 06 - 20）. https://www.mohrss.gov.cn/xxgk2020/fdzdgknr/ghtj/tj/ndtj/202306/t20230620_501761.html.

② 中共国家医疗保障局党组.写好医疗保障高质量发展的时代答卷［J］.求是，2022（8）：28 - 32.

③ 李心萍.就业保持总体稳定 社保体系不断完备（中国这十年·系列主题新闻发布）［N］.人民日报，2022 - 08 - 26.

④ 李昌禹.兜牢民生底线 增进民生福祉（中国这十年·系列主题新闻发布）［N］.人民日报，2022 - 09 - 09.

⑤ 习近平.促进我国社会保障事业高质量发展、可持续发展［J］.求是，2022（8）：4 - 10.

新时代十年，在党中央坚强领导和统一部署下，广泛动员、充分利用各种组织资源、财务资源、人力资源、技术资源，推动我国社会保障体系一步步制度从无到有、规模从小到大、财力逐渐加强、水平稳步提高、服务提质增效。在涉及全局和长远的重大决策及其实施中，如全民参保计划、基金全国统筹、划转部分国有资本充实社会保障基金等，这种政治优势体现得特别充分。历史证明，丰厚的政治优势，是中国特色社会保障发展的根本前提。

二是"温度"，即民生公平的温度。"坚持人民至上，坚持共同富裕，把增进民生福祉、促进社会公平作为发展社会保障事业的根本出发点和落脚点，使改革发展成果更多更公平惠及全体人民。"在我国这样的人口超大规模国家建立完善社会保障体系，首先要立足于公平可及、普惠共享；同时要关照特殊困难群体的保障需求，在现代化的进程中不落下一个人。我国社保体系建设，高度重视施行全民医保、法定人群全覆盖的社会保险制度与扶贫助残、扶弱济困的专项制度相结合，有利于逐步缩小收入分配差距。实践表明，温暖的民生公平，是中国特色社会保障发展的核心要素。

三是"高度"，即顶层设计的高度。"坚持制度引领，围绕全覆盖、保基本、多层次、可持续等目标加强社会保障体系建设。"不谋长远者不足以谋一时，不谋全局者不足以谋一域。新时代以来，历次党的代表大会报告、多次中央全会决定、国家"十三五""十四五"规划和2035年中长期发展纲要都对社会保障体系建设作出重大决策部署，还有改革完善养老保险制度总体方案、国家积极应对人口老龄化中长期规划、深化医疗保障制度改革意见等专门领域的顶层设计，无不涉及多项制度、体制、机制的综合变革和广泛的资源动员，短则管五年，长则管十几年、几十年，指导着社保改革发展的实践。事实说明，高屋建瓴的顶层设计，是中国特色社会保障发展的系统指南。

四是"力度"，即改革创新的力度。"坚持与时俱进，用改革的办法和创新的思维解决发展中的问题，坚决破除体制机制障碍，推动社会保障事业不断前进。"这一经验在改革机关事业单位养老保险制度、调整社保管理体制和职责分工、实行降费率和援企稳岗政策、探索新业态就业人员职业伤害保障方式等重大举措中，得以充分显示。现实表明，有力的改革创新，是中国特色社会保障发展的不竭动力。

五是"适度"，即发展节奏的适度。"坚持实事求是，既尽力而为又量力而行，把提高社会保障水平建立在经济和财力可持续增长的基础之上，不脱离实际、超越阶段。"新时代十年，我国各项社会保障的待遇水平都有提升，有的提高幅度较大，带有弥补过往保障程度过低的性质，总体而言，与经济发展和各方面的承受能力是相适应的，符合"水涨船高"的规律，没有出现某些国家盲目进行"福利赶超"落入"中等收入陷阱"或者实行"泛福利化"导致社会活力不足的现象。现实说明，适当的发展节奏，是中国特色社会保障发展的持续保证。

第二节　中国式现代化的内涵及对社会保障的新要求

一、中国式现代化的特色和本质要求

在党的百年奋斗的基础上，在新中国成立特别是改革开放以来的长期探索和实践基础上，经过党的十八大以来在理论和实践上的创新突破，我们党成功推进和拓展了中国式现代化。党的二十大明确提出"以中国式现代化全面推进中华民族伟大复兴"这一新时代新征程的中心任务，并赋予中国式现代化新的内涵，构成我国现代化国家建设在理论上的一次新飞跃。

（一）中国式现代化的特色

习近平总书记指出："一个国家选择什么样的现代化道路，是由其历史传统、社会制度、发展条件、外部环境等诸多因素决定的。国情不同，现代化途径也会不同。实践证明，一个国家走向现代化，既要遵循现代化一般规律，更要符合本国实际，具有本国特色。中国式现代化既有各国现代化的共同特征，更有基于自己国情的鲜明特色。"① 中国式现代化的中国特色主要表现在五个方面。

一是人口规模巨大的现代化。到现在为止，全球已经实现现代化的国家和地区，人口规模大约是十亿，我国十四亿多人口整体迈进现代化社会，规模超过现有发达国家人口的总和，将彻底改写现代化的世界版图，这在人类历史上是一件具有深远影响的大事。

二是全体人民共同富裕的现代化。共同富裕是中国特色社会主义的本质要求，也是一个长期的历史进程。中国式现代化始终坚持以人民为中心的发展思想，坚持把实现人民对美好生活的向往作为现代化建设的出发点和落脚点，着力维护和促进社会公平正义，着力促进全体人民共同富裕，防止两极分化。中国式现代化要求在高质量发展中促进共同富裕，自觉积极主动地解决地区差距、城乡差距、收入分配差距，提高发展的平衡性、协调性、包容性。

三是物质文明和精神文明相协调的现代化。物质富足是社会主义现代化的根本要求，物质贫困不是社会主义；同时，精神富有也是社会主义现代化的根本要求，精神贫乏也不是社会主义。中国式现代化，一方面不断厚植现代化的物质基础、不断夯实人民幸福生活的物质条件；另一方面大力发展社会主义先进文化，传承中华文明，促进人的全面发展。

四是人与自然和谐共生的现代化。中国式现代化既要创造更多物质财富和精神财富以满足人民日益增长的美好生活需要，也要提供更多优质生态产品以满足人民日益增长的优美生态环境需要。中国式现代化要求把握好发展与保护的关系，坚定不移地走生产发展、生活富裕和生态良好的文明发展道路，把经济活动和人的行为限制在自然资源和生态环境能够承受的限度内，给自然生态留下休养生息的时间和空间，实现中华民族永续发展。

五是走和平发展道路的现代化。中国式现代化强调同世界各国互利共赢，推动构建人类命运共同体，努力为人类和平与发展作出贡献。历

---

① 习近平. 中国式现代化是强国建设、民族复兴的康庄大道 [J]. 求是，2023 (16)：4-8.

史上一些国家通过战争、殖民、掠夺等方式实现现代化，给广大发展中国家人民带来深重苦难。中国式现代化站在历史正确和人类文明进步的一边，高举和平、发展、合作和共赢旗帜，既在维护世界和平与发展中谋求自身发展，又以自身发展更好维护世界和平与发展。

（二）中国式现代化的本质要求

中国式现代化的本质要求包括九个方面：一是坚持中国共产党领导；二是坚持中国特色社会主义；三是实现高质量发展；四是发展全过程人民民主；五是丰富人民精神世界；六是实现全体人民共同富裕；七是促进人与自然和谐共生；八是推动构建人类命运共同体；九是创造人类文明新形态。[①]

进一步看，这九个方面的本质要求可以分为三组。第一组包括前两个方面，强调了中国式现代化的根本前提，即坚持中国共产党领导和中国特色社会主义。第二组包括第三至第八个方面，明确了中国式现代化的基本任务，分别涉及经济（实现高质量发展）、政治（发展全过程人民民主）、文化（丰富人民精神世界）、社会（实现全体人民共同富裕）、生态（促进人与自然和谐共生）和国际关系（推动构建人类命运共同体）六个方面，既呼应涵盖经济建设、政治建设、文化建设、社会建设、生态文明建设的"五位一体"总体布局，又增加了国际关系的内容，是对总体布局的进一步丰富和拓展。第三组包括第九个方面，指出了中国式现代化的世界意义，即创造人类文明新形态。从世界范围看，既不存在定于一尊的现代化模式，也不存在放之四海而皆准的现代化标准，现代化并不等同于西方化，中国式现代化为各国选择现代化道路提供了新的选择。

二、中国式现代化对社会保障的新要求

中国式现代化对社会保障，特别是社会保障的普遍性、精准性、公

---

① 习近平. 高举中国特色社会主义伟大旗帜 为全面建设社会主义现代化国家而团结奋斗——在中国共产党第二十次全国代表大会上的报告 [N]. 人民日报，2022–10–26.

平性、可持续性和经济友好性，都提出了新的更高的要求。

（一）人口规模巨大与社会保障的"普遍性"

人口规模巨大的现代化，对社会保障的"普遍性"提出了更高的要求。同样是"全覆盖"，相较于一个人口规模几千万或者两三亿的国家，拥有十四亿多人口、规模超过现有发达国家人口总和的中国，其实现社会保障全覆盖的艰巨性和复杂性前所未有。

当前，我国社会保障扩面工作取得了显著的成效，但也存在一定的问题。比如，部分农民工、灵活就业人员、新业态就业人员等人群没有纳入社会保障，存在"漏保""脱保""断保"的情况。再如，虽然基本养老保险和基本医疗保险的覆盖面很广，但是工伤保险、失业保险等的覆盖面仍有一定的缺失。2022年参加工伤保险人数（29111万人）仅占城镇就业人员（45931万人）的63.4%，参加失业保险人数（23807万人）仅占城镇就业人员的51.8%，覆盖面亟须拓展扩大。

（二）共同富裕与社会保障的"精准性"

全体人民共同富裕的现代化，对社会保障的"精准性"提出了更高的要求。共同富裕是中国特色社会主义的本质要求，实现人民对美好生活的向往是现代化建设的出发点和落脚点。促进共同富裕，要构建初次分配、再分配、三次分配协调配套的基础性制度安排，加大税收、社保、转移支付等调节力度并提高精准性。

社会保障的精准性既体现为保障风险（如疾病、灾害风险）的精准性，也体现为保障人群（如低收入人群、困难人群）的精准性，还体现为保障区域（如中西部地区）的精准性。在现代化国家建设中，要通过社会保障的精准性增加低收入群体收入，促进全体人民朝着共同富裕目标扎实迈进。

（三）两个文明与社会保障的"公平性"

物质文明和精神文明相协调的现代化，对社会保障的"公平性"

提出了更高的要求。精神文明不是虚幻的空中楼阁，而是根植于群众百姓的实实在在的社保民生感受中。社会保障既通过"再分配"发挥收入调节作用，夯实人民幸福生活的物质基础，推动物质文明发展；又通过"天下为公""民为邦本"等社会保障制度内嵌的公平正义基因，弘扬孝敬、仁爱、友善、兼济等中华优秀传统文化，促进精神文明发展。

当前，我国社会保障公平性有显著提升，但城乡、区域、群体之间待遇差异不尽合理。比如，社会保障还存在城镇职工保险和城乡居民保险制度分割的现象。在职工保险或居民保险制度内部，社会保障的再分配效果较好；但是，如果把职工保险和居民保险放在一起作为一个整体来看，则社会保障的再分配效果不尽如人意。因此，随着现代化国家建设的推进，社会保障的公平性也要相应提升。

（四）和谐共生与社会保障的"可持续性"

人与自然和谐共生的现代化，对社会保障的"可持续性"提出了更高的要求。"和谐共生"从表层看描述的是人与自然的关系，但其深层内涵已经超越了人与自然，而是触达人与人之间的关系，它强调既满足当代人的需求又不损害后代人满足需求的能力，即决不能"吃祖宗饭，断子孙路"。

相应地，对社会保障而言，一方面，其可持续性表现为社会保障对生态可持续发展的保障和支持，比如，长江流域十年禁渔以及森林禁伐等环保政策，都要妥善解决好渔民等群体转产转业、生计保障问题，需要用社会保障来解除他们的后顾之忧。另一方面，社会保障的可持续性还表现为社会保障自身的可持续发展，即坚持长期精算平衡原则，将社会保障筹资和转轨等制度成本在代际之间进行合理分配，既满足当代人的社会保障需求，又不损害后代人满足其社会保障需求的能力。在人口老龄化急剧深化的背景下，社会保障可持续性面临十分严峻的挑战，这一问题应当在现代化国家建设中妥善加以解决。

（五）和平发展与社会保障的"经济友好性"

走和平发展道路的现代化，对社会保障的"经济友好性"提出了更高的要求。我们不走一些老牌资本主义国家通过战争、殖民、掠夺等方式实现现代化的老路，历史上，它们将包括社会保障成本在内的部分经济发展成本，通过殖民掠夺等方式转嫁给殖民地和被掠夺国家。比如，殖民地国家的劳工为那些资本主义国家创造了大量财富，但那些资本主义国家却没有为殖民地国家的劳工提供必要的社会保障，他们的现代化之路充满了血腥和罪恶。

相比之下，我们走的是和平发展的道路，我们的社会保障成本完全内嵌于自身的经济发展，构成经济发展成本的一部分，因此对社会保障与经济发展的关系提出了更高的要求，即要求社会保障的保障水平不能超越经济发展阶段，要求社会保障具有更高的"经济友好性"。我们知道，"发展是党执政兴国的第一要务"，高质量发展是全面建设社会主义现代化国家的首要任务，而没有坚实的经济基础，就不可能全面建成社会主义现代化强国。因此，提升社会保障的"经济友好性"也是现代化国家建设的题中应有之义。

三、当前社会保障面临的风险挑战

在中国式现代化对社会保障提出新的更高要求的同时，我国社会保障还面临新的发展环境和风险挑战。党的二十大报告指出，我国发展进入战略机遇和风险挑战并存、不确定难预料因素增多的时期，各种"黑天鹅""灰犀牛"事件随时可能发生，前方的考验可能是"风高浪急"甚至是"惊涛骇浪"。类似地，我国社会保障发展也面临战略机遇和风险挑战并存的形势。随着我国社会主要矛盾发生变化，以及城镇化、少子老龄化、就业方式多样化加快发展，我国社会保障的发展环境发生了新的深刻变化，社会保障面临着诸多新的风险挑战，需要妥善应对。

（一）社会主要矛盾发生变化

从社会主要矛盾看，我国社会的主要矛盾已发生根本性变化。长期以来，我国社会的主要矛盾是"人民日益增长的物质文化需要同落后的社会生产之间的矛盾"。进入新时代，社会主要矛盾已转变为"人民日益增长的美好生活需要和不平衡不充分的发展之间的矛盾"。我国发展中不平衡不充分问题突出表现在：创新能力不适应高质量发展要求，农业基础还不稳固，城乡区域发展和收入分配差距较大，生态环保任重道远，民生保障存在短板，社会治理还有弱项。这一社会主要矛盾变化对社会保障发展的重要启示在于，随着社会主要矛盾的关注点从人民的物质文化需要转变为美好生活需要，社会保障应从"有没有"的阶段跨越到"好不好"的阶段，由此对社会保障发展提出了更大的挑战。

（二）两个"城镇化"存在脱节

从城镇化看，两个"城镇化"存在脱节现象，"常住人口城镇化"快速上升，但"户籍人口城镇化"相对滞后。2022 年末我国常住人口城镇化率为 65.2%，比 2012 年的 53.1% 提高了 12.1 个百分点，比 2000 年的 36.2% 提高了 29 个百分点。① 同时，流动人口市民化相对滞后，2022 年户籍人口城镇化率只有 47.7%，② 比常住人口城镇化率低 17.5 个百分点。

从城镇化的要求看，我们要推进以人为核心的新型城镇化，加快农业转移人口市民化；以城市群、都市圈为依托构建大中小城市协调发展格局，推进以县城为重要载体的城镇化建设。以人为核心的新型城镇化，对社会保障制度如何适应人口向城镇流动、如何统筹城乡社保发展并做好衔接、如何实现对常住人口的社保公共服务均等化，都提出了更迫切的要求。

---

① 国家统计局. 中华人民共和国 2022 年国民经济和社会发展统计公报［EB/OL］.（2023 – 02 – 28）. https://www.stats.gov.cn/sj/zxfb/202302/t20230228_1919011.html.

② 公安部. 公安新闻发布会通报公安部研究制定公安机关服务保障高质量发展若干措施情况［EB/OL］.（2023 – 08 – 03）. https://www.mps.gov.cn/n2254536/n2254544/n2254552/n9138773/n9138792/index.html.

（三）少子老龄化

少子老龄化包括两个方面，一是少子化，二是老龄化。少子化和老龄化通常都与经济发展相伴生，而且少子化还将加剧老龄化。从世界范围看，发达国家普遍生育水平较低，人口老龄化较为严重。随着我国城镇化、工业化、现代化水平不断提高，高等教育普及，少生优生成为社会生育观念的主流，少子化和老龄化同时出现。

一方面，人口出生率和总和生育率显著下降，人口发展进入少子化阶段。我国人口出生率从 20 世纪 80 年代的 20‰以上、20 世纪 90 年代的 15‰~20‰、21 世纪前 20 年的 10‰~15‰，降至 2022 年的 6.77‰，2022 年人口自然增长率为 -0.60‰。① 2020 年第七次全国人口普查显示，我国人口总和生育率仅为 1.3。2021 年国家卫生健康委调查显示，育龄妇女生育意愿继续走低，平均意愿生育子女数为 1.64 个，低于 2017 年的 1.76 个和 2019 年的 1.73 个，作为当前和未来一个时期生育主体的"90 后"和"00 后"，其平均意愿生育子女数仅为 1.54 个和 1.48 个。②

另一方面，老龄人口占比快速提高，人口老龄化急剧深化。2000 年我国 60 岁及以上人口占比 10.3%，进入轻度老龄化阶段；2022 年我国 60 岁及以上人口占比 19.8%，比 2000 年上升 9.5 个百分点；2023 年则超过 20%，进入中度老龄化阶段；在 2035 年左右将超过 30%，进入重度老龄化阶段。③

少子化与老龄化同时出现，一方面将使社保基金收入减少，另一方面将使社保基金支出增加，这对于社会保障特别是养老保险和医疗保险的基金收支，将带来十分严峻的"双面夹击"的挑战。

---

① 国家统计局. 中华人民共和国 2022 年国民经济和社会发展统计公报 ［EB/OL］. (2023 -02 -28). https://www.stats.gov.cn/sj/zxfb/202302/t20230228_1919011.html.
② 中共国家卫生健康委党组. 谱写新时代人口工作新篇章 ［J］. 求是，2022 (15)：46 -51.
③ 中共人力资源和社会保障部党组. 进一步织密社会保障安全网 ［J］. 求是，2022 (8)：23 -27.

（四）就业方式多样化

从就业方式多样化看，灵活就业等非传统就业成为普遍的就业方式。截至 2021 年底，我国灵活就业者为 2 亿人左右。[①] 灵活就业主要包括个体经营、非全日制和新就业形态等。其中，新就业形态就业人员主要包括交通出行、外卖配送、网络零售、直播销售、互联网医疗等领域的平台就业人员，具体又可分为三类：第一类是与平台企业订立劳动合同或符合确立劳动关系的情形；第二类是个人依托平台自主开展经营活动、从事自由职业的情形（平台作为经营载体或信息提供者）；第三类是依托平台就业、不完全符合确立劳动关系但企业对劳动者进行劳动管理的情形。其中，第一类情形按劳动法律进行调整，第二类情形按民事法律进行调整，这两类情形的法律关系均较为明确；但第三类情形较为复杂，带来了新就业形态劳动者劳动保障权益维护的新问题。

我国现行的社会保障制度主要针对传统就业方式设计，不能很好适应灵活就业和新就业形态劳动者。比如，现行失业保险和工伤保险需要依托单位参保，未订立劳动合同的灵活就业和新就业形态劳动者无法参保。再如，基本养老保险和基本医疗保险虽然为灵活就业和新就业形态劳动者参保设立了相应的制度路径，但现实中仍面临两难问题：如果选择参加城镇职工保险，可能会受到户籍限制且个人承担更高费用；如果选择参加城乡居民保险，又需要回到户籍地参保且保障水平较低。可见，灵活就业和新就业形态等非传统就业的普遍化，对传统的以"单位"为主体的社会保障体系提出了新的挑战，亟待破题解决。

---

① 国家统计局. 国家统计局局长就 2021 年国民经济运行情况答记者问 [EB/OL]. (2022 - 01 - 17). https://www.stats.gov.cn/sj/sjjd/202302/t20230202_1896579.html.

第十五章

社会保障改革发展的总体思路和主要任务

第一节 社会保障改革发展的总体思路

面对中国式现代化对社会保障提出的新要求，面对新的发展环境和风险挑战，新时代社会保障改革发展的总体思路是，遵循党的二十大的总体部署，把握社会保障未来发展的科学方法论。

一、遵循党的二十大的总体部署

2022年10月召开的党的二十大，是在全党全国各族人民迈上全面建设社会主义现代化国家新征程、向第二个百年奋斗目标进军的关键时刻召开的一次十分重要的大会。大会回顾总结了过去五年的工作和新时代十年的伟大变革，阐述了开辟马克思主义中国化时代化新境界、中国式现代化的中国特色和本质要求等重大问题，对全面建设社会主义现代化国家、全面推进中华民族伟大复兴进行了战略谋划，为新时代新征程党和国家事业发展、实现第二个百年奋斗目标指明了前进方向、确立了行动指南。

习近平总书记在党的二十大报告中回顾了十年伟大变革，指出十年前"民生保障存在不少薄弱环节"；而现在"建成世界上规模最大的教育体系、社会保障体系、医疗卫生体系"，"基本养老保险覆盖十亿四千万

人，基本医疗保险参保率稳定在百分之九十五"；同时也要求全党清醒看
到工作还存在一些不足，面临不少困难和问题，其中包括群众在就业、
教育、医疗、托育、养老、住房等方面面临不少难题。

党的二十大报告阐明了中国式现代化的五大中国特色，其中之一就
是全体人民共同富裕的现代化，坚决防止两极分化。这也正是中国社会
保障体系建设遵循的准则和追求的目标。报告确定民生领域的五年目标任
务是"多层次社会保障体系更加健全"，而到 2035 年的目标是"基本公共
服务实现均等化""全体人民共同富裕取得更为明显的实质性进展"。

党的二十大报告部署完善分配制度的任务，首次提出"构建初次分
配、再分配、第三次分配协调配套的制度体系"，"加大税收、社会保障、
转移支付等的调节力度"，把社会保障调节社会收入分配的功能摆到了与
税收、财政转移支付同等重要的位置。指出"社会保障体系是人民生活
的安全网和社会运行的稳定器"，部署了健全社会保障体系的总目标和一
系列任务。

专栏 15 -1

党的二十大部署的社会保障领域主要任务

健全覆盖全民、统筹城乡、公平统一、安全规范、可持续的多层
次社会保障体系。完善基本养老保险全国统筹制度，发展多层次、多
支柱养老保险体系。实施渐进式延迟法定退休年龄。扩大社会保险覆
盖面，健全基本养老、基本医疗保险筹资和待遇调整机制，推动基本
医疗保险、失业保险、工伤保险省级统筹。促进多层次医疗保障有序
衔接，完善大病保险和医疗救助制度，落实异地就医结算，建立长期
护理保险制度，积极发展商业医疗保险。加快完善全国统一的社会保
险公共服务平台。健全社保基金保值增值和安全监管体系。健全分层
分类的社会救助体系。坚持男女平等基本国策，保障妇女儿童合法权
益。完善残疾人社会保障制度和关爱服务体系，促进残疾人事业全面
发展。

> 实施积极应对人口老龄化国家战略，发展养老事业和养老产业，优化孤寡老人服务，推动实现全体老年人享有基本养老服务。深化医药卫生体制改革，促进医保、医疗、医药协同发展和治理。

与过往党中央对社会保障的论述和工作部署相比，党的二十大报告最大的发展变化，是对健全社会保障体系的目标描述，在重申"覆盖全民、统筹城乡、公平统一、可持续、多层次"（"十四五"规划）5项指标基础上，新增了"安全规范"，凸显了对新时代社会保障制度安全、基金安全和法治规范、操作规范的更多关注，并要求"健全社保基金保值增值和安全监管体系"。另一个发展是对各重大改革项目的推进明显提质加速，特别是把"实现基本养老保险全国统筹"（"十四五"规划）调整为"完善基本养老保险全国统筹制度"；把"研究制定渐进式延迟法定退休年龄政策"（党的十八届三中全会）确定为"实施渐进式延迟法定退休年龄"；把"稳步建立长期护理保险制度"（"十四五"规划）明确为"建立长期护理保险制度"，以及"促进多层次医疗保障有序衔接"等。这些都是新时代新征程完善社保体系的着力点。

二、把握社会保障未来发展的科学方法论

在社会保障发展环境发生新的深刻变化的大背景下，如何科学谋划"十四五"乃至更长时期的社会保障事业，习近平总书记提出了五个方面的重要要求，这些要求可以概括为方法论上的五个"看"。

一是"看得全"，即系统观念。"要坚持系统观念，把握好新发展阶段、新发展理念、新发展格局提出的新要求，在统筹推进'五位一体'总体布局、协调推进'四个全面'战略布局中思考和谋划社会保障事业发展。"① 经济社会是一个大系统，我们应当有全局的观念，不能就社会

---

① 习近平. 促进我国社会保障事业高质量发展、可持续发展［J］. 求是，2022（8）：4－10.

保障论社会保障，而要将社会保障置于国家经济社会发展的大背景下来谋划和推动。

二是"看得远"，即战略眼光。"要树立战略眼光，顺应人民对高品质生活的期待，适应人的全面发展和全体人民共同富裕的进程，不断推动幼有所育、学有所教、劳有所得、病有所医、老有所养、住有所居、弱有所扶取得新进展。"① 我们应当有长远的眼光，要让社会保障为全体人民共同富裕和社会主义现代化强国建设，提供坚实的制度性支撑。

三是"看得早"，即风险意识。"要增强风险意识，研判未来5年、15年乃至30年我国人口老龄化、人均预期寿命提升、受教育年限增加、劳动力结构变化等发展趋势，分析社会保障可能面临的新情况新问题，提高工作预见性和主动性，未雨绸缪采取应对措施。"② 我们应当有居安思危的意识，要提早看到各种变化可能带来的风险挑战，做好风险预判和政策储备。

四是"看得宽"，即国际视野。"要拓展国际视野，关注国外社会保障发展情况，汲取经验教训，既避免像一些拉美国家那样盲目进行'福利赶超'落入'中等收入陷阱'，又避免像一些北欧国家那样实行'泛福利化'导致社会活力不足。"③ 我们应当有宽广的视野，既立足中国，又放眼世界；既看发达国家，又看发展中国家；既看经验，又看教训。

五是"看得透"，即规律认知。"什么时候都不能忘记一个道理，经济发展和社会保障是水涨船高的关系，水浅行小舟，水深走大船，违背规律就会搁浅或翻船。"④ 对于经济发展与社会保障二者关系的客观规律，我们应当有透彻的认知，既尽力而为又量力而行，确保我国社会保障事业行稳致远，为全面建设社会主义现代化国家贡献重要力量。

---

①②③④ 习近平. 促进我国社会保障事业高质量发展、可持续发展［J］. 求是，2022（8）：4-10.

第二节　社会保障改革发展的主要任务

党的二十大对未来一个时期社会保障的改革发展提出了方向性要求。根据这些要求，谋划我国社会保障面向第二个百年奋斗目标，首先是安排到 2035 年的改革发展主要任务，可以从六个维度思考：一是在治理维度上，提升法治化数字化水平；二是在横向维度，高质量扩大覆盖面；三是在纵向维度，完善高层级统筹制度和体制；四是在时间维度，持续推进中长期改革发展；五是在空间维度，完成社保体系全方位多层次构建；六是在运行维度，健全机制设计。

一、治理维度：提升法治化数字化水平

在治理维度，我们要贯彻落实党中央关于法治政府和数字政府建设的系列要求，聚焦服务保障社保领域重大改革和重要任务，把社保体系建设全面纳入法治化轨道，并完成数字化转型，为社会保障事业高质量发展提供有力保障和有效支撑。

在社保法治化方面，要高标准完成"法治社保"建设各项目标任务。一是立改废相结合。根据社会保障事业发展需要，全面系统规划，加强重要领域立法修法，当前重点是适时启动《中华人民共和国社会保险法》修法工作以及医疗保障法、社会救助法等法律的制定工作。同时，加快制定、修订养老、失业、工伤保险等行政法规以及配套的部门规章、地方性法规，对实践证明已经比较成熟的经验和行之有效的举措以法规形式加以提升，稳定社会预期。还要废止不适应改革和经济社会发展需要的法规、规章。二是全面推进严格规范公正文明执法。深化社会保障行政执法体制改革，加大重点领域执法力度，完善行政执法程序，创新执法方式。三是不断强化行政权力运行监督。社会保障有关行政主管部门自觉接受各方面监督，加强对行政执法制约和监督，全面主动落实政务

公开，促进行政权力规范透明运行。

在社保数字化转型方面，要高标准实施"数字社保""智慧医保""大数据＋救助"等建设行动。一是强化运行支撑，保障重点业务工作落实。支撑多层次社会保障体系建设，深入开展"数据找人"信息比对，完善社保各险种之间的衔接共享，努力把各类群体全部纳入社会保障范围。二是强化便捷高效，持续优化社会保障公共服务。落实"高效办成一件事"任务，推进服务优化，精简证明材料、经办流程，让群众少跑腿、好办事。三是强化监管效能，提高风险防控水平。聚焦欺诈骗保、骗领补贴、违规提前退休、重复领取补贴待遇等重点问题，提高发现问题的效率和精准度。四是强化数字引领，助力决策科学精准。摸清底数，做到基础数据清晰，确保决策有数据可依；加强分析，加快建立基于大数据的监测分析体系，为决策提供支撑。五是强化数据管理，筑牢数字社保安全防线。统筹发展和安全，建立制度规范，加强技术防范，加强运行管理，确保不发生重大数据安全等问题。

二、横向维度：高质量扩大覆盖面

在继续扩大社会保险覆盖面的进程中，针对"边缘群体"，创新参保、缴费、保障方式，着力提高参保质量，向"覆盖全民"的目标迈进，并提升参保的持续性、稳定性。

其一，在职工基本养老保险方面，推动实现由"制度全覆盖"走向"法定人群全覆盖"，特别是要适应就业方式多样化的新形势，落实取消灵活就业人员在就业地参加社会保险的户籍限制，积极促进有意愿、有缴费能力的灵活就业人员和新就业形态从业人员参加企业职工基本养老保险。其二，在城乡居民基本养老保险方面，完善对缴费困难群体帮扶政策，积极促进适龄参保人员应保尽保。在参保扩面过程中，加强城乡居民基本养老保险与职工基本养老保险的协调配合，推动法定人群全覆盖。其三，在基本医疗保险方面，建立健全医疗保障部门与相关部门和单位的数据共享机制，加强数据比对，完善参保数据库。积极推动职工和城乡居民在常住地、就业地参保，巩固提高参保覆盖率。其四，在失业保险方面，加强失业保险参保扩面工作，重点推动中小微企业、个体工商户、农民工等单位和人群积极参加失业保险，探索灵活就业人员参加失业保险的办法。其五，在工伤保险方面，实现工伤保险政策向职业劳动者的广覆盖。以高危行业为重点，持续扩大工伤保险覆盖范围，推进平台灵活就业人员职业伤害保障工作。积极落实《公务员工伤保险管理办法》，将公务员和参照公务员法管理的机关（单位）工作人员全部纳入工伤保险制度。

三、纵向维度：完善高层级统筹制度和体制

巩固完善职工基本养老保险全国统筹，提高其他社会保险项目的统筹层级，进一步增强各项社会保险制度的规范性和分散风险能力。

党的十八大以来，企业职工基本养老保险基金从实行中央调剂制度到实施央地分责的全国统筹，是我国社会保障体系建设的突破性重大进展。面对到本世纪中叶我国老龄化程度进一步加深的客观趋势，借鉴国际有效经验，要将全国统筹的最终目标确定为实现完整的中央养老保险事项。第一，以统一参量（缴费基数、缴费比例和待遇项目等）为核心确立中央政策事权。基于筹资公平和待遇公平的目标，统一并改进缴费端和待遇端政策。第二，以全国统收统支统管为核心确立中央基金管理事权。建立中央社会保障财政专户或国库直接管理，当期结余留存中央，地方累计结余逐步消化，实现全国范围内基金统收统支。第三，以全国职工养老保险经办机构统一垂直管理（或省以下社保机构半垂直管理）为核心确立中央收支管理事权。推进税务部门全责征收养老保险费，并加快全国统一信息系统建设，实现经办业务的数字化和规范化，解决央地业务信息不对称问题。第四，根据事权与支出责任相适应原则，最终确立中央兜底责任，对于历史债务部分实行央地分责。

与此同时，巩固失业保险、工伤保险省级统筹，探索建立全国调剂金机制的可能性。推动基本医疗保险省级统筹，妥善处理提高基金统筹

层次与充分利用基层医疗卫生资源的关系。

四、时间维度：持续推进中长期改革发展

在时间维度，要以 2035 年和本世纪中叶为关键性时间节点，持续深化社会保障各项重点制度改革，推进社保事业全面发展。

（一）养老保险改革

2013 年国务院成立部际研究小组，开展养老保险顶层设计。2019年，党中央出台养老保险改革总体方案，明确了当前及今后一个时期养老保险改革的指导思想、总体目标、基本原则和八个方面 20 项具体改革任务，从制度、政策、机制、管理全方位对养老保险事业进行总体规划。[①] 未来一个时期，要按照这一改革总体方案的部署，持续深化养老保险制度改革，并在实践中不断完善。比如，实施渐进式延迟法定退休年龄，规范城乡居民基本养老保险个人账户计息办法，修订职工基本养老保险个人账户计发月数，完善被征地农民参加基本养老保险政策，推动建立城乡居民基本养老保险丧葬补助金制度，加强退役军人保险制度衔接等。

其中，实施渐进式延迟法定退休年龄是一个社会关注度很高的问题，需要格外重视。按照国家相关规划，为了适应人口老龄化加剧深化的新形势，在前期研究探索的基础上，将按照小步调整、弹性实施、分类推进、统筹兼顾等原则，稳妥实施渐进式延迟法定退休年龄。关于延迟法定退休年龄，习近平总书记在中共中央政治局第二十八次集体学习时曾指出："近年来，许多人口老龄化程度较高的发达国家和新兴国家都推出了延迟法定退休年龄的改革计划，但实施起来并不太顺利。一些国家在这项改革上经历了波折。我们要合理把握改革方向、节奏、力度，加强

---

① 人力资源社会保障部养老保险司. 总结十年成就 汲取奋进力量 [J]. 中国人力资源社会保障，2022（10）.

舆论引导，最大程度凝聚全社会共识和合力，推动这项改革任务平稳落地。"① 这一论述为实施延迟法定退休提供了重要指导。

在此基础上，面向 2035 年和本世纪中叶，针对新情况新问题，谋划养老保险制度改革发展的新的中长期规划。

（二）医疗保障改革

2020 年《中共中央 国务院关于深化医疗保障制度改革的意见》已经明确了 2025 年、2030 年医疗保障体系建设的发展目标和主要任务。下一阶段要大力推进"五个医保"建设，特别是协同推进"三医联动"，发挥医保支付、价格管理、基金监管综合功能，促进医疗保障与医疗、医药体系良性互动，推动形成"三医"协同治理格局，使人民群众更有获得感和安全感。其一，在药品耗材集采方面，在近几年"灵魂砍价"等实践经验的基础上，深化药品和医用耗材集中带量采购制度改革，常态化制度化实施国家组织药品集中带量采购，并持续扩大国家组织高值医用耗材集中带量采购范围。其二，在集采使用方面，完善相关激励约束机制，推动公立医疗机构以集中带量采购作为医药采购的主导模式，并鼓励社会办医疗机构、定点零售药店参与集中带量采购。其三，在支付方式方面，深化医保支付方式改革，在全国范围内普遍实施按病种付费为主的多元复合式医保支付方式，推进区域医保基金总额预算点数法改革，引导医疗机构合理诊疗，提高医保资金使用效能。

此外，要适应人口流动的形势，落实异地就医结算。在近几年实践的基础上，完善异地就医直接结算服务，加强国家异地就医结算能力建设，实现全国统一的异地就医备案。扩大异地就医直接结算的覆盖范围，提高直接结算率，逐步实现住院、普通门诊、门诊慢特病费用线上线下一体化的异地就医结算服务。

---

① 习近平．促进我国社会保障事业高质量发展、可持续发展［J］．求是，2022（8）：4 – 10.

（三）社会救助改革

未来一个时期，社会救助领域要按照系统集成、协同高效的要求，持续深化社会救助制度改革，形成覆盖全面、分层分类、综合高效的社会救助体系，并在改革中重点做好以下三个方面的工作。一是"精准识别"。完善社会救助对象认定办法，健全救助对象精准识别和认定机制，加强社会救助家庭经济状况核对机制建设，夯实精准救助基础。二是"按需救助"。对困难人员和困难家庭救助需求进行综合评估，根据具体的困难类型、程度和特点，相应给予基本生活救助（如最低生活保障、特困人员救助供养等）、专项救助（如医疗救助、教育救助、住房救助、就业救助、受灾人员救助等）或急难救助（如临时救助、生活无着的流浪乞讨人员救助、突发公共事件困难群众急难救助等），切实保障困难群众基本生活。三是"加强衔接"。加强社会救助各项制度之间，社会救助和社会保险、社会福利制度之间的衔接，确保改革形成整体合力。

（四）社会福利改革

未来一个时期，社会福利领域要重点关注老年人、困境儿童和残疾人等特殊群体的福利保障，并保障妇女儿童合法权益。其一，提升养老服务水平。实施积极应对人口老龄化国家战略，发展养老事业和养老产业，优化孤寡老人服务，推动实现全体老年人享有基本养老服务。持续完善居家社区机构相协调、医养康养相结合的养老服务体系，加强基本养老服务，完善兜底性养老服务，健全失能老年人长期照护服务体系，满足多层次多样化的老年人养老、医疗和照护服务需求。其二，提升困境儿童福利保障水平。完善帮扶孤儿和事实无人抚养儿童福利制度，持续提高孤儿和事实无人抚养儿童在医疗、教育、康复、就业等方面的保障水平，拓展保障范围。其三，完善残疾人福利制度。根据经济社会发展情况，完善残疾人"两项补贴"（困难残疾人生活补贴、重度残疾人护理补贴）动态调整机制，加强残疾人"两项补贴"制度与长期护理保险、老年人福利、社会救助等制度相衔接，完善残疾人关爱服务体系，促进残疾人事业全面发展。其四，保障妇女儿童合法权益。坚持男女平等基本国策，贯彻落实《中国妇女发展纲要（2021—2030年）》和《中国儿童发展纲要（2021—2030年）》要求，为妇女和儿童发展创造更好环境，更好保障妇女和儿童的合法权益。

五、空间维度：完成社保体系全方位多层次构建

在空间维度，要对社会保障的重点领域完成多层次体系的构建，重点是发展多层次多支柱养老保险体系，促进多层次医疗保障有序衔接，建立长期护理保险制度，以及打造分层分类社会救助体系。

（一）发展多层次多支柱养老保险体系

推进多层次、多支柱养老保险体系建设，是满足人民群众日益增长的多样化养老保险需要的重要举措。我国第一支柱基本养老保险，经过几十年发展，已具有相对完备的制度体系，其制度定位是保基本。第二支柱企业年金和职业年金也有了一定基础，补充养老作用初步显现，但企业年金覆盖面窄的问题比较突出。第三支柱以个人养老金为主体，协同发展其他个人商业养老金融业务。

构建多层次多支柱养老保险体系，在基本养老保险方面，除了深化自身制度改革外，重点是根据经济社会发展和人口结构、群众需求变化，合理有序调整与第二、第三支柱的比例关系，扭转"一支独大"，形成合理结构。加快发展第二支柱，重点是扩大企业年金覆盖面，采取更加灵活和富有激励性的政策措施，如放宽加入条件，允许企业低水平起步、先为部分群体建立年金计划；简化流程，适应非公企业、单位的管理特点；结合进一步降费率，"平移"部分基本养老保险单位缴费强制性建立企业年金；实行"自动加入机制"，在员工自愿前提下单位配比供款；企业年金与职业年金实行统一的税优政策；开发更多"默认"投资产品、养老目标基金等，引导安全稳健投资；建立全国统一的第二支柱信息管理系统，并与第一、第三支柱对接，为每个人提供合并查询便利，支持

科学管理；搭建方便转移接续的年金管理服务平台等。大力推动个人养老金发展，主要举措有：进一步完善税优政策，从优待纳税群体的 EET 模式发展到普惠的 EEE 模式；条件具备时与第二支柱"打通"，便利参加计划人员的职业流动；开发更多的优质长期投资产品；完善待遇支付政策，鼓励终身支付等。

（二）促进多层次医疗保障有序衔接

医疗保障是减轻群众就医负担、增进民生福祉、维护社会和谐稳定的重大制度安排，经过多年探索，确定了建设多层次医疗保障体系的改革目标。在今后一个时期，要促进多层次医疗保障有序衔接，充分发挥政府、市场、社会的积极作用，健全以基本医疗保险为主体，医疗救助为托底，补充医疗保险、商业健康保险、慈善捐赠、医疗互助等共同发展的多层次医疗保障制度，更好满足人民群众多元化医疗保障需求。

其一，在基本医疗保险部分，统一全国基本医疗保险用药范围，健全医疗保障待遇清单制度，规范医保支付政策；合理确定待遇保障水平，健全职工医保门诊共济保障机制，逐步提高城乡居民医保门诊保障水平。其二，在医疗救助部分，统一规范医疗救助制度，建立救助对象及时精准识别机制，实施分层分类救助，规范救助费用范围，合理确定救助标准。其三，在补充医疗保险部分，规范城乡居民大病保险、职工大额医疗费用补助、企业补充医疗保险等制度。其四，在商业健康保险部分，鼓励商业健康保险发展，鼓励商业保险机构提供综合性健康保险产品和服务，支持开发与基本医疗保险相衔接的商业健康保险产品，更好覆盖基本医疗保险不予支付的费用。其五，在慈善捐赠部分，引导、支持有意愿有能力的企业、社会组织和个人积极参与医疗慈善等公益慈善事业。其六，在医疗互助部分，支持医疗互助有序发展，加强医疗互助与基本医保的衔接，发挥医疗保险和医疗互助的协同效应。

（三）建立长期护理保险制度

探索建立长期护理保险制度，是国家为应对人口老龄化、健全社会保障体系作出的一项重要部署。近年来，部分地方积极开展长期护理保险制度试点，在多个方面进行了有益探索，取得了初步成效。党的二十大明确提出"建立长期护理保险制度"，要按照这一最新要求，在长期护理保险的制度框架、待遇保障、标准认定和经办服务等方面迈出实质性步伐。

其一，在制度框架上，基于前期试点探索，构建长期护理保险制度政策框架，从职工医保参保人群起步，重点解决重度失能人员基本护理保障需求。其二，在待遇保障上，建立公平适度的待遇保障机制，明确长期护理保险基本保障项目，合理确定待遇保障范围和基金支付水平。其三，在标准认定上，逐步完善全国统一的长期护理保险失能等级评估标准，健全长期护理保险需求认定、等级评定等标准体系。其四，在经办服务上，引入商业保险机构等社会力量参与长期护理保险经办服务。

（四）打造分层分类社会救助体系

主体架构包括三个部分。第一，基本生活救助——包括低保和特困供养两项制度。完善低保、特困和低收入家庭认定办法。对共同生活的家庭成员人均收入低于当地最低生活保障标准且符合财产状况规定的家庭，给予最低生活保障。对无劳动能力、无生活来源、无法定赡养抚养扶养义务人或者其法定义务人无履行义务能力的城乡老年人、残疾人、未成年人，给予特困人员救助供养。第二，专项救助——根据实际需要给予相应的医疗、住房、教育、就业等专项社会救助。对不符合低保或特困供养条件的低收入家庭和刚性支出较大导致基本生活出现严重困难的家庭，根据实际需要给予相应的医疗、住房、教育、就业等专项社会救助或实施其他必要救助措施。第三，急难救助——对遭遇突发事件、意外伤害、重大疾病，受传染病疫情等突发公共卫生事件影响或由于其他特殊原因导致基本生活暂时陷入困境的家庭或个人以及临时遇困、生活无着人员，给予急难社会救助。对遭遇自然灾害的，给予受灾人员救助。

六、运行维度：健全机制设计

在运行维度，我们要健全社会保障的相关机制设计，特别是筹资和待遇的确定调整机制、社保经办和公共服务机制、社保基金监管机制等。

（一）筹资和待遇的确定调整机制

筹资和待遇安排是社会保障制度运行的重要基础。要健全社会保障筹资和待遇的确定和调整机制，并逐步缩小职工与居民、城镇与农村的筹资和保障待遇差距。

其一，在筹资机制方面，建立缴费与经济社会发展水平相挂钩的机制。比如，在充分考虑城乡居民承受能力和地方财政承受能力的前提下，指导地方调整城乡居民基本养老保险的缴费档次和缴费补贴标准；研究建立城乡居民基本医疗保险缴费与经济社会发展水平和居民人均可支配收入挂钩的机制，优化个人缴费和政府补助结构；在建立长期护理保险制度的过程中，探索建立互助共济、责任共担的多渠道筹资机制，参加长期护理保险的职工筹资以单位和个人缴费为主，形成与经济社会发展和保障水平相适应的筹资动态调整机制。

其二，在待遇机制方面，推进社会保险待遇水平与经济社会发展的联动调整。比如，综合考虑物价变动、职工平均工资增长、基金承受能力以及财力状况等因素，完善职工基本养老保险、工伤保险待遇水平调整机制；落实城乡居民基本养老保险待遇确定和基础养老金正常调整机制，逐步提高城乡居民基础养老金标准；稳定基本医疗保险住院待遇，稳步提高门诊待遇，做好门诊待遇和住院待遇的统筹衔接；健全失业保险待遇标准确定和正常调整机制，完善失业保险保障标准与物价上涨挂钩联动机制。

（二）社保经办和公共服务机制

社保经办和公共服务是社会保障制度运行的重要支撑。当前我国社保经办和公共服务能力同人民群众的需求还存在一定差距，要加强社保经办的精细化管理，健全社会保障的公共服务机制。

社保经办服务是社会保险体系的"最后一公里"，在服务人民群众、落实民生政策、推动社会保障事业高质量发展中发挥着重要作用。当前，我国社会保障制度改革进入系统集成、协同高效的阶段，对社保经办提出了新的更高的要求。国务院 2023 年发布了社保经办领域首部行政法规《社会保险经办条例》，要以此为契机，推动社保经办工作法治化、规范化、精细化迈上新台阶。一是坚持以人民为中心，遵循合法、便民、及时、公开、安全的原则，切实保障用人单位和个人的社会保险权益；二是强化服务，加强信息共享，减少证明材料，优化经办流程，缩短办理时限；三是坚持问题导向，着力解决社会保险经办中的难点、堵点，促进社保经办服务便民利民，明确转移接续渠道，完善监督管理体系。

同时，要加快完善全国统一的社会保险公共服务平台，充分利用互联网、大数据、云计算等信息技术创新服务模式，深入推进社保公共服务数字化转型。在数字化转型过程中，也要继续保留传统服务，坚持传统服务方式和智能化服务创新并行，针对老年人、残疾人等群体的特点，提供更加贴心暖心的社会保障服务。[①] 下一步社会保障公共服务应特别关注两项重点工作：其一，随着各项社会保险统筹层次提高，建立与之配套的信息系统和经办管理服务体系，构建规范高效的经办组织架构；其二，与新就业形态群体参保要求相配套，依托全国统一的社会保险公共服务平台，为新就业形态从业人员提供网上参保登记申请等一系列便捷服务，并支持灵活就业的新就业形态从业人员以个人身份在公共服务平台办理相关社会保险的参保登记、个人权益记录查询、社保关系转移接续等业务。

（三）社保基金监管机制

社保基金监管是社会保障制度运行的重要保障。要健全社保基金保

[①] 习近平. 促进我国社会保障事业高质量发展、可持续发展［J］. 求是，2022（8）：4-10.

值增值和安全监管机制，防范化解基金运行风险，尤其要注意避免三类"不安全"。

其一，避免"不规范的不安全"。建立与社保统筹层次相适应的社保基金监督体制，健全基金管理风险防控体系，通过智慧监管提升风险管理能力，完善欺诈骗保行为惩戒机制，减少"跑冒滴漏"给社保基金带来的损失。其二，避免"不专业的不安全"。持续夯实社保精算的专业基础，提升社保精算能力和水平，定期测算各类社保基金的短中长期的收入、支出、结余或缺口情况，并按照精算平衡原则，健全基金预测预警制度，确保各项社保基金长期平衡。其三，避免"不发展的不安全"。树立"基金不能保值增值也是一种不安全"的意识，继续扩大基本养老保险基金等各项社保基金的委托投资规模，提高基金投资收益率，同时做好全国社会保障基金监管工作，促进基金保值增值。

实现现代化是近代以来中国人民的长久梦想。在中国共产党成立、中华人民共和国成立之后，全面建设社会主义现代化国家这一梦想终于开始逐步化为现实。在中国共产党百年奋斗的基础上，党的二十大明确提出"以中国式现代化全面推进中华民族伟大复兴"这一新时代新征程的中心任务，并赋予中国式现代化以新的内涵，构成我国现代化国家建设在理论上的一次新飞跃。

中国式现代化对社会保障，特别是社会保障的普遍性、精准性、公平性、可持续性和经济友好性，都提出了新的更高的要求。同时，我国社会保障还面临社会主要矛盾变化、城镇化、少子老龄化、就业方式多样化等新的风险挑战，需要妥善应对。

新时代社会保障改革发展，应当遵循党的二十大的总体部署，坚持中国特色社会保障体系的成功经验，把握社会保障未来发展的科学方法论，并在"六个维度"持续完善，以健全的中国特色社会保障体系为中国式现代化提供基础性支撑，为中华民族伟大复兴贡献制度性力量。

参 考 文 献

［1］白重恩，李宏彬，吴斌珍．医疗保险与消费：来自新型农村合作医疗的证据［J］．经济研究，2012，47（2）：41－53.

［2］董志勇，赵晨晓．"新医改"十年：我国医疗卫生事业发展成就、困境与路径选择［J］．改革，2020（9）：149－159.

［3］国家统计局．国民经济和社会发展统计公报［EB/OL］．有关各年.

［4］国家医疗保障局．全国医疗保障事业发展统计公报［EB/OL］．有关各年.

［5］共产党员网．砥砺奋进的五年：精准扶贫，攻坚克难，践行庄严承诺［EB/OL］．（2017－05－18）．https：//news. 12371. cn/2017/05/18/VIDE1495109522598870. shtml.

［6］胡晓义．领导干部社会保障工作读本［M］．北京：中国劳动社会保障出版社，2018.

［7］胡晓义．新中国社会保障发展史［M］．北京：中国劳动社会保障出版社、中国人事出版社，2019.

［8］金维刚，李珍等．中国社会保障70年［M］．北京：经济科学出版社，2019.

［9］民政部．民政事业发展统计公报［EB/OL］．有关各年.

［10］《求是》编辑部．新时代社会保障事业发展的根本遵循［J］．求是，2022（8）：11－17.

［11］全国社会保障基金理事会．全国社会保障基金理事会社保基金年度报告［EB/OL］．有关各年.

［12］人力资源和社会保障部．全国企业年金基金业务数据摘要

［EB/OL］．有关各年．

［13］人力资源和社会保障部．人力资源和社会保障事业发展统计公报［EB/OL］．有关各年．

［14］人力资源和社会保障部．中国的社会保障［M］．北京：中国劳动社会保障出版社，2019．

［15］人力资源和社会保障部．中国人力资源和社会保障年鉴（工作卷）［M］．北京：中国劳动社会保障出版社，有关各年．

［16］孙祁祥，锁凌燕，郑伟．论新形势下社会保障的协调发展［J］．中共中央党校学报，2016，20（4）：98 – 104．

［17］孙祁祥，郑伟．商业健康保险与中国医改：理论探讨，国际借鉴与战略构想［M］．北京：经济科学出版社，2010．

［18］王晓萍．扎实推进中国特色社会保障体系建设［J］．求是，2024（9）：37 – 42．

［19］习近平．促进我国社会保障事业高质量发展、可持续发展［J］．求是，2022（8）：4 – 10．

［20］习近平．高举中国特色社会主义伟大旗帜 为全面建设社会主义现代化国家而团结奋斗——在中国共产党第二十次全国代表大会上的报告［N/OL］．人民日报，2022 – 10 – 26．http：//paper. people. com. cn/rmrb/html/2022 – 10/26/nw. D110000renmrb_ 20221026_ 3 – 01. htm．

［21］习近平．中国式现代化是强国建设、民族复兴的康庄大道［J］．求是，2023（16）：4 – 8．

［22］席恒，余澍，李东方．光荣与梦想：中国共产党社会保障100年回顾［J］．管理世界，2021，37（4）：12 – 24．

［23］谢勇才，丁建定．从生存型救助到发展型救助：我国社会救助制度的发展困境与完善路径［J］．中国软科学，2015（11）：39 – 49．

［24］尹蔚民．全面建成多层次社会保障体系［N/OL］．人民日报，2018 – 01 – 09．http：//opinion. people. com. cn/n1/2018/0109/c1003 – 29752604. html．

［25］袁志刚，封进，葛劲峰，等．养老保险经济学——解读中国面

临的挑战［M］. 北京：中信出版社，2016.

［26］张纪南. 开启社会保障事业高质量发展新征程［J］. 中国社会
保障，2021（7）：2－5.

［27］郑秉文.“多层次”医疗保障体系三大亮点与三大挑战——抗
击疫情中学习解读《中共中央　国务院关于深化医疗保障制度改革的意
见》［J］. 中国医疗保险，2020（4）：6－9.

［28］郑功成，沃尔夫冈·舒尔茨. 全球社会保障与经济发展关系：
回顾与展望［M］. 北京：中国劳动社会保障出版社，2019.

［29］郑功成. 面向2035年的中国特色社会保障体系建设——基于目
标导向的理论思考与政策建议［J］. 社会保障评论，2021，5（1）：3－23.

［30］郑伟. 关注“缺失的中间层”［J］. 中国社会保障，2023
（2）：45.

［31］郑伟. 理解中国式现代化对社会保障的新要求［J］. 社会保障
评论，2022，6（6）：21－39.

［32］郑伟. 社会保障与现代化国家建设［J］. 人民论坛·学术前
沿，2021（20）：27－33.

［33］中共国家卫生健康委党组. 谱写新时代人口工作新篇章［J］.
求是，2022（15）：46－51.

［34］中共国家医疗保障局党组. 写好医疗保障高质量发展的时代答
卷［J］. 求是，2022（8）：28－32.

［35］中共民政部党组. 加快推进社会救助事业高质量发展［J］. 求
是，2022，2（8）：18－22.

［36］中共人力资源和社会保障部党组. 进一步织密社会保障安全网
［J］. 求是，2022（8）：23－27.

［37］中国社会保障学会政策研究组. 重大突发公共卫生事件应对与
社会保障治理能力现代化——“抗击新冠肺炎疫情与社会保障研讨会
（通讯）”观点综述［J］. 社会保障评论，2020，4（2）：3－6.

［38］Poterba J M. Retirement Security in an Aging Population. American
Economic Review, 2014, 104（5）：1－30.

致　谢

　　将党的十八大至二十大十年间我国社会保障体系建设的进程作全面梳理、加入分析思考、汇编成书的想法，在 2022 年初就萌发了。当时，本书的三位作者胡晓义、郑伟、贾若经过多次交流讨论，拟定书名为《从十八大到二十大——新时代中国社会保障》，并确定了写作提纲。在资料收集和整理、文稿写作和修改过程中，三人与另两位作者张浩田、贺灿春既分工负责又通力合作，历时两年半，终于完成撰写，出版面世。希望这本凝结了五位作者共同心血的书稿能够为真实记述和深入研究中国特色社会主义新时代乃至新中国社会保障发展史有所助益。

　　在本书写作及相关研究中，我们得到了各方面的大力支持。

　　人力资源社会保障部的多个司局单位都从不同角度、不同程度地参与了相关史料收集、订正、梳理和思想提炼过程，包括政策研究司、法规司、规划财务司、养老保险司、失业保险司、工伤保险司、农村社会保险司、社会保险基金监管局、国际合作司、信息中心、社会保险管理中心、央保中心、劳动社会保障科研院和中国社会保障杂志社，同样参与这方面工作过程的还有国家医疗保障局陈金甫先生和多个单位。有这些社保工作一线专业人士的精心指导和鼎力帮助，本书才能力保史料的真实、准确、全面和研究方向的明晰。

　　中国人民大学董克用、浙江大学金维刚、西北大学席恒、南京大学林闽钢、中央财经大学褚福灵、对外经贸大学孙洁等诸位教授，都是长期从事社会保障领域研究的著名专家，他们从理论框架、价值伦理、未来方向等方面提出了许多有极高学术意义的见解，使本书在史实与史论的结合上得以明显提升。

　　中国社会保险学会是社保专家"富集区"，张亚力、陈刚、唐霁松、吕建设、赵宏副会长，王俊舫秘书长，周红主任（养老保险）、李静湖常务理事（医疗保险）、查鸿宁副秘书长（基金投资管理）和秘书处曹辉先生等，以及江苏社保学会、广东社保学会、海南社保研究会，都提出了很多宝贵意见和建议，对完善书稿起到了重要作用。

必须专门提到的是，中央党史和文献研究院的专家对与本书相关的史实和论述进行了极为细致的核阅，提出了许多重要意见，体现了对党史、国史高度负责的精神，令作者深感敬佩。

我们向所有专业部门和专家致以诚挚谢意，感谢对本书所作的无可替代的贡献。

我们还要特别感谢国家社会科学基金重大项目（23&ZD178）的大力支持，感谢教育部哲学社会科学研究重大课题攻关项目（14JZD027）的大力支持，感谢中国国际金融股份有限公司对相关研究的大力支持。

在本书书稿准备和编辑出版的过程中，中国财经出版传媒集团经济科学出版社提供了很多帮助，本书获得了2023年度国家出版基金资助，在此一并致谢。

新时代中国社会保障改革发展波澜壮阔、气势磅礴，限于作者学识，本书难免存在疏漏，恳请各位专家和读者朋友批评指正。

作　者

2024 年 7 月

图书在版编目（CIP）数据

从十八大到二十大：新时代中国社会保障／胡晓义
等著. -- 北京：经济科学出版社，2025. 2. -- ISBN
978 - 7 - 5218 - 6307 - 9

Ⅰ. D632.1

中国国家版本馆 CIP 数据核字第 2024VZ6331 号

责任编辑：初少磊　赵　蕾　尹雪晶　王珞琪
责任校对：郑淑艳
责任印制：范　艳

从十八大到二十大
——新时代中国社会保障
CONG SHIBADA DAO ERSHIDA
——XINSHIDAI ZHONGGUO SHEHUI BAOZHANG

胡晓义　郑伟　贾若　等著

经济科学出版社出版、发行　新华书店经销
社址：北京市海淀区阜成路甲 28 号　邮编：100142
总编部电话：010 - 88191217　发行部电话：010 - 88191540
网址：www. esp. com. cn
电子邮箱：esp@ esp. com. cn
天猫网店：经济科学出版社旗舰店
网址：http://jjkxcbs. tmall. com
北京季蜂印刷有限公司印装
710 × 1000　16 开　21.75 印张　320000 字
2025 年 2 月第 1 版　2025 年 2 月第 1 次印刷
ISBN 978 - 7 - 5218 - 6307 - 9　定价：98.00 元
（图书出现印装问题，本社负责调换。电话：010 - 88191545）
（版权所有　侵权必究　打击盗版　举报热线：010 - 88191661
QQ：2242791300　营销中心电话：010 - 88191537
电子邮箱：dbts@ esp. com. cn）